青年学术丛书·政治

YOUTH ACADEMIC SERIES-POLITICS

社会认知、实践机制与制度绩效

——新农村建设的社会学研究

郑传贵　卢晓慧　著

人民出版社

责任编辑:陈寒节

责任校对:湖 催

图书在版编目(CIP)数据

社会认知、实践机制与制度绩效——新农村建设的社会学研究/
郑传贵 卢晓慧 著.—北京:人民出版社,2011.7

ISBN 978 - 7 - 01 - 009924 - 8

Ⅰ.①社⋯ Ⅱ.①郑⋯ ②卢⋯ Ⅲ.①农村 - 社会主义建设 -
研究 - 中国 Ⅳ.①F320.3

中国版本图书馆 CIP 数据核字(2011)第 095631 号

社会认知、实践机制与制度绩效

SHEHUI RENZHI SHIJIAN JIZHI YU ZHIDU JIXIAO

——新农村建设的社会学研究

郑传贵 卢晓慧 著

人民出版社 出版发行

(100706 北京朝阳门内大街 166 号)

北京龙文冉印务有限公司印刷 新华书店经销

2011 年 7 月第 1 版 2011 年 7 月第 1 次印刷

开本:710 毫米×1000 毫米 1/16 印张:20.75

字数:306 千字 印数:0,001 - 2,200 册

ISBN 978 - 7 - 01 - 009924 - 8 定价:42.00 元

邮购地址:100706 北京朝阳门内大街 166 号

人民东方图书销售中心 电话:(010)65250042 65289539

内容摘要

　　党的十六届五中全会提出建设社会主义新农村之后，从中央到地方，从学术机构到媒体，从政府到农民，社会各界对新农村建设的关注达到了前所未有的高度。2010 年 10 月召开的十七届五中全会，在《中共中央关于制定国民经济和社会发展第十二个五年规划的建议》中，进一步强调要推进农业现代化，加快社会主义新农村建设。本课题以中东西部三个新农村"试点村"为研究载体，采用社会学的研究视角和方法，从制度设计、社会认知、实践机制和制度绩效等四个层面，对当前新农村建设的制度设计、农民和基层干部的社会认知状况、具体实践机制状况、制度绩效等问题进行了深入的调查描述和理性思考，并侧重从实践机制和制度绩效等方面，对中国的新农村建设与韩国的新村运动进而比较分析，最后提出多维视角下如何建设新农村建设的途径。与其他相关研究相比，本课题的创新与特色主要体现在以下几个方面：

　　一、在研究视角方面。从不同人群（农民和基层干部）、不同地域（中东西部），采用"自下而上"（从行动到制度）与"自上而下"（从制度到行动）相结合的新视角进行研究，突破已有的单向的制度问题或行动问题研究。

　　二、研究内容方面。弥补了当前对新农村建设实践问题研究的不足，对当前的新农村建设实践中存在的宏观理论问题（制度堕距）与微观实践问题（行为失范）进行科学系统全面地研究，利于"多"（全国各地千差万别的农村实际）与"一"（国家新农村制度价值目标）的统一结合，更好使国家新农村建设制度在各地发挥应有的绩效。

三、研究方法方面。把规范研究和实证研究,定量研究和定性研究结合起来,具体使用了文献研究、调查研究和实地研究相结合的方法。通过文献研究,搜集国内外与课题相关的资料,了解与本课题相关的研究现状,为课题研究提供科学的依据和理论基础。在调查研究过程中,采用问卷法进行资料的收集,然后进行定量分析。实地研究主要采取观察和访谈的方法进行,得到资料丰富而鲜活,观察和访谈过程中记录到的一些资料,弥补了定量研究不能触及微观的社会事项的弱点,使研究更加深入具体,结论更具现实性和可操作性。

本课题的研究意义不仅表现在对已有研究不足的补充,而且表现在其自身具有的理论及现实意义:

一是本课题的研究对于完善我国新农村建设行动机制和确保新农村建设制度绩效的发挥具有重要的理论指导意义。长期以来我们对传统的"树典型、立榜样"、"以点带面"运动式制度(政策)及行动方式产生了路径依赖,而忽视了对它在当今时代与现实下的"合理性"的反思与修正。时代在不断的变化,这一行动方法的"合理性"和具体内在规律值得我们调查、研究、反思与完善,因为它直接关系到制度在实践过程中的绩效发挥。

二是本课题的研究在保证国家新农村建设制度(政策)持续有效地贯彻实施方面具有重要的实践价值。长期以来中央的很多惠民惠国的制度(政策),在具体的实施过程中没能发挥其应有的绩效,而出现制度堕距现象,带来严重的社会危害。这主要应归因于我们实施国家制度(政策)的行动机制缺乏科学性、现实性和可操作性。建立合理的新农村建设实践机制是新农村建设持续推进的现实保障。

三是本课题对新农村建设实践问题的深入分析有助于新农村建设各方行动者对自身行为进行反思;所提出的新农村建设新思维路径有助于促进人们发展观的转变,实现发展思维的转向,行动方式的转变。最后的研究成果将为政府制定农村发展的新政策提供参考。

本课题的研究报告主要包括八个部分,主要回答了以下几个问题:新农村建设的制度设计是否符合当前农村发展的现实需要?农民的社会认知状况反映了他们对新农村建设的何种态度和诉求？基层干部对新农村建设的社会认知和农民有何不同？新农村建设各利益相关者的心态如何？新农村建设的实践机制有哪些问题？原因是什么？新农村建设的制度绩效如何？原因是什么？中外新农村建设的实践机制与制度绩效有何不同？中国的新农村建设需要哪些方面的思维转向？

第一章，主要介绍本选题研究的问题缘由、已有研究的状况及评价、主要的研究思路和研究方法等。

第二章，主要从理论层面探讨新农村建设的制度设计、社会认知、实践机制与制度绩效之间的关系。制度设计是新农村建设的根本保障，社会认知是新农村建设的思维图像，实践机制是新农村建设的行动策略，制度绩效是新农村建设的实效评价。新农村建设的制度设计蕴涵了以人为本，公平公正的社会价值。农民和基层干部对新农村制度设计的认知状况直接决定了对新农村建设制度认可和实践状况，而新农村建设的实践机制状况直接会影响新农村建设的制度设计的外化绩效，四者之间有着内在的逻辑关系。

第三章，采用问卷调查的方式，对中东西部的 T 村、S 社区、D 村新农村建设"试点村"的农民和基层干部进行调查，主要调查他们对新农村建设举措的认知，对建设目标和内容的认知，对建设实践的认知以及对国家政策与实践绩效的认知状况，并且分别对三地农民和基层干部的认知状况进行比较研究。

第四章，主要对中东西部的 T 村、S 社区、D 村三个新农村"试点村"进行实证调查，主要采用访谈、参与式观察和文献等具体调查方法，对三个"试点村"进行新农村建设的实践状况进行详实的描述，并对新农村建设实践中的农民、政府、村民理事会等相关利益者的心态进行分析研究。

第五章，主要对新农村建设实践机制（怎么做）中存在的失范问题进行分析研究，通过分布于中东西部三个"试点村"的实证调查，可以看出，目前新农村建设实践中的失范问题普遍存在以下几个方面："试点村"的选择、行动主体、建设内容、资源分配、绩效考核、后期管理等方面。

第六章，由于实践机制中存在诸多方面的失范，导致新农村制度设计没有发挥出应有的绩效,产生了制度堕距现象(制度的应然、当然、实然状况之间的差距)。通过中东西部三地的实证调查分析得出:新农村建设的制度堕距主要体现在新农村建设的五个目标:生产发展、生活宽裕、乡风文明、村容整洁、管理民主,以及"试点村"的实际示范效果等方面。另外,本章还对新农村建设制度绩效产生上向和下向堕距的原因进行详细分析。

第七章,制度的实践机制直接决定制度文本设计的最初意图能否转化为现实。新农村建设的实践机制的合理与否直接会影响其制度绩效的发挥,两者具有重要的因果关系。韩国"新村运动"之所以取得令世人瞩目的绩效,主要得益于其符合韩国农村实际的制度设计和实践机制。本章主要将中国的新农村建设与韩国的新农村建设("新村运动")的实践机制(引导农民、村庄激励、民间资源利用、政府主导、国家宏观支持)和制度绩效(产生的实际制度效果)进行比较分析。

第八章,新农村建设能否取得实际绩效,不仅取决于制度设计、制度的被认知和制度的实践机制状况,但是,最主要还是取决于决策者和行动者的思维。思维决定思路,思路决定出路,新农村建设应该需要多重思维视角。本章主要从价值理念、社会工作的优势视角、参与式实践、社会资本和社会评价等思维角度对如何进行新农村建设提出理性思考。

关键词:新农村建设 社会认知 实践机制 制度绩效

序

　　得知传贵博士的一项国家课题基金项目完美收官，其最终成果将成书出版。我为他感到非常高兴，于是也就愉快地应允为此书写一序文。

　　我结识传贵博士虽时间不长，但是已深深感受到了这位从安徽江淮丘陵农家走出的年轻学者求学和成长之路的艰辛。这位谦和友善、好学自律、头脑清醒、思维缜密、脚踏实地的年轻学者，有着同龄人少有的丰富的生活和求学阅历。一步一个脚印，从一个普通农村中学教师出发，先赴云南民族大学攻读硕士，随后北上陕西西北农林科技大学读博士，再东进上海大学完成二年博士后研究，并同时与南京河海大学有两年工作合作，继而回到江西省委党校从事教学和研究工作，现在担任西南地区的一位常务副县长。传贵博士这一路辗转东西南北的求学、研究以及实践的历程实属不易。但正是这样艰难的历程，使他对三农问题的研究产生了深厚的感情，同时也具备了扎实的学术功力和敏锐的感受力。

　　传贵博士的重点研究领域是农村社会学。或许由于自小成长于农村，传贵博士对农业有着与生俱来的熟悉，对农村有着深入细致的了解，对农民有着真挚的感情。多年来，他一直关注"三农"问题，致力于农村社会资本、农村社区、农村人口等众多农村发展热点问题研究。还先后发表"三农"类论文30多篇，并出版过两本与"三农"相关的著作，另外主持完成包括国家社会科学基金项目在内的各类课题8项。

　　中国发展到今天，使我们越来越意识到中国社会"三农问题"的重要性，这从连续多年党中央一号文件对"三农"问题的锁定也可窥见一斑。自社会主义新农村建设和科学发展观提出之后，一时间，国内学者有关为什么建设新农村、建设什么样的新农村和怎样建设新农村等方面的研究成果批量推出。然而，最能真实反映当前农村建设实况的内容一定不能圄于纯粹理论层面的探讨和对他国经验的简单总结上，更为重要的是，唯有深入中国农村实际，才是获取最有价值信息的最正确途径，才是进行深入研究的最有效路径。传贵博士扎实丰富的农村社会实践经验使他敏锐地认识到以往研究中存在的不足。传贵博士该课题选取了中东西部三个新农村"试点村"为研究载体，采用社会学的研究视角和方法，从制度设计、社会认知、实践机制和制度绩效等四个层面，对当前新农村建设农民和基层干部的认知状况、具体实践状况、实践中行动失范和制度堕距问题等进行了深入的调查描述和理性思考，并侧重从实践机制和制度绩效等方面，对中国的新农村建设与韩国的新村运动进行比较分析，最后提出多维视角下如何建设新农村的途径。此项研究将学术研究同现实紧密地结合在一起，既有学术高度，又有鲜活的现实观察。他不辞辛劳、脚踏实地，组织和带领他的团队采用实地访谈和问卷调查等方式，对三地农民和基层干部进行了深入调查。这项研究选择多个区域、多种人群、多个角度，以生动的资料、客观的数据、鲜活的事例深刻地反映出当前我国新农村建设制度文本在受众群体中的被认知情况，同时也真实地反映出新农村建设实践中出现的行动失范和制度堕距。该研究成果将有助于新农村建设各方行动者及时地对自身行为进行反思和修正，有助于促进人们实现发展思维的转向、实践方式的转变。此项研究不但对于完善我国新农村建设行动机制和确保新农村建设制度绩效的发挥具有重要的理论指导意义，也为政府制定农村发展的新政策提供不可多得的宝贵参考。

虽然这本源自辛勤调研的著作不过只是我国农村问题研究浩瀚成果中的繁星一颗，但是传贵博士致力于农村社会学研究、始终专注"三农"问题的执著精神和坚定的责任心却着实值得敬佩。在此，衷心地希望这本书成为其工作和科研上的一个标志物，使他在农村社会学的研究道路上进一步前行。同时，更希望这一佳作能成为众多农村问题研究者的案头读物，成为农村实际工作部门的重要参考读物。相信此书能够引起更多志同道合者的共鸣和关注,并最终能汇成一股强大的研究力量,为我国的新农村建设和谐社会建设作出应有的贡献。

中国社会学会副会长

中共中央党校博士生导师　　吴忠民

2011 年 2 月 28 日

目　录

第一章 导论

一、问题提出

　　2005 年 10 月,中国共产党第十六届五中全会提出建设社会主义新农村的目标和要求,2006 年中央一号文件《中共中央国务院关于推进社会主义新农村建设的若干意见》出台,以政策文本的形式呈现了新农村建设的指导方针。科学的社会政策在解决农村发展面临的问题上具有极为重要的意义。社会主义新农村建设正是国家从农村、农业、农民的实际问题出发,提出关于农村发展的新的可操作的指导原则,从社会福利政策的意义上来说,它的提出是国家为促进农村发展、提高农民福利而提出的宏观政策,是国家关于农村社会福利的理念和我国农村社会现实相结合的产物。2006 年,是全国新农村建设试点年,各地根据实际确定了一批试点村围绕"二十字"方针开始了社会主义新农村建设。2010 年 10 月召开的十七届五中全会,在《中共中央关于制定国民经济和社会发展第十二个五年规划的建议》中,进一步强调要推进农业现代化,加快社会主义新农村建设,具体提出四点任务和目标:一是加快发展现代农业;二是加强农村基础设施建设和公共服务;三是拓宽农民增收渠道;四是完善农村发展体制机制。《建议》从宏观的制度设计到微观的具体措施层面,明确了新农村建设的方向和路径。这与党在十六届五中全会上提出的"生产发展、生活宽裕、乡风文明、村容整洁、管理民主"的"二十字"方针是一脉相承的,既是农村问题最新实践理论概括,又是加快建设新农村的理论指南。

在国家宏观政策的指引下，从中央到地方，从学术机构到媒体，从政府到农民，社会各界对新农村建设的关注达到了前所未有的高度，所形成的研究成果也较多。这些研究成果主要集中于为什么要建设社会主义新农村、建设什么样的社会主义新农村、怎样建设社会主义新农村等问题的探讨，侧重于"自上而下"的单向制度问题和行动问题研究。与此同时，在实践的层面，新农村建设出现了成绩和问题共存的情况，有的地方问题表现不明显，而有的地方在实践机制不完善的情况下，问题表现较为突出，甚至制约了新农村建设的持续推进。围绕"二十字"方针开展的新农村建设是国家在解决"三农"问题上的又一次新的尝试。客观来讲，它在一定程度上促进了农村社区的发展和进步，尤其是在基础设施建设方面。然而，当我们回过头来反思新农村建设的实践机制、实践过程和实践效果的时候，会发现：新农村建设过程中存在一些违规、越轨等有损社会发展和进步的行为；新农村建设的五大目标中，有些目标实现的好，有的目标和预期有很大出入；新农村建设各组成部分在实践过程中存在错位现象；新农村的政策目标与政策效果之间存在不同程度的偏差（即"制度堕距现象"）；新农村"试点村"出现示范失效的现象；作为新农村建设主体的农民在新农村建设中参与程度有待提高等一系列问题。

新农村试点及选点工作是新农村建设的一项十分重要的基础性工作，也是国家政策实施的重要步骤和方法。通过搞好试点，逐步积累经验，完善政策，然后全面推广，可以检验新政策的科学性和可行性。建设新农村，也需要规划先行、试点起步、稳步推进。如果能够因地制宜，打造出符合本地实际的试点村，并成功带动其他村庄发展，将有利于新农村建设的稳步推进。因此，选择试点、树立典型，充分注意典型的代表性和及其在"面"上的可推广性，是新农村建设的必要前提。然而，长期以来我们对传统的"树典型、立榜样"、"以点带面"运动式制度（政策）及行动方式产生了路径依赖，而忽视了对它在当今时代与现实下的"合理性"的反思与修正。但是，时代在不断的变化，这一行动方法的"合理性"和具体内在规律值得我们调查、研究、反思与完善，因为它直接关系到制度在实践过程中的绩效。另外，长期以来中央的很多惠民利国的制度（政策），在具体的实施过程中遭遇制度堕距①现象（制度目标与制度实效间的偏差），带来严重的社会危害。这主要应归因于我们实施国家制度（政策）的行动机制缺乏科学性、现实性和可操作性。政策实践没有达到预期效果主要有两方面的原因：政策本身的问题，主要是指该政策本身的内容是否清晰以及受众对该政策的态度和评价；或是政策实施过程和负责实施的组织机构的问题②。按照社会主义新农村建设政策提出的背景、目标以及中国"三农"问题来看：首先，它的提出符合中国已经实现从总体小康向全面小康建设过渡的社会大背景，"进入新世纪以后中国的国情国力也发生了变化，特别是国家的综合实力和政府财力和以往相比有了非常明显的变化。中国30年来经济增长的速度一直在9%以上。在世纪之交的2000年，GDP总量是9.9万亿元，2008的年GDP超过了30万亿。2000年的财政收入是1.34万亿，2009年财政收入超过了6万亿，八年时间财政收入增长了3倍多。正是这样一些国情国力的变化，使得政府、整个社会有更大的力量去支持和帮助农村的发展"。可见，社会主义新农村建设的提出正合时宜，该政策本身具有较强的指导意义和实践意义。其次，社会主义新农村建设所确立的五个目标"生产发展、生活宽裕、乡风文明、村容整洁、管理民主"，表述清晰全面，易于理解，针对农村的客观实际问题，符合农村发展的客观需要。第三，从农民对该政策的态度来看，绝大多数农民认同和支持新农村建设，并希望国家长久持续地搞新农村建设。所以，新农村建设过程中出现的问题不是由于政策本身的原因导致的，更多的是由于政策实施过程中的相关实践机制所导致的。新农村建设的实践机制对新农村建设实践效果起着直接的影响作用，新农村建设的实践问题已

---

① 美国社会学家奥格本（W. F. Ogburn）在《文化变迁——关于文化和先天的本质》书中首先提出"文化堕距"的概念，意指文化各组成部分在变迁过程中出现的差距和错位现象，如物质文化和精神文化变迁的不同步性。参见：[美]威廉·奥格本：《社会变迁：关于文化和先天的本质》，浙江人民出版社1989年版，第106页。西方社会学家用"堕距"一词指文化的各组成部分在实践变迁的过程中产生的不平衡、差距、错位现象。本研究中的制度堕距指的是新农村建设制度价值目标与制度实践状况之间存在的差距现象）和行为失范（指新农村建设实践行为中存在的越轨、违规等有损社会发展与进步的行为）。

② 迈克尔·希尔：《理解社会政策》，商务印书馆2003年版，第112页。

经成为制约新农村建设持续推进的主要因素。

正是在这样的背景下,本课题采用系统的社会调查研究方法,对全国三地三个调查点进行了为期一年的实地调查,采用"自下而上"(行动到制度)与"自上而下"(制度到行动)相结合的视角,力求通过对不同人群、不同地域的新农村建设的调查研究,从制度设计、社会认知、实践机制、制度绩效等层面分析新农村建设中存在的问题,在此基础上,对当前社会主义新农村建设提出新的思考。本课题试图回答以下几个问题:新农村建设的制度设计是否符合当前农村发展的现实需要? 农民的社会认知状况反映了他们对新农村建设的何种态度和诉求? 基层干部对新农村建设的社会认知和农民有何不同? 新农村建设各方行动者的心态如何? 新农村建设的实践机制存在哪些问题? 原因是什么? 新农村建设的制度目标、实践机制和实践效果之间的衔接是否良好? 如何建立新农村建设的后期管理机制? 新农村建设持续推进的新思维、新路径是什么?

二、文献述评

党的十六届五中全会提出建设社会主义新农村之后,从中央到地方,从学术机构到媒体,从政府到农民,社会各界对新农村建设的关注达到了前所未有的高度。相关的学术论文、评论、专著、报告等,可谓汗牛充栋。纵观名目繁多的研究成果,主要集中于为什么建设新农村(如曹锦清,郑新立,温铁军,林毅夫,李国祥,徐勇,贺雪峰等)、建设什么样的新农村(如陈锡文,温铁军,何慧丽,陆学艺,贺雪峰,马晓河,张晓山等)和怎样建设新农村三大方面。然而,在怎样建设新农村方面,专家学者的研究多停留在国内外典型经验的介绍与借鉴(如郑新立,于建嵘,李昌平等)和三农制度如何创新(陆学艺,赵树凯,党国英,张晓山,林毅夫,温铁军,潘维,茅于轼,马晓河,韩俊,李小云等)等方面。

对新农村建设面临问题的研究文献较多,但主要是从缺乏视角论述农村和农民存在的缺陷和不足,归纳起来,主要有以下几类:

一是从相对宏观的角度罗列新农村建设中农民方面的问题。陈德峰等人认为，新农村建设中存在统筹城乡发展、工业反哺农业、城市支持农村力度不够、新农村建设资金严重短缺、农民发展生产融资难、农民持续增收难度加大，以土地、户籍、社保为代表的农村政策制度变革滞后、农村剩余劳动力转移难，农民主体作用发挥不够、组织化程度偏低、等靠要思想严重，农产品市场开拓不够，水电路通讯等基础设施和教育卫生等社会事业发展相对滞后等一系列值得高度重视的问题。

二是侧重于从某一地域的实际情况出发来分析新农村建设中存在的问题。第一类是以地区为单位，主要是对欠发达地区（或落后地区、贫困地区）新农村建设中存在的问题进行分析并提出对策（如鲍宏礼，麻锡寿，秦国英，唐新明，周宗）。他们指出新农村建设中存在的问题主要有：绝大部分落后地区的农村交通不便、信息闭塞；农民的文化知识和农业科技水平低下；自给自足的小农思想仍很严重；农村基层组织战斗力不强；偏远贫困地区的农村社会治安形势仍然十分严峻；部分农民存在着严重的封建思想意识；社会保障体系不健全；农村生态环境不断恶化；农村劳动力就地转移问题、农民医疗保险问题；新农村管理民主有待进一步完善；工作方法简单落后，导致"干部热，群众冷"、"干部冷，群众热"、"干部冷，群众冷"等现象并存。第二类是以省、市为单位来分析新农村建设中存在的问题，如，王天生等对贵州新农村建设问题的探讨；刘琳等对广西的新农村建设问题和对策的研究；李兴江对甘肃民族地区新农村建设的难点和重点问题研究；冯雷关于济南市新农村建设问题的基层调研；游承俐等以云南为例研究西部山区的新农村建设问题；郭伟丽对河南新农村建设问题和对策的研究。第三类是以微观的村庄为单位的研究，如陈会方的金秀县三合屯新农村建设调查报告，指出新农村建设中存在着交通道路上制约、教育医疗问题的制约、资金制约三方面问题；许英杰等以许楼行政村为例对新农村建设的问题进行微观分析，提出新农村建设中存在教育投入不足、剩余劳动力急需转移、农村干部工作效率低、基础设施建设落后等一系列微观问题；张霞等通过对山东龙口市芦头村为例的研究，指出在新农村建设中村委会自作主张，统一规划,忽视农民的主体地位,带来一系列的问题。崔新明分析了鲁西南绳桥村农民综合素质低、基层文化生活匮乏、人才大量外流等问题,并提出相应的对策。孟凡东等研究了东北朝鲜族村新农村建设中的问题和对策,提出新农村建设中存在发展不平衡问题、空巢化问题、民族自身发展问题、新农村建设认识上的误区等。

三是从新农村建设中国家政策导向与地方基层组织具体实践存在脱节的角度出发,指出新农村建设中存在形式主义、急功近利等问题。如胡勘平提出新农村建设中存在追求短期效应和形象工程问题。邓勇杰指出一些地方存在"等、靠、要"思想,缺乏工作主动性和工作热情;缺乏农民参与共同建设美好家园;急功近利,乐于做表面文章;脱离当地实际,出现了大拆大建、一哄而上的倾向;试点与整体工作脱节,起不到示范带动作用。张晓杰等提出新农村建设中存在整齐划一、一刀切标准的倾向;形式主义和急功近利倾向,以及腐败现象;建设成果完全量化,只注意设施的完善,村庄的整齐和道路的硬化等问题。刘燕也指出新农村建设应引导群众,因地制宜、量力而行、尽力而为地推进新农村建设,应坚决杜绝大拆大建、急于求成、搞"政绩工程"等方面的功利主义和形式主义。曹野新提出新农村建设过程中面临农村土地制度问题、村级集体经济发展问题、工商企业参与新农村建设问题、农村基础设施建设和社会事业发展问题、新农村建设的金融支持问题、省管县的财政改革问题。齐行福则指出新农村规划缺乏前瞻性和科学性,新农村管理水平不高,落实力度不够。

四是从财政、金融支持的层面思考新农村建设。这类研究针对新农村建设中存在财政投入有限、信贷支持力度不足、农村资金流失过多、农民收入增长缓慢等问题,提出要从财政、金融层面加大对农村地区的信贷支持,拓宽小额信贷的覆盖面,培育多种形式的信贷组织(如王以成,赵学明,袁国红,王建刚,张培俊等)。

还有一些学者以某一特定的理论视角对新农村建设问题进行学理性的探讨。如唐银辉利用社会学的视角指出新农村建设在社会动员、社会整合、社会保障、社会化等方面存在的问题。李长健从利益驱动视角分析新农村建设在利益聚合表达与个体利益维护方面存在的问题。谢家训从新制度经济学的视角提出新农村建设中要对县域教育进行制度创新。董明利对新农村建设进行伦理学解读,指出以物质多少为主要标准的价值观强烈冲击传统伦理观念,在新农村建设中要重视家庭伦理问题。甄建刚从制度经济学视角,利用交易费用最小的分析范式,将新农村的建设问题归结为如何使农民的交易费用最小的问题。其他的不少文献也对新农村建设中存在的问题进行归纳,但基本没有跳出以上学者的分析范畴。

笔者认为,实践中的问题主要是制度堕距。目前明确提出实践中的制度堕距问题且进行研究的尚不多见。对其中的行动失范问题的研究也明显不足。秦晖、周荣祥、叶齐茂、黄汉权等专家学者从理论层面对当前新农村建设行动中可能存在的虚张声势、盲目求洋、越俎代庖、形式主义等失范行为进行过分析,但多为网络和报刊评论且缺乏具体的实证调查。目前已有的比较深入的实证研究成果,仅有叶敬忠教授在甘肃、河北、湖南和江苏进行实地调查的成果:《农民视角的新农村建设》。他在该成果中对当前试点村建设实践中的行动失范问题进行了一些调查、总结与思考。他指出在目前试点村的选择标准上主要存在"嫌贫爱富"问题;在具体建设活动中主要存在"重硬轻软"问题;试点村做法还可能引发资源分配、社区差距、贪污腐败及示范失效等问题。

总的来说,已有的对新农村建设实践问题研究的诸多不足主要表现在:一是研究视角方面,缺乏行动与制度相结合的新视角;二是研究内容方面,对新农村建设实践中存在的制度堕距问题的研究比较缺乏。尽管对其中的部分行动失范问题进行了研究,但还不够全面系统。对行动失范与制度堕距现象的相关性研究没有涉及。新农村建设实践已经开展一年多了,到底行动状况如何? 行动机制如何? 行动存在哪些失范问题? 其问题的原因是什么? 带来怎样的危害? 其问题对新农村制度绩效的影响如何? 制度堕距的状况如何? 如何规避建设实践中的行动失范与制度堕距问题? 等等都需要进行科学的实证调查,系统的学理性分析。三是研究方法方面,多采用访谈与问卷调查,缺乏对实践中具体"过程与事件"的深入细致的"深描"。所以,至今我们难以得出有关新农村建设实践问题的系统分析研究以及对新农村建设制度发挥最大绩效的对策措施研究。

三、研究思路

本课题以中东西部三个新农村"试点村"为研究载体,采用社会学的研究视角和方法,从制度设计、社会认知、实践机制和制度绩效等四个层面,对当前新农村建设的制度设计、农民和基层干部的社会认知状况、具体实践机制状况、制度绩效等问题进行了深入的调查描述和理性思考,并侧重从实践机制和制度绩效等方面,对中国的新农村建设与韩国的新村运动进而比较分析,最后提出多维视角下如何建设新农村建设的途径。

本课题的研究主要回答了以下几个问题:新农村建设的制度设计是否符合当前农村发展的现实需要?农民的社会认知状况反映了他们对新农村建设的何种态度和诉求?基层干部对新农村建设的社会认知和农民有何不同?新农村建设各利益相关者的心态如何?新农村建设的实践机制有哪些问题?原因是什么?新农村建设的制度绩效如何?原因是什么?中外新农村建设的实践机制与制度绩效有何不同?中国的新农村建设需要哪些方面的思维转向?

关于新农村建设的制度设计及其价值目标,主要从理论层面梳理新农村建设的文本逻辑,分析其内含的社会公平、公正,以人为本,共同致富,社会和谐的价值目标。具体来讲,新农村建设制度设计蕴含着深厚的人文价值目标。建设社会主义新农村作为国家的重大制度,体现了以人为本的价值目标,彰显了社会公正的价值导向,指明了实现共同富裕的重要途径,内含了和谐发展的道德意蕴。新农村建设的制度设计为新农村建设提供了制度保障,也是建设好新农村的前提条件。

关于农民和基层干部对新农村建设的认知,主要是以农民的视角呈现他们对新农村建设的态度、看法和期待,以基层干部的视角呈现他们对新农村建设问题的思考。新农村建设经过几年的实践,已经给农村带来了一些变化,取得了一定的成绩。政府部门从自身的角度对新农村建设的正面意义进行了较多的关注,学者从专业知识领域对新农村建设的路径选择、实践机制和存在的问题进行了学理性的思考,取得了较为丰富的研究成果。然而,作为新农村建设主体即受益者的农民是怎么想的,我们却不太清楚。"虽然农民在理论上被一致认为是新农村建设的主体,但当前的现状是专家学者和政府官员成了他们建设家乡的'代言人',农民集体失语了。"①不仅农民失语,基层干部对新农村建设的真实意愿我们也无从知晓。因而,本课题通过调查数据的分析来反映农民和基层干部对新农村建设的认知情况,包括对新农村建设举措的认知,对建设目标和内容的认知,对建设实践的认知以及对国家政策与实践绩效的认知。

关于新农村建设实践机制问题研究,主要集中在行动失范问题,主要从分析试点村选择的失范、建设主体的失范、建设内容的失范、资源分配的失范、绩效考核的失范和后期管理的失范等。客观来讲,新农村建设在一定程度上促进了农村社会的发展,尤其是在基础设施建设方面。然而,当我们回过头来反思新农村建设的实践机制、实践过程和实践效果的时候,我们会发现:新农村建设中各方行动者的心态各异,各自追求自身利益的最大化。新农村建设过程中存在许多违规、越轨等有损社会发展和进步的行为;新农村建设的五大目标中,有些目标实现得好,有的目标和预期有很大出入;新农村建设各组成部分在实践过程中存在错位现象;新农村的政策意图与政策效果之间存在不同程度的偏差;新农村"试点村"出现示范失效的现象;作为新农村建设主体的农民在新农村建设中参与程度有待提高。关于新农村建设试点村后期管理的问题,主要通过对新农村建设示范村后期管理出现的种种问题揭示我国农村社会现代化进程中存在的阻碍,为新农村建设后期管理提出自己的对策。新农村建设运动开展以来,各地结合实际,先后开展了示范村建设等各种类型的示范活动,取得了较好的辐射带动效果。然而,新农村建设是一项长期工作,各示范村在前期大量投入后,在基础设施

① 叶敬忠:《农民视角的新农村建设·导言》,社会科学文献出版社2006年版。

建设上已取得明显成效,而如何加强对示范村的后期管理问题就显得尤为重要。

制度堕距包括上向堕距和下向堕距。制度上向堕距主要表现为制度文本与制度改进目标之间出现差距和错位;制度下向堕距主要表现为制度执行情况与制度文本之间的差距和错位。制度堕距最终导致的结果是新农村建设的制度绩效达不到预期目标。关于新农村建设实践中存在的制度堕距问题,主要分析实践中存在的物质化(重基础设施建设)、政绩化(形象工程)、政府化(政府是行为主体)、二元化(人为地在农村制造穷村与富村新的"二元体制")等状况与制度文本价值目标之间的差距。同时还要分析制度堕距产生的深层次原因。

本课题研究的最后,提出了对于新农村建设的思维路径选择的思考,主要侧重于从关于农村社区发展的新视角出发,分析新农村建设必然面临的思维转向,提出新农村建设的现实路径。新农村建设实践中反映出实践效果和实践目标存在差距的原因在于农民的主体地位得不到尊重,农民的潜力得不到激发,农民的优势得不到发现和利用。因而,新农村建设需要遵循以人为本的价值理念,实现思维方式由缺乏视角转向优势视角,重视农村社区的社会资本,对发展项目进行社会评价,走参与式发展之路。课题研究的具体逻辑思维框架如下:

四、研究方法

本课题主要采用理论联系实际,定量与定性研究、规范研究与实证分析相结合的基本方法,运用文献调查、参与观察、访谈、问卷调查等具体方法,按区域和经济发展状况不同,从东部的江苏省,中部的江西省,西部的云南省,随机抽取 3 个县或区(各抽取 1 个)、再随机抽取 3 个乡镇或街道(各抽取 1 个)、最后随机抽取 3 个"试点村"(各抽取 1 个)和"非试点村"为样本,进行实证调查。

社会主义新农村建设 → 社会认知

- 制度改进、(最优)目标 → 公平公正、共同富裕、社会和谐等 → 制度上向堕距
- 制度文本目标 → 生产发展、生活宽裕、乡风文明、村容整洁、管理民主 → 制度下向堕距
- 实践状况 → 表现为物质化、政绩化、趋同化、政府化、二元化、短期化等
- 实践问题 → 表现在试点村选择方式、建设主体、建设内容、资源分配、考核方式等方面的失范
- 中外实践机制与制度绩效比较
- 思维路径选择 → 以人为本：新农村建设的价值理念；优势视角：新农村建设的思维转向；参与式发展：新农村建设的现实路径；社会资本：新农村建设的崭新视角；社会评价：新农村建设的必然选择

制度上向堕距、制度下向堕距 → 制度绩效发挥 ← 行动机制改进

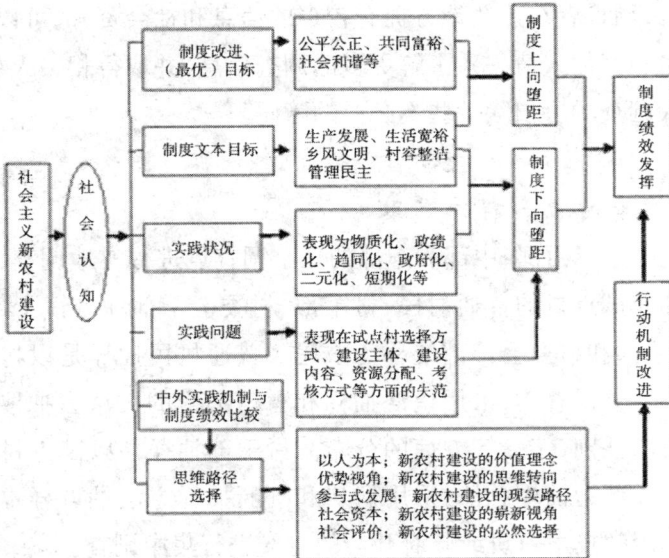

（一）调查点选择的依据

本课题选择中、东、西部三地的三个新农村"试点村"（T村、S村、D村）作为调查点主要出于三方面的考虑：首先，三个调查点分布于中部、东部和西部，各地区之间的社区发展状况存在较大的异质性，而各地区内部的社区发展状况具有较大的同质性。分别从三个地区选择的调查点的基本情况能较好地反映所在地区的"面"的情况。其中，东部调查点的社会经济发展水平和人们的生活水平较高，社区建设走在全国前列，是社会发育程度较高的东部社区的典型代表；中部调查点不仅位置处于中部，经济发展水平和人们生活水平也处于全国的中等水平，是社会发育程度处于中等水平的中部社区的典型代表，在一定程度上，也可作为全国社区发展状况的代表；西部调查点地理位置偏僻，经济发展水平较低，人们的生活水平相对落后，可以作为西部社会发育程度较低的社区的一个缩影。其次，把三个调查点的社区发展状况综合起来，基本能够反映它们所代表的更大范围的情况乃至全国的情况。第三，从调查方便的层面，课题主持人和参与者大都来自于这三个地方，对这些地方的人文地理、风俗习惯、语言特点都比较熟悉，便于调查的

展开。同时,调查者在这些地方拥有较多的信息和社会资源,可以充分利用这里的亲属和其他人情关系了解更多的调查信息,并取得相关人员的帮助,为顺利进入调查场所扫除一些不必要的障碍。

(二)调查对象和样本选取

本研究分别对西部、中部和东部的三个调查点进行实地调查,调查对象为试点村和非试点村的普通村民、村干部、村委会干部和乡镇干部,其中普通村民、村干部和村委会干部统称为农民。普通村民抽样是以村庄社区内的全体居民为抽样总体,采用偶遇抽样和雪球抽样的方法去抽取样本。抽样过程考虑了性别、年龄等方面的分布。村干部抽样是以试点村和非试点村的主要村干部为抽样总体,采用偶遇和判断抽样方法抽取样本。基层干部主要是利用党校学习班或政府开会的时候进行集中调查。

针对这两类对象分别设计了农民问卷和基层干部问卷。调查期间,共发放 540 份问卷,每个调查点 180 份。其中,农民问卷共调查 420 份,从有效问卷的回收情况看,西部调查点共回收 128 份,中部调查点共回收 133 份,东部调查点共回收 130 份,全国三个调查点共获取 391 份有效问卷。基层干部问卷共计 120 份,此类问卷回答质量较高,回收率达到 100%,中、东、西三个调查点各调查 120 份。

表1　调查问卷(有效问卷)的分布情况(单位:份)

	农民问卷			基层干部问卷		
	东部	中部	西部	东部	中部	西部
问卷数量	130	133	128	60	60	60
总计	391			120		

(三)具体的调查研究方法

1. 文献调查。查阅与课题研究内容相关书籍、报纸、杂志及学术论文等,文献收集的工作贯穿研究过程的始终。

2.实地"深描"调查。拟按区域和经济发展状况不同,从东部的江苏省,中部的江西省,西部的云南省,随机抽取 3 个县或区(各抽取 1 个)、再随机抽取 3 个乡镇或街道(各抽取 1 个)、最后随机抽取 3 个"试点村"(各抽取 1 个)为样本,对村民和村干部进行实地调查,全面掌握试点村社区概况、新农村建设具体实施过程、具体事件过程、具体运作规律等状况。这一阶段主要采用半结构式访谈和参与观察的方法进行,这种方法得到资料较为鲜活。

3.问卷调查。分别设计非试点村村民问卷,试点村村民问卷,基层干部问卷,重点了解不同人群对国家新农村建设政策与实践行动的态度、行为、意愿、建议以及示范村村民的内部及外部社会关系的变化。由于问卷题量较大,加上农民对文字的反感,调查过程中一般采取代填问卷的方法,也就是按照问卷内容进行结构式访谈。

4.个案访谈。围绕新农村建设实践中试点村的具体项目或事件,对定点干部、村干部、村民进行具体深入访谈,具体了解他们对政策与实践的观点、看法及建议,另外,要虚心向有关政策部门或有专长的专家学者咨询相关问题。

调查过程中,要求调查者当天就对访谈和观察得到的资料进行整理并录入电脑,同时对回收的调查问卷进行审核,对于无效问卷,要么剔除,要么在后一天调查时找到该问卷填答人员进行补充。

调查结束之后,课题组组织调研人员把问卷资料录入 SPSS 软件,并在充分讨论的基础上进行定量分析;对于通过访谈、观察和文献收集得到的资料进行系统的整理和分析,并采用归纳推理的方法进行定性分析。

(四)调查点(试点村)概况

1.江西省 D 县 C 镇 T 村

赣东北 D 县,是个农业县,C 镇坐落在杭瑞高速公路的出口处,是 D 县出入省、市、县的重要交通要道,为全县交通枢纽,交通十分便利。下高速,沿都蔡路向县城方向 3.5 公里处,路北约 300 米一个村庄就是本文中的 T 村,离县城 28 公里。村庄的大部分农田、山地都坐落在都蔡路的两边。T 村是 C 镇 RS 村委会 17 个自然村中的一个,全村 58 户,257 人。耕地面积 330 亩,人均 1.3 亩,拥有宜林荒山上千亩。1980 年代初期生产队时代,分村南、村北(另加上村北 50 米处一个小村庄:万学村,7 户村民,35 人)两个村民小组,一直延续到今天。该村地处亚热带湿润性季风气候区,雨量充沛,光照充足,热量丰富。山地、丘陵地区以黄棕壤、紫色土为主,水田为黑色水稻土,有利于农作物生长与瓜果植物生长。农作物主要有水稻、棉花、油菜、甘蔗等。2000 年开始,村中少数有经济头脑的人实践动员村民开发了路边的荒山,种上了梨、桃等果树,树苗小时候间种了西瓜。果业有一点发展,使得少数村民转向以果业为主的经营生产。瓜果上市的时候,村民在马路边搭建了凉棚,现在更多的村民是用太阳伞以遮风挡雨。果农把从山上采摘下来的水果摆在路边上销售。过路的人不时地停下来,吃个西瓜解渴,过往的车辆也不时地停下来,当然也不时地有从这里经过的县里的领导干部,带点水果回家。因为,刚从山上采下来的果子比较新鲜,也许是因为这里的土质好,人们都说这里的水果口感特别好,慢慢地这地的水果在当地小有名气。后来,县乡领导把这里的果园做了产业的文章,T 村也因此而打出了全县新农村建设的一个牌子。尽管如此,近年来外出打工的人数越来越多,根据 2008 年的入村调查情况统计,58 个家庭中有 50 户有人在外打工,打工是村民家庭的主要收入来源。全村共计劳动力 149 人(65 岁以下村民),在家种田 64 人,以中老年人为主;外出打工 85 人,占劳动力的 57%,且都是村中年轻人。调查显示,村中 40 岁以下的劳动力没有纯粹在家种田的,其中有 3 人在家开三轮车搞运输兼种田。

2. 江苏省 N 市 JN 区 S 社区

S 社区位于 N 市 JN 区的中北部,紧邻 N 市。社区所处地区的地形以丘陵为主,地势西低东高,社区依丘陵地势而建,建筑错落有致,在社区中部有两条河流穿梭而过。社区所在地的气候温和,雨量充沛,四季分明,全年无霜期一般在 255 天,平均气温 15.5℃,年降雨量 1004.6 毫米。S 社区到 2007 年底共有居民 448 户,总人口 1507 人,其中男性居民 784 人,女性 723 人。S 社区在 2006 年 3 月份前属于 S 大队,直到上世纪末,原本农业人口在社区中一直占多数,由于当地耕地肥沃,人们大都以种植水稻、小麦、花生、瓜果、蔬菜等为生,另有少数居民因当地盛产石灰石与陶土而靠炼制石灰和制作陶器谋生。2000 年以后,村办企业步入正轨,S 村陆续兴办的纸袋厂、砂厂、预制厂等多家企业产值不断增加,工业化促使行政村对企业实现全面改制,同时于 2005 年更名为 S 社区。2006 年 3 月,社区又将 Z 社区并入,形成了现在的 S 社区。目前社区中,从事农林牧渔业的人口逐步减少,大多以从事工业生产为主,另有部分人口从事商业等其他工作。

3. 云南省 YL 县 JX 乡 D 村

D 村是 YL 县 JX 乡 TC 村委会下属的 10 个自然村之一。该村位于县城东北 40 多公里处,距离 JX 风景区 1 公里,地形以山区为主,海拔 1860 米。周围被群山包围,树木资源丰富,林地面积为 22386 亩,主要以青松、沙松为主,植被保护较好。全村共 71 户,299 人,是一个以彝族为主的彝汉杂居的村庄,其中汉族 26 人,彝族 273 人;从性别分布看,全村有男性 162 人,女性 137 人;从年龄分布看,60 岁以上的有 33 人,60 岁以下的 255 人;从家庭构成看,独生子女家庭有 2 户(均已办理独生子女证),双女家庭 3 户;正在上学的有 56 人,其中,上幼儿园到高中的 53 人,上大学的 3 人。耕地总面积 291① 亩,其中水田 26 亩,雷响田② 52 亩,旱地 213 亩。人均耕地面积为 0.97 亩。村民主要以务农为主,种植烤烟、水稻、玉米、小麦等。经济作物以

---

① 在"TC 村委会关于申报市级'巾帼科技致富试点村'的报告(2009 年 8 月)"中,该村总人口 278 人,总耕地面积为 301 亩,人均耕地面积 1.1 亩。

② 又称"望天田"和"梯子田"。顾名思义,雷响田就是要等雷响下雨田里集满水后,才能插秧,种稻谷,属于靠天吃饭的田。这类田主要分布在以山地为主的高原地区。

烤烟为主,桉树种植、山羊养殖为辅,人均年收入约为 2649 元①。在民俗文化方面,民族语言、传统摔跤、彝族密枝节(实为民纸节,为口传错误)延续不断,具有深厚的民族文化底蕴。

---

① 数据来源:昆明市 2008 年农村经济收益分配情况统计年报,填报单位为 TC 村委会,填报日期为 2009 年 1 月 1 日。而在"TC 村委会关于申报市级'巾帼科技致富试点村'的报告(2009 年 8 月)"中,该村村民人年均纯收入为 2375 元。据笔者调查,有的村民以风景区为依托,开起了农家乐,家庭年收入近 10 万元,人均年收入 2 万多;有的村民完全以务农为生,家庭年收入仅为 1 万元左右,人均年收入约 2000 元。村民收入状况呈现出两极分化。

第二章 制度设计、社会认知、
　　　实践机制与制度绩效

　　本章主要从理论层面探讨新农村建设的制度设计、社会认知、实践机制与制度绩效之间的关系。制度设计是新农村建设的根本保障,社会认知是新农村建设的思维图像,实践机制是新农村建设的行动策略,制度绩效是新农村建设的实效评价。新农村建设的制度设计蕴涵了以人为本、公平公正的社会价值。农民和基层干部对新农村制度设计的认知状况直接决定了对新农村建设制度认可和实践状况,而新农村建设的实践机制状况直接会影响新农村建设的制度设计的外化绩效,四者之间有着内在的逻辑关系。

一、制度设计、社会认知、实践机制与制度绩效的关系

(一)制度设计

　　制度设计的概念主要呈现于一些制度主义的文献中,尤其多见于经济学和组织理论的文章之中。在社会学意义上的制度主义看来,制度设计描述的是一种回归对话体的制度设计,它关注的是制度评估中制度与环境的吻合度,而不是看中制度设计和评价中的那些严格的标准。按照 Alexander 的观点,制度是指:"能够使行动者约束行为,并能让行动与所秉持的价值要求相一致且达到预定的目标或者完成所分派的任务的规则、流程和组织

架构的实现与规划。"①由此,笔者将制度设计定义为:行动者(可以是群体、组织、社区、政府或国家)按照一定的价值追求规划、制定某项工作任务的行动准则或行动指南的过程。它包括四个要素:

制度设计一般在三个层次上展开:一是宏观层次的制度设计,主要指对社会进程具有较大影响力的政策文本制定和项目设计;二是中观层次的制度设计,主要是在宏观制度设计指引下落实和发展相关的政策、项目、工程和规划。这个层次的制度设计涉及交通和通讯等基础设施的规划、民生工程,如住房规划、环境保护政策、地方经济发展规划以及教育政策等。信息化发展十五规划、推进城镇化建设纲要、应对气候变暖的政策与行动计划等都属于该层次的制度设计。三是微观层次的制度设计,涉及建立和管理规划的流程以及政策和项目实施。② 如某地区地铁项目的规划、环境整治政策、某村建设社会主义新农村的具体方案等,都属于这个层次的制度设计。制度是一个有机的系统。不同层次的制度设计相互影响、彼此牵制,构成了一个相对稳固的制度网络。

制度设计的过程有四个相互联系的阶段③:第一阶段是制定公平的制度实体。这是制度设计的起点,它经历了理论创新、实际调研、理论成果的制度表达、科学论证、专家咨询、公开听证与论辩、利益主体博弈、付诸表决等环节。通过科学与民主保证制度实体最大限度的公平。第二阶段是制定科学的制度执行程序。反复研究制度在执行过程中客观上将会碰到的各种问题,然后有针对性地制定出克服这些问题的完整的执行程序,使制度在执行过程中不偏离制度设计目标。第三阶段是设计制度公正执行的受控机制(监督机制)。反复研究制度在执行过程中主观上可能出现的种种非理性的操作,然后针对性地构建制度公正执行的监督机制,最大限度地减少制度执行过程中人为的不公正现象。第四阶段是设计制度公正执行的自控机

---

① 刘岚:《制度设计与制度绩效》,复旦大学硕士论文,2009 年第 6 期。
② 刘岚:《制度设计与制度绩效》,复旦大学硕士论文,2009 年第 6 期。
③ 陈朝宗:《论制度设计的科学性与完美性——兼谈我国制度设计的缺陷》,《中国行政管理》2007 年第 4 期,第 108 页。

制。反复研究制度在执行过程中如何实现公正执行的自动控制,这是制度设计的最高境界。一个好的制度设计要求在上述各阶段当中做到科学、理性,以制度原初预设的实现满足最大多数人的利益,实现社会公平与正义的理想和目标。

(二)社会认知

社会认知概念主要来源于心理学领域,社会认知是个人对他人的心理状态、行为动机、意向等作出推测与判断的过程,是人对自己和他人的认识。[①] 近年来,认知心理学已经介入社会心理学,并出现了社会认知这个词,主要是指个人和群体如何感知和理解自己、他人及日常生活事件。社会认知与其说是社会心理学的一个分支领域,不如说是一种新的研究思路,即探讨个体是如何加工、组织、提取和利用信息来形成对自己、他人与群体的印象和看法,来解释社会行为与实践。社会认知包括四个层次:一是对人的认知,包括对他人和自我的认知,主要是通过他人外部形态和行为特征的认知来了解其心理活动;二是人际认知,即对人与人之间关系的认知;三是角色认知,即对人们所表现出的角色行为的认知;四是因果认知,即对社会事件因果关系的认知。[②] 人们在认知活动中使自身主观思维与社会事物产生互动,从而建构起具有自身特点的个体知识。再把这些个体知识放到更大范围的社会环境中,组合成具有一定普遍意义的群体知识或地方性知识。所以说,认知活动的过程也是知识建构的过程。

目前,社会认知的含义不再局限于以实验研究为特征认知心理学领域,已经扩展到指称人们对于人、人的行为以及由人的行为所构成的社会现象或社会事件的态度和看法,包括人们对社会事件知晓程度、接纳程度、满意度等。在社会学领域,社会认知侧重于以社会调查的方法入手,采用问卷和结构式访谈等资料收集技术,以了解调查对象对某项社会事件内涵、表现形

---

① 转引自程玲:《社会认知理论及其在社会工作中的运用》,《长沙民政职业技术学院学报》2007 年第 3 期,第 21 页。

② 沙莲香主编:《社会心理学》,中国人民大学出版社 2006 年版,第 91—92 页。

式、运作机制、运作效果及发展趋势的态度和看法。通过社会认知，可以看出认知主体对社会事件的评价，尤其是一些关乎认知主体切身利益的社会事件，其评价主体是多元的，包括专家、官僚以及认知主体自身，而这些多元评价的关键还在于认知主体自身，专家、官僚都要围绕认知主体的评价来展开评价。这里还需要说明的是，社会认知的效果和准确度受到认知主体阅读能力、倾听能力、理解能力等方面的限制，同时也受认知调查设计者问卷质量、语言习惯、表达能力等方面的制约。因而，关于社会认知的调查，需要调查员具有较高的思想和文化素质，勤奋而富于耐心，对调查目的和相关文本有较为透彻的理解，努力融入调查的目标群体之中，以此获得具有较高信度和效度的社会认知资料。

（三）实践机制

"机制"一词最早源于希腊文，原指"机器的构造和工作原理"。之后在生物学、医学领域得到广泛运用，主要用来表示有机体内发生生理或病理变化过程中各器官之间相互联系、作用和调节的方式。在自然科学中机制主要引申事物和自然现象的作用原理、作用过程及其功能。而在社会科学中的引申意义则较为复杂，主要有四种观点：一是认为机制是事物在运动中，各相关因素及组成部分以一定范式进行的联动作用关系；二是认为机制是规律与规律之间的相互作用关系；三是认为机制是事物在运动中的各相关因素；四是认为机制是系统内部的构造及工作原理。[1]

郑杭生教授则从社会互构论的视角理解机制的概念，他认为，机制"是指人类社会在有规律的运动过程中，影响这种运动的各组成因素的结构、功能及其相互联系，以及这些因素产生影响、发挥功能的作用过程和作用原理，简要地说，就是社会运行'带规律性的模式'。"[2]郑杭生教授进一步指出，社会运行机制是一个有机联系的系统，包括动力机制、整合机制、激励机制、控制机制和保障机制等五个二级机制。要保证社会系统各项工作的目

---

① 张纯珝：《当代中国邪教发生机制与政策选择》，中国人民大学博士论文，2006年第16期。
② 郑杭生等主编：《社会学概论新修》，中国人民大学出版社2002年版，第42页。

标和任务真正实现,必须建立一套科学、协调、灵活、高效的运行机制。关信平对社会政策的运行机制进行了界定,指出社会政策运行机制是社会政策行动各环节运行的基本方式,有广义和狭义之分。广义上是指社会政策行动所有阶段和环节的运行机制,包括社会政策主体的组成方式、资源调动方式、受益者选择机制以及社会服务传递机制等;狭义上是专指社会服务传递机制,即政府社会政策资金如何转化为一定的服务方式而传递给受益者,包括服务传递中的组织安排、资金运行方式以及资金使用和服务活动中的各种规范等。他进一步指出了,合理有效的社会运行机制的重要性体现在三个方面:一是规范社会政策行动者中的各个行动者的行为;二是兼顾社会政策效率与公平的目标;兼顾公共服务方式和个人自由的选择。[①]

实际上,机制的概念在社会学领域并不陌生,从社会学创始者的斯宾塞,到运用实证方法开展经典社会学研究的迪尔凯姆,再到结构功能论的社会学先驱们,都在他们丰富的学术著作中对有机体、系统、功能以及由此衍生出的机制概念进行了一定的阐述。

本书中,机制主要指事物运作的指导原则、规律和方法。也就是回答"怎么做"的问题。具体到新农村建设的社会事务来看,实践机制包括国家宏观支持机制(组织领导机制、监督检查机制、制度保障机制、教育培训机制)、政府主导机制、民间资源利用机制、政治动员与社会参与机制、试点选择机制、挂点帮扶机制、目标考核机制等。

(四)制度绩效

制度设计是为了实现某一社会目标而进行的制度安排,倾向于宏观社会政策的提出;社会认知是认知主体在头脑中形成的关于认知对象的思维图像;实践机制是对某一制度安排或社会政策的分解、解读,并提出具体的实施细则和规范;制度绩效则是制度设计和实践机制共同作用的结果。

具体看来,制度绩效包括以下几层含义:首先,制度绩效是衡量制度设

---

① 关信平主编:《社会政策概论》,高等教育出版社 2009 年版,第 103—104 页。

计和实践机制的重要指标,"有什么样的制度(设计)就有什么样的制度绩效,每一种制度(设计)在其建立时都有着自我目标的预期;而不同的制度(设计)也沿着各自的路径发挥作用。结果,制度从一开始就对制度绩效起着最基本的影响作用"。[①] 其次,制度绩效又可通过不同的指标体系来反映,这些指标体系具有地域性特点,同时也可能受到"长官意志"的影响。再次,制度绩效是判断制度设计和实践机制好坏的重要标准,可以通过制度绩效值来反映。所谓制度绩效值是指制度履行其功能、实现设计初衷和制度目标的能力,包括制度的实施能力、制度的道德能力、制度的持续能力[②]。最后,制度绩效处理得当,制度绩效值客观、真实,将对政府的政策走向产生积极影响;若处理不当,出现"指标主义",虚报制度绩效值,不仅会对政府公信力和政策走向产生负面影响,更重要的是会损害作为政府服务对象的大众的利益,是把政府(官员)利益凌驾于公共利益之上。

基于对待和处理制度绩效过程中的"失范"现象,如制度绩效评估价值扭曲、评估本义的歪曲、评估方法随意、评估流程不规范等。因而,有必要对制度绩效评估进行科学的制度安排。以此来促进政府行为的规范,加强对政府监督,强化政府的责任,提高政府的效率。真正体现制度设计增进社会秩序、促进社会进步的目的。

(五)四者关系

社会认知是认知主体在头脑中形成的关于认知对象的思维图像,是人们对社会事件的态度和看法。社会认知反映了社会事件在不同社会群体中的影响程度,或者说是不同社会群体对某一社会事件的理解程度及评价。从制度(政策)设计层面看,制度设计是在科学的实证调研的基础上,结合实际情景,制定宏观社会政策和法律法规的过程,而宏观制度设计合理性评

---

① 邱钰斌:《制度、制度绩效与社会资本的内在关联》,《公共问题研究》2009 年第 4 期。第 56 页。

② 欧阳景根、李社增:《社会转型期的制度设计理论与原则》,《浙江社会科学》2007 年第 1 期,第 80 页。

判的一个重要指标就是人们对于该制度设计的认知情况。实践机制要紧扣宏观的政策理念,更要对人们的认知情况进行科学分析,这样的实践机制既能满足宏观制度设计的需要,又能契合利益群体的现实需求。实践机制执政理念的具体化和科学化,是理念和现实社会问题的结合。社会认知及实践机制共同作用产生的效果即是制度绩效。从四者的关系来看:

首先,制度设计通过宏观社会政策的提出指导并规范着实践机制,实践机制在逻辑、文本表述和实践效果等方面都要和制度设计的理念相吻合。实践机制对制度设计的作用体现在两个方面:遵从和修正,遵从表明了制度设计的完美性,是一种理想化的结果;修正表明了制度设计存在缺陷或者制度设计和现实情况在某些方面出现不一致,需要在实践中不断修正和完善制度设计。制度设计还对制度绩效起着基础性作用,制度设计的最终成效通过制度绩效表现出来,实践机制作为中间力量起着直接、关键或决定性的作用。因此,在分析制度绩效时,应该遵循这样两种模式:一是在同一制度设计中,有着共同的制度基础,其制度绩效主要受实践机制决定;二是在不同的制度设计中,有着不同的制度基础,不同的实践机制,因而产生不同的制度绩效①。

其次,社会认知分析贯穿于社会事件运作的始终。从对宏观制度设计的认知,到对具体实践机制的认知,以及对制度绩效的认知。在发展项目中,有学者提出以人为中心,"把人放在首位②"的社会项目评价理念,对利益相关群体对发展项目认知情况的分析,充分尊重了利益群体的话语权,把他们对发展项目的评价作为项目制定的主要参考。我们可以把发展项目制定前的社会评价称为前评价,把发展项目实践过程中的具体实践机制的评价称为中期评价,把发展项目实践效果的评价称为后评价,前评价表现出对发展项目受益者参与权、讨论权、决定权的尊重,中期评价是对发展项目具

---

① 邱钰斌:《制度、制度绩效与社会资本的内在关联》,《公共问题研究》2009 年第 4 期,第 56 页。

② 迈克尔·M.塞尼编著:《把人放在首位——投资项目的社会分析》,王朝刚、张小利译,中国计划出版社 1998 年版。

体实践的监督和引导,后评价则是对发展项目带来的效果及影响的评估。社会认知分析正是对发展项目前评价、中期评价和后评价的主要方法之一。可以说,社会认知分析是实践机制合理化的必要前提,同时也是制度绩效达到预期目标的现实保障。

第三,通过社会认知的评价分析,制度设计和实践机制要进行必要的修正以回应利益群体的利益诉求。制度设计和实践机制同样对人们的社会认知产生影响,如果实践机制内容僵化、教条,实践机制的运作简单、粗暴,就会形成负面的社会认知;如果制度设计和实践机制内容灵活而富于创新,实践机制的运作富于人性化,就会形成正面的社会认知。实践机制是宏观制度设计的具体化,是社会项目的具体操作指南及方法,其合理性和科学性直接关系到人们对它的评价,也影响着制度绩效的实现情况。

第四,制度绩效作为实践机制的直接结果对实践机制传递着重要的反馈信息,也对制度设计传递着重要的反馈信息,"每一制度设计都预设着自我目标,并以此为中心而发生效用;而制度绩效以结果的形式检验着制度设计自我实现的程度"①。制度绩效对实践机制和制度设计传递着这样的信息:当制度绩效满足了制度设计和实践机制的预期或大体上符合其预期目标时,则制度设计以及由此建构的实践机制具有了事实上的合理性,将继续发挥其积极作用;当制度绩效背离制度设计和实践机制的预设目标时,则应该重新审视制度设计及其实践机制。通过制度绩效的信息反馈,人们需要对制度设计和实践机制进行深入思考,并决定:是继续坚持已有的社会制度和实践机制,还是修正或重新设计新的社会制度和实践机制。

最后,制度绩效除了对实践机制起着反馈作用之外,还深刻地影响着人们对发展项目的社会认知,包括利益群体、决策者、专家等主体对项目设计、实施及效果的认知。好的制度绩效有助于深化人们对发展项目的正面认知,促进项目的持续性推进;不好的制度绩效会加深人们对发展项目的负面认知,该项目会被"标签"为不适合和不受欢迎的发展项目,项目难以持续

---

① 邱钰斌:《制度、制度绩效与社会资本的内在关联》,《公共问题研究》2009 年第 4 期,第 56 页。

推进。

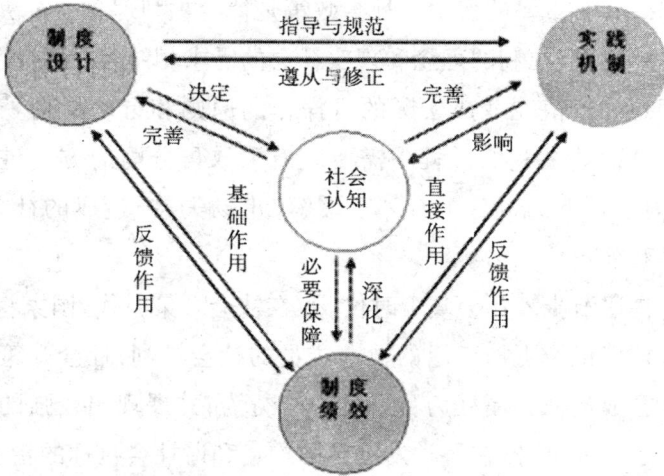

图1 制度设计、社会认知、实践机制与制度绩效的关系图

二、新农村建设的制度设计、社会认知、 实践机制与制度绩效

(一)制度设计:新农村建设的根本保障

制度设计往往体现为社会政策的制定。社会政策是政府为了满足基本民生需要,调节社会财富分配、维护社会公平和社会稳定而在各项社会事务方面行动的总和。[①] 它有两个特点:其一,社会政策的产生源于解决社会问题的实践,或者说源于国家为满足民众社会福利需求所做的努力。从这一层面可以把社会政策定义为一系列旨在提高全社会福利的制度安排,或者

---

① 关信平:《改革开放30年中国社会政策的改革与发展》,《甘肃社会科学》2008年第5期,第8页。

说是"影响福利的政策行为"①。在社会福利从理念到实务的演进过程中，社会福利起着极其重要的作用。社会政策是社会福利理念经过决策过程转化而来的，它将社会福利的理念和现实社会的需求相结合，把社会福利思想所表达的理想和价值观变成实际的可操作的原则和行动指南。② 其二，社会政策在促进社会福利的过程中需要政府采取再分配的方式进行必要干预，这种政府干预下的再分配有利于缓解"市场失灵"造成的社会分化，促进社会公平和公正。

中国正在逐渐步入社会政策时代。③ 在社会政策时代，国家将更多地关注社会弱势群体以及更加广泛的社会成员的社会福利，社会政策真正演变成以增进社会成员社会福祉为目的的政策行为，并展现出较强的科学性和可操作性。近年来，国家在科学发展观和构建和谐社会目标的指引下，不断践行以人为本和执政为民的理念，相继出台了一系列有利于广大民众尤其是困难群体的社会政策。社会主义新农村建设政策正是为增进广大农民社会福祉而出台的。

2005 年 10 月，十六届五中全会提出建设社会主义新农村，这是国家关于农村发展的一个新提法，是国家解决"三农"问题的新举措。这次会议还提出了社会主义新农村建设的总体要求和总体目标，即"生产发展、生活宽裕、乡风文明、村容整洁、管理民主"，综合到中国特色社会主义现代化建设，这 20 个字的总要求和总目标，可以被理解成要全面协调推进农村的经济建设、社会建设、政治建设、文化建设以及农村的基层组织建设。其中，生产发展是新农村建设的物质基础，主要要解决农业现代化的问题，提高以粮食生产为中心的农业综合生产能力；生活宽裕指的是要通过各种渠道增加农民收入，改善部分农村生活水平低下的问题，是新农村建设的核心目标；乡风文明主要是要加强包括法律法规、民风民俗和社会治安等在内的农村

---

① 迈克尔·希尔：《理解社会政策》，商务印书馆 2003 年版，第 1 页。

② 转引自钱宁：《现代社会福利思想》，高等教育出版社 2006 年版，第 3 页。

③ 王思斌：《社会政策时代与政府社会政策能力建设》，《中国社会科学》2004 年第 6 期；关信平：《我们正在走进一个"社会政策的时代"》，《中国社会报》2007 – 3 – 19(3)。

精神文明建设,使农村纯朴的民风及和谐的人际关系得到回归;村容整洁的目的在于改善人居环境,为农村提供更好的生产、生活和生态条件;管理民主关键在于健全村民自治制度,加快农村基层民主制度建设,以提高农民在关乎自身发展方面的参与权、讨论权和决定权,使新农村的社会政策真正能契合农民之所需。总之,社会主义新农村建设是在社会主义制度下,按照新时代的要求,对农村进行经济、政治、文化和社会等方面的建设,最终实现把农村建设成为经济繁荣、设施完善、环境优美、人际和谐、民族文明的社会主义新农村的目标。

2006 年 2 月,中共中央国务院出台《关于推进社会主义新农村建设的若干意见》,对当时"三农"问题的判断是:农业和农村问题依然处在艰难的爬坡阶段,农业基础设施脆弱、农村社会事业发展滞后、城乡居民收入差距扩大的矛盾依然突出,解决好"三农"问题依然是工业化、城镇化进程中重大而艰巨的历史任务。针对问题提出的要求是:统筹城乡经济社会发展,推进现代农业建设,促进农民持续增收,加强农村基础设施建设,加快发展农村社会事业,全面深化农村改革,加强农村民主政治建设,完善建设社会主义新农村的新农村治理机制。

社会主义新农村建设正是国家从农村、农业、农民的实际问题出发,提出关于农村发展的新的可操作的指导原则,从社会福利政策的意义上来说,它的提出是国家为促进农村发展、提高农民福利而提出的宏观政策,是国家关于农村社会福利的理念和我国农村社会现实相结合的产物。科学的社会政策在解决农村发展面临的问题上具有极为重要的意义。有学者就指出,科学、合理、积极的社会政策有利于促进农村经济发展,改善农村社会生活质量,缩小城乡差距,加快乡风文明建设,培育新型农民,实现农村现代化和社会公正。[①] 正在笔者写作本文的过程中,2010 年中央一号文件《中共中央、国务院关于加大统筹城乡发展力度,进一步夯实农业农村发展基础的若干意见》正式发布,把统筹城乡发展作为全面建设小康社会的根本要求,把

---

① 包先康、辛秋水:《社会政策与社会主义新农村建设》,《高等农业教育》2007 年第 11 期,第 89 页。

改善农村民生作为调整国民收入分配格局的重要内容,把扩大农村需求作为拉动内需的关键举措,把发展现代农业作为转变经济发展方式的重大任务,把建设社会主义新农村和推进城镇化作为保持经济平稳较快发展的持久动力。建设社会主义新农村以及一系列惠及农村发展的社会政策,具有前后相继的连贯性,体现了政府决策的严谨性和科学性。这些政策也是对民众诉求的回应,具有强烈的现实关怀性,它们的相继出台进一步预示了中国距离社会政策时代已不再遥远。新农村建设制度设计蕴含着深厚的人文价值目标。建设社会主义新农村作为国家的重大制度,体现了以人为本的价值目标,彰显了社会公正的价值导向,指明了实现共同富裕的重要途径,内含了和谐发展的道德意蕴。新农村建设的制度设计为新农村建设提供了制度保障,也是建设好新农村的前提条件。

(二)社会认知:新农村建设的思维图像

来源于认知心理学的社会认知是主体对客体、思维对存在的知识建构,是人们利用自身的经验和知识去"看世界"的过程和方法,进而形成关于这个世界的"世界图景"或"思维图像"。新农村建设正是人们围绕为什么要建设农村、建设什么样的农村、怎样建设农村等问题进行的思考和路径选择,经过一段时间的实践,已经在决策者、专家和农民头脑中形成一个相对完整的思维图像。这一思维图像包括以下内容:

一是对新农村建设举措的认知。自从建设社会主义新农村重大决定出台后,人们对这一决议持什么样的态度,如对新农村建设意义的态度、对新农村建设颁布时间的态度、对新农村建设能否持续开展的态度等,构成了新农村建设举措在人们头脑中的思维图像,包含了人们对新农村建设政策文本的知晓程度和理解程度。

二是对新农村建设目标和内容的认知。包括对"生产发展、生活宽裕、乡风文明、村容整洁、管理民主"的总目标的认知和对各分目标的认知。对于总目标认知,主要涉及人们对五大目标全面性和重要性的认知;对于分目标的认知,主要涉及人们分别对生产发展、生活宽裕、乡风文明、村容整洁、管理民主各分目标内涵的理解。

三是对新农村建设实践情况和实践机制的认知。包括：对实践中困难的认知、各级政府责任的认知、建设主体的认知、农民组织的认知以及对试点村的态度，这是新农村建设认知情况分析的核心内容。准确了解人们对新农村建设实践的态度和看法有助于把握新农村建设的深刻内涵，找出新农村建设实践中存在的主要问题，进而改进新农村建设的实践机制。同时也是对新农村建设进行社会评价的有效手段。

四是对新农村建设实践绩效的认知。主要了解人们对基层新农村建设实践与国家政策一致性的态度，对新农村建设成效的态度，对新农村建设发展趋势的态度，以及人们对新农村建设的建议和要求。新农村建设实践绩效的认知情况分析是对新农村建设效果评估的主要方法，它从新农村建设实践对象（主要指农民）的视角来评估新农村建设是否达到政策预期目标、是否满足了农民的现实需要、是否缓解了农村的社会矛盾。

对于以上四个方面的认知，构成了人们对新农村建设四位一体的思维图像（见图2），建构了新农村建设的逻辑图示，对这些认知情况的分析共同评价着新农村建设从政策制定到具体实践再到实践效果的全过程。

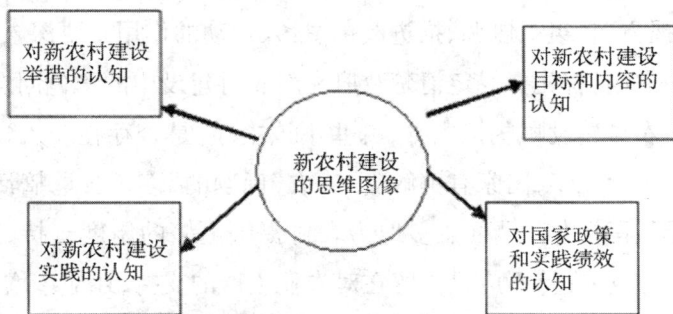

图2　新农村建设思维图像

（三）实践机制：新农村建设的行动策略

新农村建设已经成为国家的一项制度安排，是国家解决"三农"问题的重大举措。然而,社会主义新农村建设是一个漫长的过程,建设过程中存在不少行为失范现象,并引发了一系列问题,这就要求在新农村建设实践过程中,制定一套科学、合理的实践机制来规范和指导,如此,社会主义新农村建设才能健康有序得以推进。由于各地历史条件、地理位置、资源禀赋、人文底蕴的不同,新农村建设的路径也各有特点,有的地区侧重于旅游产业的开发,有的地区侧重于农业生产结构的转型,还有的地区侧重于乡风文明和基层民主制度建设。虽然各地新农村建设的侧重点不同,建设的成效也各有差异,但是各地新农村建设都是在国家制度设计的指引下围绕二十字方针来进行的,其建设的主体力量包括:农民、政府和民间组织以及外在的支持主体(见下图),正像宋玉军指出的那样,新农村建设单纯依靠政府或者农民等某一个主体的力量去推动,是不现实的,需要构建多元主体互动的协同机制。既有农村内源性主体的打造和开发,也离不开外援性主体的大力支持,更需要引导主体的正确引领,形成内外联动、协同并进的格局[①]。因而,新农村建设的实践机制主要由政府主导机制、农民引导机制和民间资源利用机制组成。

政府在新农村建设中的主导作用,是指政府在新农村建设中要起到发动领导、把握方向、组织协调、推进改革、投入带动的作用。要深入把握政府主导作用的内涵,首先要界定清楚政府在新农村建设中的角色问题,即要明确政府在新农村建设哪些该主导,哪些不该主导,是否存在介入过多、主导过度的问题。近几年,国家有关解决"三农"问题的"多予少取搞活"的六字方针,"多予"是指政府尽可能多地为农村提供更多的制度支持、财政支持和资源支持,这些支持不应只停留在对农业生产的支持,还应该增加农村社区建设方面的投入,加强对农村公共物品的供给;"少取"是指政府应尽可能减少从农村汲取资源,减轻农民负担,不应过多干预农村的正常社会生

---

① 宋玉军:《构建新农村建设多元主体协同机制的思考》,《北京农业职业学院学报》2010 年第 1 期,第 7 页。

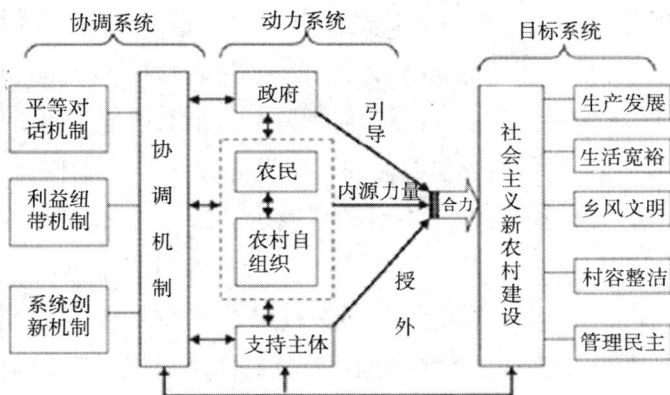

图3 新农村建设多元协同主体结构体系图示①

产、生活秩序,'放活'是指政府在农村问题上只应该起引导作用,而真正意义上的主体是农村自身,应"充分尊重农民的主体地位,消除体制性障碍,调动农民的积极性"②。2007 年对于基层政府而言,其在新农村建设过程中最重要的功能有两个:管理和服务。管理方面主要涉及:政策导向、本地区新农村建设的统筹与规划、资金的筹措、组织保障等;服务方面主要涉及政策讲解、资金划拨、动员参与、农业技术和文化活动指导等。

农民引导机制是新农村建设的关键所在。农民既是新农村建设受益者,更是新农村建设的主体。政府的主导作用主要解决的是农村资源供给和配置的问题,而要真正促进农村发展,更重要的是激发农民参与农村建设的主动性和积极性。由于长期以来的体制安排,中国社会存在严重的"二元对立"问题,尤其是城乡二元对立,导致农民主体地位长期缺失,主要表现在:城乡差距拉大;农民利益表达机制的缺失;"主体"意识不足。尽管村民自治已经实施很多年,但在很多地方已经出现"自治失真"的情况,"自治"要么变成了表面文章,要么完全被弃之不用,回复到原来行政委派的状态之

---

② 徐勇:《国家整合与社会主义新农村建设》,三农中国 http://www.snzg.cn,2007 – 10 – 19。

中。另外,政府传达任务的方式仍然是自上而下强制性"下派"给村委会,农民对这些任务没有反馈的渠道,即使任务不符合农村实际,背离了农民的需求,仍然要被动地执行。因而,如何消除压抑农民主体意识的体制性障碍、建立积极的农民引导机制,是新农村建设的最为艰巨的任务。农民引导机制主要包括:社会动员机制、农民利益表达机制、冲突化解机制、村庄/村民奖励机制等。

　　民间资源利用机制。在韩国的新农村建设中,民间资源的利用包括两个方面:利用传统乡土资源优势和发挥现代民间组织作用。在韩国,亲属关系主导了社会结构,韩国政府正是抓住了这样的村落关系特点,把以血缘关系为核心的村民调动起来,并把它运用到新村运动中来。另外,在"新村运动"中,农民自发组织起来的机构,如邻里会议及新村妇女、新村青年、新村领袖等协会之类的组织形式,在"新村运动"中却起到了正式组织所起不到的作用。中国农村社会结构更多以家族关系、血缘关系来维持,在进行新农村动员的时候,也应充分考虑家族关系在村民动员中的作用;中国农村的特点还体现为乡土性,土地在农民内心占据着及其重要的作用,尊重农民的土地也就是尊重农民本身;此外,中国新农村的民间组织虽不壮大,但也在新农村建设中扮演着或重或轻的角色,贺雪峰认为,农村民间组织主要有三类:一是政治性的民间组织,如农民维权协会等;二是经济性的民间组织,如农民生产合作社、消费合作社等;三是娱乐性的民间组织,如老年人协会、妇女文艺表演队等①。在公民社会背景下,支持民间组织发展并发挥其在新农村建设中的作用,具有极为重要的意义。

(四)制度绩效:新农村建设的实效评价

　　制度绩效是衡量制度设计和实践机制的重要指标,或者说是判断制度设计和实践机制好坏的重要标准,可以通过制度绩效值来反映。而制度绩效值又可通过细化的指标体系来反映。国际上针对社会经济发展水平设计

---

① 贺雪峰:《新农村建设中的六个问题》,三农中国 http://www.snzg.cn,2006 - 10 - 30。

的评价指标较为成熟,主要有恩格尔系数、物质生活质量综合指数(PQLI)、社会进步指数(151)、人文发展指数(HDI)、ASHA(美国卫生协会)指数、现代化国家十项标准等指标或指标体系。

在新农村建设举措提出的初始阶段,没有制定全国性新农村建设指标体系,导致各地对新农村建设政策理解不透彻,实践机制不健全等情况出现。造成"社会主义新农村建设指标构成五花八门,任务标准参差不齐。有些指标标准之高、建设进程之快令人称奇,而有的指标标准之低、建设进程之慢让人瞠目,更有甚者,对新农村建设泛泛而谈、不提量化指标,让农民心里没谱,不知道社会主义新农村的美好蓝图究竟是啥样……"[1]

学术界建立的新农村建设评价指标体系也各有不同。归纳起来,主要有三类:第一类是以新农村建设"生产发展、生活宽裕、乡风文明、村容整洁和管理民主"的二十字方针为一级指标,细化出量化的、可操作的二级指标(李树德,詹华庆,申丽娟,丁恩俊,张海霞,庄天慧,张磊,王凤科),如张磊分别把新农村建设五大目标分解为四个指标,一共建立了二十个指标,并详细制定了新农村建设初期、中期和完成各阶段应达到的数量指标。第二类是通过对"二十字"方针的理解和解读,设计一级指标,再细化出二级指标(过建春,顾凤岐等,曲福田等,郭翔宇等),如顾凤岐等通过"二十字"方针的解读,建立了经济发展、管理民主、生活安康、设施改善、乡风文明、生态良好等六个一级指标并对其进行细化,建立了相应的评价体系。曲福田等设计了经济发展、生活水平、社会进步、社区环境和民主管理等为一级指标的评价体系。第三类是从宏观和微观两个角度对新农村建设进行综合的评价研究。在宏观评价方面,构建社会主义新农村建设评价指标体系,利用德尔菲法分法(DelphiMethod)对各指标权重进行赋值、使用层次分析法(AHP)对新农村建设起步阶段的总体状况进行了评价,并通过假设检验,对新农村建设的结构变化进行了分析。在微观方面,基于农民的视角,利用农户调研数据,运用二元 Logit 模型,对农民新农村建设的需求和意愿进行了研究,分

---

① 刘红:《全国社会主义新农村建设指标体系应尽早出台》,中国政协新闻网 http://cppcc. people. com. cn/GB/34953/4649964. html.

析出新农村建设起步阶段影响"生产发展、生活宽裕"以及农民对"乡风文明、村容整洁、管理民主"等建设是否满意的主要因素;在此基础上,对新农村建设的宏观和微观指标进行对比分析。① 理论上建构的新农村建设的指标体系主要有三种类型,而各地政府对新农村建设的评价主要采用第一种类型,即以新农村建设"生产发展、生活宽裕、乡风文明、村容整洁和管理民主"的二十字方针为一级指标,细化出二级指标,并对各指标的权重进行了说明。

目前,全国新农村建设指标体系是由国家统计局提出的,包括生产发展、生活宽裕、乡风文明、村容整洁和管理民主五大一级指标和二十六个二级指标,并规定了达成各个指标的具体标准。由于各地在经济状况、社会发展、文化习俗等方面存在差异,新农村建设也存在差异性,新农村建设的评价指标也不应强求一致,各地可以根据自身实际情况,参照国家统计局新农村建设综合评价指标体系,建构适用于本地区(省、市、县、镇、村)的评价指标体系。如江苏省参照国家统计局新农村建设指标体系,最先建立了省级新农村建设指标体系,基本沿用国家统计局的指标体系,仅做了部分调整和修改;山东省建立的新农村建设(村级)总体目标评价体系,将生活宽裕目标分解为农民人均纯收入、恩格尔系数、居住质量指数、生活信息化指数、农村合作医疗覆盖率、适龄农民养老保险覆盖率等项目;而生产发展则由人均村集体经济收入、农村劳动力非农就业比重、农机化综合水平、人均粮食产品、农业组织化程度等六项指标来体现;村容整洁指标包括村庄建设统一规划率、村干道硬化率、村干道绿化率、适宜地区一池三改覆盖率、村庄垃圾集中处理率等;乡风文明通过文化站(室)拥有率、体育设施拥有率、卫生室拥有率、农村人口平均受教育程度、农民对社会安全的满意度来反映;管理民主一项,则用农民对村政务公开的满意度来衡量。山东省新农村建设指标体系还确定了阶段目标,该体系以 2005 年为实际基数,总体权重为 100,权重最大的是生活宽裕和生产发展,分别为 31 和 28,其次是村容整洁,乡风

---

① 薛建良:《四川社会主义新农村建设评价研究》,四川农业大学硕士论文,2009 - 6:2—3。

文明、管理民主。指标中的每一项都以 2005 年实际基数为参考系,分为 2010 年和 2020 年两个目标值,以农民人均纯收入这一指标为例,2005 年的实际值为 3930.6 元,2010 年的目标值为 5500 元,2020 年的目标值为 12000 元。通过新农村建设指标体系的建立来评价新农村建设的具体效果。

建设社会主义新农村有五大目标和六项具体任务,五大目标包括发展农村生产力、提高农民生活水平、改善农村基础设施、发展农村社会事业、推进基层民主政治建设。六项具体任务包括:发展农村生产力,促进农村经济繁荣;促进农民增收、提高农民生活水平;加强民主法制建设、保障农民民主权利;加强精神文明建设、培养造就新型农民;推进和谐社会建设、保持农村社会稳定;全面深化农村改革、增强农村发展活力。新农村建设的目标和任务包括全面、系统、完整的内容,要重视各个方面的统筹发展,不能片面强调某一方面而忽视其他方面。现实的情况是,新农村建设往往侧重于改善基础设施,把新农村建设变成村容村貌建设。新农村建设的本意受到歪曲,新农村建设的政策目标被曲解,在一些范围内出现政策微效现象。

第三章 新农村建设的社会认知状况

本章采用问卷调查的方式,对中东西部三地点农民和基层干部进行调查,主要调查他们对新农村建设举措的认知,对建设目标和内容的认知,对建设实践的认知以及对国家政策与实践绩效的认知状况,并且对三地农民和基层干部的认知状况进行比较研究。

一、农民对新农村建设的认知状况

(一)样本基本情况

本研究分别对西部、中部和东部的三个省六个调查点(每个调查点包括一个试点村和一个非试点村)进行实地调查。期间,共发放 420 份问卷,每个调查点 140 份。从有效问卷的回收情况看,西部调查点共回收 128 份,中部调查点共回收 133 份,东部调查点共回收 130 份,全国六个调查点共获取 391 份有效问卷。可见,本次调查的样本分布较为合理,增加了样本的代表性。

从样本的性别分布情况看,男性 302 人,占 77.2%;女性 89 人,占样本人数的 22.8%;从调查对象的身份情况看,试点村村民占样本总数的 46.5%,非试点村村民占 42.9%,试点村组长占 5.1%,非试点村组长占 4.6%。从经济发展情况看,家庭经济状况一般的调查对象占样本总数的 60.6%,家庭经济状况中等的占 38.1%,家庭富裕的仅占 1.3%;所在自然村经济状况一般的调查对象占样本总数的 55.2%,中等的占 42.2%,富裕的占2.6%;所在行政村经济状况一般的调查对象占样本总数的63.9%,中等的占33.8%,富裕的占2.3%;所在乡镇或街道经济状况一般的调查对象占样本总数的57.3%,中等的占33.2%,富裕的占9.5%。从生产方式看,所在自然村生产方式以农业为主的调查对象有298人,占76.2%;以工业为主的有85人,占21.7%;以商业为主的7人,占1.8%。

表1　性别、身份

	性别(n=391)		身份(n=391)				
	男	女	示范村村民	非示范村村民	示范村组长	非示范村组长	其他
人数	302	89	182	168	20	18	3
%	77.2	22.8	46.5	42.9	5.1	4.6	0.8

表2　经济发展水平和生产方式

	经济发展情况(n=391)											
	家庭经济状况			所在自然村			所在行政村			所在乡镇		
	一般	中等	富裕	一般	中等	富裕	一般	中等	富裕	一般	中等	富裕
人数	237	149	5	216	165	10	250	132	9	224	130	37
%	60.6	38.1	1.3	55.2	42.2	2.6	63.9	33.8	2.3	57.3	33.2	9.5

表3　主要生产方式

	主要生产方式(n=391)			
	农业	工业	商业	没回答
人数	298	85	7	1
%	76.2	21.7	1.8	0.3

(二)农民对新农村建设的认知状况

新农村建设经过几年的实践,已经给农村带来了一些变化,取得了一定的成绩。政府部门从自身的角度对新农村建设的正面意义进行了较多的关注,学者从专业知识领域对新农村建设的路径选择、实践机制和存在的问题进行了学理性的思考,取得了较为丰富的研究成果。然而,作为新农村建设主体即受益者的农民是怎么想的,我们却不太清楚。"虽然农民在理论上被一致认为是新农村建设的主体,但当前的现状是专家学者和政府官员成了他们建设家乡的'代言人'①",农民集体失语了。因而,本章将通过调查数据的分析来反映农民对新农村建设的认知情况,包括对新农村建设举措的认知,对建设目标和内容的认知,对建设实践的认知以及对国家政策与实践绩效的认知。

1. 对新农村建设举措的认知

对于新农村建设的举措,村民普遍表示赞同并表达了积极支持的态度。大部分村民认为新农村建设决议的颁布意义重大并希望新农村建设继续持续下去。但也有农民表达了自己的一些担心,2成多的农民对新农村建设能否改变农村落后面貌表示了怀疑,约3成的农民表达了对新农村建设的政策能否长久执行下去的担忧。

调查中,共获取了391份有效问卷。调查对象中认为我国社会主义新农村建设决议意义重大的有293人,占所有调查总数的74.9%;认为这项决议意义一般的有51人,占总人数的13.0%;有19人认为决议没有什么特别意义,占调查对象4.9%;另有28人表示"说不清",占总人数7.2%。

表4　对我国关于社会主义新农村建设决议的认知

	国家新农村建设决议的意义(n=391)			
	意义重大	意义一般	没有特别意义	说不清
人数	293	51	19	28
%	74.9	13.0	4.9	7.2

在被问及"您认为我国关于社会主义新农村建设的决议的颁布时期是否合适"时,391名调查对象中有390回答了这一问题,其中74人表示有点晚,占总人数的18.9%;有232人认为时机正合适,占了总人数的59.3%;

① 叶敬忠:《农民视角的新农村建设(导言)》,社会科学文献出版社2006年版。

有21人觉得"为时过早",占总人数的5.4%;有63人选择"说不清",占到了全部对象的16.1%。

表5   对我国关于社会主义新农村建设决议颁布的认知

	国家新农村建设决议颁布的时机(n=391)				
	有点晚	正合适	为时过早	说不清	没回答
人数	74	232	21	63	1
%	18.9	59.3	5.4	16.1	0.3

当谈到社会主义新农村建设能否改变农村落后面貌这一问题时,有56.5%的调查对象选择"能",有27.6%的对象选择"也许能",34人回答"不能",占总人数的8.7%,有占6.9%人认为"说不清"。

表6   对新农村建设能否改变农村落后面貌的认知

	新农村建设对农村落后面貌的改变作用(n=391)				
	能	也许能	不能	说不清	没回答
人数	221	108	34	27	1
%	56.5	27.6	8.7	6.9	0.3

在对国家关于建设社会主义新农村建设这一举措的赞同程度调查上,有187人表示完全赞同,182人表示赞同,分别占到总调查对象的47.8%和46.5%。只有6人表示不太赞同,仅占总人数的1.5%。此外,有4.1%的人选择了"说不清"。

表7   是否赞同国家建设社会主义新农村举措

	对国家建设新农村举措的赞同程度(n=391)			
	完全赞同	赞同	不太赞同	说不清
人数	187	182	6	16
%	47.8	46.5	1.5	4.1

调查对象对"您希望我国新农村建设长久持续下去吗?"这一问题的回答情况是:有344人明确表示希望,占总对象的88.0%;有9人回答不太希望,占2.3%;真正不希望的占3.3%,6.4%的人回答了"说不清"。

表8　是否希望新农村建设长久持续下去

	新农村建设长久持续（n＝391）			
	希望	不太希望	不希望	说不清
人数	344	9	13	25
%	88.0	2.3	3.3	6.4

在对新农村建设政策能否长期执行下去的态度中,56.3%的人表示一定能够;23.8%的人表示有点担心;另有7.7%的人表示很担心;还有12.35%的人表示说不清。

表9　对新农村建设政策能否长期执行的认知

	新农村政策长久执行（n＝391）			
	一定能够	有点担心	很担心	说不清
人数	220	93	30	48
%	56.3	23.8	7.7	12.3

2.对新农村建设目标和内容的认知

2005年底,十六届五中全会提出要建设社会主义新农村,并把社会主义新农村建设的总体要求和总体目标确定为20字方针,即生产发展、生活宽裕、乡风文明、村容整洁、管理民主。经过几年的试点行动,农民对这五大关乎自身利益的目标的实现情况有着切身的感受,只有他们才能对此作出相对准确的评价。就农民对新农村建设目标及内容的认知情况,我们主要调查两个方面:一是对"生产发展、生活富裕、乡风文明、村容整洁、民主管理"这一总目标的认知情况,二是对总目标的五大分目标的认知。

从对总目标的认知来看,大多数的农民认为新农村建设的五大目标内容全面,但也有一定比例的农民认为不太全面,有人表达在五大目标之外加入"共同富裕"的想法,说明农民对新农村建设可能带来的社会分化表示担忧。而在五大目标中,较大比例的村民认为生产发展和生活富裕的目标最为重要,说明农民对现实的生产生活状况不甚满意。从对分目标的认知来看,大部分村民认为生产发展关键要靠资金投入和提高农民素质;绝大部分村民生活富裕主要表现在收入提高和基本生活水平得到保障;对于乡风文明,绝大多数村民认为一定要进行建设;对于村容整洁,较大比例的村民认为主要依靠提高农民素质和统一规划,而选资金投入的比例也不小;对于最后管理民主的目标,村民普遍表达了对这一目标的渴求,说明基层民主建设亟待加强。

(1)对总目标的认知

关于中央提出的"生产发展、生活富裕、乡风文明、村容整洁、管理民主"社会主义新农村建设的总目标,391名受调查对象中有92人认为提的很全面,占总人数的23.5%;有168人认为总目标比较全面,占总人数的43.0%;认为总目标不够全面的占总数21.7%;有11.5%的调查对象回答"说不清"。

表10 对社会主义新农村建设总目标的认知

	总目标是否全面的认知(n=391)				
	很全面	比较全面	不太全面	说不清	没回答
人数	92	168	85	45	1
%	23.5	43.0	21.7	11.5	0.3

在进一步问到相比较而言认为总目标中的五大分目标哪个更为重要时,44.2%的人选择了"生产发展";选择"生活富裕"的占总人数的22.8%;18.9%选择了"乡风文明";19人选择"村容整洁",占4.9%;8.0%的人认同"管理民主";有5人没有作答。

表11 对总五大分目标重要程度的认知

	总目标五大内容重要程度的认知(n=391)					
	生产发展	生活富裕	乡风文明	村容整洁	管理民主	没回答
人数	173	89	74	19	31	5
%	44.2	22.8	18.9	4.9	8.0	1.3

（2）对分目标的认知

在第一项分目标"生产发展"的调查中,占比例为32.2%的调查对象认为有资金投入是其中最关键的因素,26.1%的村民选择"产业培育"作为最关键因素;把提高农民素质看作发展生产最关键的占总人数的35.5%,有24人说不清这一问题,占6.1%。

表12　对"生产发展"的最关键因素认知

	"生产发展"的最关键因素（n＝391）			
	资金投入	产业培育	提高农民素质	说不清
人数	126	102	139	24
%	32.2	26.1	35.5	6.1

对于"生活富裕"的目标,有53.2%的调查对象认为"生活富裕"主要体现在收入提高上;26人认为"心里感觉"是主要体现,占6.6%;35.4%的人选择的是"生、老、病、死、住、吃"不用愁,4.6%受访者对问题"说不清"。

表13　对"生活富裕"主要体现的认知

	"生活富裕"的主要体现（n＝391）				
	收入提高	心里感觉	"生、老、病、死、住、吃"不用愁	说不清	没回答
人数	208	26	138	18	1
%	53.2	6.6	35.4	4.6	0.3

在"乡风文明"这一目标是否要建设的问题上,占调查总数84.7%的人认为是一定要的,6.9%认定不一定要,3.6%的人认为"不需要",回答"说不清"的占4.9%。

表14　对现在是否要建设"乡风文明"的认知

	"乡风文明"建设（n＝391）			
	一定要	不一定要	不需要	说不清
人数	331	27	14	19
%	84.7	6.9	3.6	4.9

在被调查的村民眼中,认为"村容整洁"主要依靠统一规划的有38.9%,觉得提高农民素质才是最主要依靠的占到40.9%,17.4%的人选择"资金投入"作为答案,有11人对此说不清,占2.8%。

表15 对"村容整洁"主要依靠的认知

	"村容整洁"的主要依靠(n=391)			
	统一规划	提高农民素质	资金投入	说不清
人数	152	160	68	11
%	38.9	40.9	17.4	2.8

关于"民主管理"必要性的调查,有6.1%的人觉得此时为时过早;而有327人认为"民主管理"十分必要,占总人数的83.6%;感觉可有可无的占2.6%,7.7%的人选择了"说不清"这一选项。

表16 对农村实行"民主管理"是否必要的认知

	农村实行"民主管理"的必要性(n=391)			
	为时过早	十分必要	可有可无	说不清
人数	24	327	10	30
%	6.1	83.6	2.6	7.7

3.对新农村建设实践的认知

2006年以来,各地依照中央政策,结合地方实际,陆续选取一些村庄进行新农村建设试点。具体实践中,遇到了一些困难,如农民想法与政府做法不一致、政府主导过度、建设目标与现实存在差距等,出现了制度堕距的问题。此外,从农民在新农村建设中的作用看,新农村建设存在建设主体不明确,农民的参与不足等问题。而对于试点村的选择和实践效果,出现了资源分配不公平、示范失效等现象。以上问题不仅仅是学者的归纳,也是村民切身感受。

(1)对实践中困难的认知

已经投身到新农村建设实践的125名示范村村民中,有36人认为新农村建设按国家的要求实施很困难,所占比例为36%,回答困难的占总比例的42.8%,占总数27.6%的人认为并不困难,另有5.9%选择"说不清"。

表17 新农村实践困难的认知(仅示范村村民作答)

	新农村建设按国家要求是否困难(n = 152)			
	很困难	困难	不太困难	说不清
人数	36	65	42	9
%	23.7	42.8	27.6	5.9

认为新农村建设按国家要求实施"困难"和"很困难"的101名被调查的示范村村民在回答困难的主要原因时,占比例为21.8%的人认为问题出在农民想法与政府做法不一致上,占总数30.7%的人认为困难来自建设目标要求与现实间存在着的差距,47.5%的人以"前两种情况都有"作为了选择答案。

表18 新农村建设困难的主要原因的认知

	困难主要原因表现(n = 101)		
	农民想法与政府做法不一致	建设目标要求与现实的差距	前两种情况都有
人数	22	31	48
%	21.8	30.7	47.5

对于"您觉得如果要按中央的政策去做,具体实践中最困难的事是什么"这一问题,43.3%的村民认为最主要原因是缺乏资金,13.8%的人选项是"农民积极性不高",23.4%的人归因于政府在工作中包办太多。另有3.9%的人认为上级部门考核验收太严,表示"说不清"的有14.6%。

表19 按中央政策执行的具体困难所在

	实践过程执行中央政策的困难原因(n = 152)				
	缺乏资金	农民积极性不高	政府包办太多	上面考核验收太严	说不清
人数	66	21	37	6	22
%	43.4	13.8	24.3	3.9	14.6

（2）对政府责任的认知

在对当前新农村建设中哪级政府担当的责任最大的理解中,将乡镇政府看作责任主体的有48.8%,认为县级政府责任最大的占23.5%,11.0%的人认为省级政府在此应担当重任,16.1%的村民将最大责任着眼在中央政府,有2人没有对此回答。

表20　关于新农村建设中各级政府责任的认知

	各级政府在新农村建设中的责任(n=391)				
	乡镇政府	县级政府	省级政府	中央政府	没回答
人数	191	92	43	63	2
%	48.8	23.5	11.0	16.1	0.5

对于基层政府在新农村建设中作用的认知上,60.4%的受调查者觉得他们的作用很大,有22.3%的人认为作用不太大,认为他们作用不大的占9.2%。而对当前基层政府在新农村建设中所做事情的调查结果是,39.6%的人觉得政府做的太多了,占比例14.3%的人认为"不多不少",有30.7%的人感觉政府所做的太少了,14.8%受调查者"说不清"。

表21　基层政府在新农村建设中的作用

	基层政府在新农村建设中的作用(n=391)					基层政府在新农村建设中所做事情(n=391)				
	很大	不太大	不大	说不清	没回答	太多了	不多不少	太少了	说不清	没回答
人数	236	87	36	29	3	155	56	120	58	2
%	60.4	22.3	9.2	7.4	0.8	39.6	14.3	30.7	14.8	0.5

（3）对建设主体的认知

农村村民中有30.2%的人将政府当作新农村建设的主体,22.8%的人觉得农民是主体,把民间组织看作主体的占5.6%,而有41.4%的人认为新农村建设的主体应当是"三者结合"。

表 22　对新农村建设主体的认知

	新农村建设的主体（n＝391）			
	政府	农民	民间组织	三者结合
人数	118	89	22	162
%	30.2	22.8	5.6	41.4

（4）对农民组织的认知

新农村的具体实践中有没有必要成立农民合作组织,75.4%的村民认为很有必要,17.4%的人觉得合作组织不一定要,4.3%的人回答"不需要",有2.6%"说不清"。

表 23　对新农村具体实践中成立农民合作组织的认知

	成立农民合作组织（n＝391）				
	很有必要	不一定要	不需要	说不清	没回答
人数	295	68	17	10	1
%	75.4	17.4	4.3	2.6	0.3

在"新农村建设中农民组织建立谁是取决力量"的多项选择中,60.6%的人将取决力量看作是"农民参与意愿",有64.2%认为政府的引导最关键,36.8%的人看重的是农民中的领头人物,43.7%的人认为的取决力量是外部资金扶持。

表 24　新农村建设中农民组织建立的取决力量

	新农村建设中农民组织建立的取决力量（n＝391）	
	人数	%
农民参与意愿	237	60.6
政府的引导	251	64.2
农民中的领头人物	144	36.8
外部资金扶持	171	43.7

（5）对示范村的态度

在对 152 名示范村村民关于本村被选作新农村示范村原因的多项选择调查中,32.2%的人认为自己村子的经济条件好,59.2%的人认为自己所在村的地理位置好,40.8%的人认为村里人心齐是本村当选的主要原因,13.8%人则认为本村在上面有关系,只有 3.3%的人选择"运气好"为原因。

表 25　　本村当选新农村示范村的原因

原因（n = 152）	人数	%
经济条件好	49	32.2
地理位置好	90	59.2
村里人心齐	62	40.8
上面有关系	21	13.8
运气好被选上	5	3.3

71.7%的村民对本村能作为新农村示范村感到非常高兴,也有 4.6%的人感到不高兴,回答"无所谓"的所占比例是 13.2%,有 3.9%的人认为"说不清",还有 6.6%人没有回答这个问题。

表 26　　对本村当选新农村示范村的态度

	态度（n = 152）				
	高兴	不高兴	无所谓	说不清	没回答
人数	109	7	20	6	10
%	71.7	4.6	13.2	3.9	6.6

在回答不高兴的 7 人中,有 1 人是因为感觉被选为示范村后村民要花费很多时间在这上面,另 6 人则是觉得政府做法与村民想法并不一致。没有人将不高兴的原因归于"要老百姓出钱"和"搞形式,意义不大"上。

表27 不高兴本村被选作示范点的原因

原因(n=7)	人数	%
要老百姓出钱	0	0
要花费很多时间	1	14.3
政府做法与村民想法不一致	6	85.7
形式主义,没意义	0	0

至于"为什么对本村被选作示范村高兴"的多项选择中,25.7%人给出的答案是因为国家会拨给村里很多钱,多达91.7%的人是为村庄面貌发生巨大变化而高兴,因为家里生活水平得到提高而高兴的占26.7%,因干群关系更为融洽感觉高兴的有11.9%。

表28 高兴本村被选作示范点的原因

原因(n=109)	人数	%
国家拨给村里很多钱	28	25.7
村庄面貌发生巨大变化	97	89.0
家里生活水平得到提高	29	26.7
干群关系更为融洽	13	11.9

针对本村未被选为示范村的村民调查得知,他们中有53.4%的人对此表示不高兴,5.1%的人表示高兴,19.4%的调查者对本村选不选作示范村无所谓,有17.5%的人选择了"说不清",有4.2%的人没有回答。

表29 对本村没有当选示范点的态度

	态度(n=236)				
	不高兴	高兴	无所谓	说不清	没回答
人数	126	12	46	42	10
%	53.4	5.1	19.4	17.8	4.2

非示范村村民中,35.5%认为自己村没有当选示范村的主要原因是村

子太穷了,有31.3%的人认为自己村位置太偏而未被选作新农村示范村,42.7%的人把原因归在了村里人心不齐上,还有30.5%的人认为原因在于上面没有关系上,只有7.6%的人承认是运气不好造成的。

表30　非示范村村民对本村未当选示范点的原因认知

原因(n=236)	人数	%
太穷	84	35.5
位置偏	74	31.3
村里人心不齐	101	42.7
上面没关系	72	30.5
运气不好没被选上	18	7.6

　　而对于其他村被选为示范村的原因,非示范村受调查村民中有40.3%的人认为当选的示范村是经济条件好,50%的人认为是地理位置比较好,34.7%的人认为示范村村民人心齐,30.9%的人将"上面有关系"看作原因,另有9.3%的人觉得示范村的当选是他们的运气比较好。

表31　非示范村村民对他村当选示范点的原因认知

原因(n=236)	人数	%
经济条件好	95	40.3
地理位置好	118	50.0
村里人心齐	82	34.7
上面有关系	73	30.9
运气好被选上	22	9.3

　　有49.2%的非示范村村民对示范村的村民表示了羡慕,9.3%的人则不羡慕,有26.3%村民认为无所谓,11.4%的人表示了说不清,不愿意回答的占3.8%。

表32   是否羡慕当选示范村的村民

	态度(n=236)				
	羡慕	不羡慕	无所谓	说不清	缺省
人数	116	22	62	27	9
%	49.2	9.3	26.3	11.4	3.8

所有的调查中,认为当前的新农村"示范村"有示范作用的占到59.3%,也有32.5%的人认为"示范村"的示范作用不大,4.3%的人表示其没有示范作用,另有0.8%的人认为"示范村"的设立反而引发出新的矛盾来,有3.1%的人没回答这一问题。

表33   对当前"示范村"有无示范作用的认知

	认知态度(n=391)				
	有示范作用	作用不大	没示范作用	反而引发 新的矛盾	没回答
人数	232	127	17	3	12
%	59.3	32.5	4.3	0.8	3.1

当被问到"是否希望自己所在村庄成为'示范村'"时,6.4%的人明确表示希望,77.5%的村民表达了比较希望,只有1.5%的人明确表示不希望,6.6%的人对此"说不清",还有7.9%的人没回答。

表34   是否希望自己村庄成为"示范村"

	态度(n=391)				
	希望	比较希望	不希望	说不清	没回答
人数	25	303	6	26	31
%	6.4	77.5	1.5	6.6	7.9

假设当前示范村未能起到示范作用,征询原因时,有38.6%的人选择"只是个案,缺乏普遍性"为答案,33.0%的认为是"其他村民无所谓,靠、等、要思想严重"造成的,13.8%的人表示政府缺乏宣传是主要原因,14.6%的人没回答该假设。

表35 对示范村未起示范作用的原因认知

	原因（n＝391）			
	只是个案，缺乏普遍性	其他村民无所谓，靠、等、要思想严重	政府缺乏宣传	没回答
人数	151	129	54	57
%	38.6	33.0	13.8	14.6

　　43.7%的受调查者觉得在具体"示范村"的实践中应当以"发展生产"作为新农村建设"五个目标"中最优先的目标，13.0%的人选择了"生活富裕"，认为"乡风文明"应当优先的占15.1%，把"村容整洁"放第一位的占到11.5%，选择"管理民主"的有12.8%。

表36 主观印象中示范村新农村建设"五个目标"的优先程度认知

	"五个目标"的优先程度（n＝391）					
	发展生产	生活富裕	乡风文明	村容整洁	管理民主	没回答
人数	171	51	59	45	50	15
%	43.7	13.0	15.1	11.5	12.8	3.8

　　事实上，在已经进行的新农村"示范村"具体实践中，37.6%人们认为"发展生产"是最先进行的，6.1%的选择了"生活富裕"，13.6%的村民选择的是"乡风文明"，有29.4%的人认为"村容整洁"做在了最先，选择"管理民主"的有10.0%。

表37 具体实践中示范村新农村建设"五个目标"的优先程度认知

	"五个目标"的优先程度（n＝391）					
	发展生产	生活富裕	乡风文明	村容整洁	管理民主	没回答
人数	147	24	53	115	39	13
%	37.6	6.1	13.6	29.4	10.0	3.3

4. 对国家政策和实践绩效的认知

　　新农村建设的实践绩效如何，不仅是政府政绩考核的重要指标，也是新农村建设有没有达到政策制定目标的主要参考,更是反映了农民有没有从新农村建设中得到真正的实惠。所以,对于新农村建设的效果,农民最有发言权。调查中,我们发现,农民认为新农村建设要成功,关键的因素有两个方面,一是政府要发挥主导作用,二是农民要积极参与,也有部分农民也表达了对发展合作组织的意愿。同时,较大比例的农民认为基层新农村建设实践和国家要求存在不一致的情况,新农村建设成效不大。而对于新农村建设的前景,农民却表达了较高的信心和期望值,说明村民对国家的宏观政策还是较为满意的,但对其具体的政策实践效果却有所不满。

在人们眼中,政府主导是新农村建设取得实践成功的最关键因素的占71.6%,68.8%的人认为农民要积极参与是关键,23.3%的人把发展农民合作组织看成最关键因素,还有28.9%的人认为成功的关键是国家新农村建设的政策不能变。

在当前基层新农村建设与国家政策要求是否一致的问题上,41.2%人认为是一致的,34.3%的人认为不太一致,感觉不一致的有9.0%,回答"说不清"和不愿作答的分别为13.0%和2.6%。

表38　对新农村建设取得实践成功的最关键因素的认知

最关键因素(n=391)	人数	%
政府要主导	280	71.6
农民要积极参与	269	68.8
发展农民合作组织	91	23.3
政策不能变	113	28.9

表39　对目前基层新农村建设与国家政策要求是否一致的认知

	基层建设与国家要求的一致性(n=391)				
	一致	不太一致	不一致	说不清	没回答
人数	161	134	35	51	10
%	41.2	34.3	9.0	13.0	2.6

对已经进行的新农村建设工作,34.3%的人表示工作取得了很大成效,54.5%的人觉得成效不大,认为没有成效的仅占1.5%,有7.2%的人表示说不清。

表40 对目前新农村建设实践成效的认知

	新农村建设实践的成效(n=391)				
	有很大成效	成效不大	没有成效	说不清	没回答
人数	134	213	6	28	10
%	34.3	54.5	1.5	7.2	2.6

关于按当前国家政策实施新农村建设能否成功的提问,获得的结果是:59.6%的人坚定认为肯定成功,23.5%的人认为不一定可以成功,有2.8%的人认为新农村建设成功不了,另有11.5%的人表示难以说清。

表41 对按国家政策实施新农村建设能否成功的认知

	新农村建设的成功(n=391)				
	肯定成功	不一定	成功不了	说不清	没回答
人数	233	92	11	45	10
%	59.6	23.5	2.8	11.5	2.6

此次接受问卷调查的391名群众中,对新农村建设充满信心的占总数的72.2%,15.6%的人表示出信心不足,只有2.3%的人回答了"没有信心",7.4%的人选择"说不清"这一选项,2.6%的人没有给出回答。

表42 对建设好新农村的信心

	信心(n=391)				
	有信心	信心不足	没有	说不清	没回答
人数	282	61	9	29	10
%	72.1	15.6	2.3	7.4	2.6

二、基层干部对新农村建设的认知状况

(一)样本基本情况

本次调查的基层干部(大部分是乡镇主要领导)共 120 位,分别由三个调查点的调查员在三地进行了问卷调查,每个调查点发放 60 份问卷,主要是利用党校学习班或政府开会的时候进行集中调查。调查共获取 112 份有效问卷,成为研究的有效样本。从样本的性别分布看,男性占 84.6%,女性占 15.6%,男性居多;从担任乡(镇)领导的时间看,一年到三年的最多,占 64.4%,一年以下的最少,仅为 4.4%;从乡(镇)在当地的经济发展水平看,处于中等水平的最多,占 64.4%,处于贫困水平和富裕水平的分别占调查总数的 31.3% 和 4.4%;对于"所在的乡镇有无比较具有特色或优势的传统产业与资源"的问题,回答"有"和"没有"的比例相差不大,分别为 53.3% 和 46.7%;从所在乡镇的产业结构看,大部分以农业为主,占 72%。

表 1   样本的基本情况

变量	选项	百分比
性别	男	84.4
	女	15.6
您担任乡(镇)领导的时间	一年以下	4.4
	一年至三年	64.4
	三年至六年	17.8
	六年以上	13.3
您所在的乡镇在您所在的县市中经济发展水平	贫困	31.1
	中等	64.4
	富裕	4.4
你所在的乡镇有无比较具有特色或优势的传统产业与资源	有	53.3
	没有	46.7

您所在的乡镇的产业结构	农业为主	72.0
	工业为主	15.2
	商业为主	11.1
	缺省	1.7

（二）基层干部对新农村建设的认知状况

1. 对新农村建设举措的认知

党的十六届五中全会做出了建设社会主义新农村的重大战略决策,为从根本上解决"三农"问题指明了方向。一方面,在总体上已经进入以工促农、以城带乡的发展阶段;另一方面,中国农村近些年的发展现状与广大农民奔小康的强烈要求还有距离,与中国经济的高速发展还存在落差,并成为中国经济下一步发展必须面对的瓶颈。只有真正把解决好"三农"问题作为全党全国的重中之重,才能把握住经济社会发展的主动权。十六届五中全会将《中共中央国务院关于推进社会主义新农村建设的若干意见》作为具体指导我国社会主义新农村建设的行动指南,揭开了农村建设的新篇章。

由表2可知,样本中85.7%的人已经认识到新农村建设中的重大意义,日本的新村建设从20世纪50年代中期开始,韩国"新农村运动"从20世纪70年代初兴起的,而中国的新农村建设开始于2000年,但大部分人仍然认为社会主义新农村建设的决议的颁布正合时宜,并能适度减小城乡差距。其中有66.1%的人觉得"工农反哺农业,城市支持农村"是完全有可能的,但对于国家提出的建设社会主义新农村的有关政策,在被调查的乡党委书记中还是有不少争议,"完全认同"的仅占27.7%,"认同"和"不认同"分别占了36.6%和33.0%,这说明在具体政策上是很有争议的。在"国家有关社会主义新农村建设的政策能够长期执行"这个问题上,绝大部分人还是表示了信心,但也有42.9%的样本表示"阻力很大"的担忧。

总之,通过调查我们可以看到,对待新农村建设,绝大部分干部还是认识到了重要性,并且也期盼着它的到来,总体上认为我国现在总体上已到了

"以工促农、以城带乡"的发展阶段。对新农村建设这个解决"三农"问题的新思路、新举措抱着良好的期盼态度。

表2　样本对新农村建设政策的认知

变量	选项	百分比
您认为我国关于社会主义新农村建议的决议	意义重大	85.7
	意义一般	9.8
	没有特别意义	0.9
	说不清	2.7
	缺省	0.9
您认为我国关于社会主义新农村建设的决议的颁布	有点晚	38.4
	正合适宜	40.2
	为时过早	18.8
	说不清	2.7
社会主义新农村建设能减小城乡差距	肯定能	28.9
	有减小,但作用有限	55.6
	不能	13.3
	说不清	2.2
您觉得我国现在实行"工农反哺农业,城市支持农村"可能吗?	完全可能	66.1
	暂时不可能	26.8
	不可能	1.8
	说不清	5.4
您认同国家提出的建设社会主义新农村的有关政策吗?	完全认同	27.7
	认同	36.6
	不大认同	33.0
	说不清	1.8
	缺省	0.9
您觉得国家有关社会主义新农村建设的政策能够长期执行下去吗?	能够顺利执行下去	42.0
	有可能,但阻力很大	42.9
	持续不了	8.0
	说不清	5.4
	缺省	1.8

2. 对新农村建设目标及内容认知

（1）对总体目标认知

"生产发展、生活宽裕、乡风文明、村容整洁、管理民主"，是党的十六届五中全会提出的建设社会主义新农村的总体目标，既注重发展农村生产力，又注重调整农村生产关系，既注重农村经济发展，又注重农村政治文明建设、精神文明建设、和谐社会建设，构成了一个经济发展与社会进步相统一、外在形象与内在素质相融合的科学完整的目标体系，包含了农村现代化的核心内容，体现了新形势下农村全面发展的客观要求。

由表3可知，大部分被调查者认为新农村建设"生产发展、生活富裕、乡风文明、村容整洁、民主管理"的目标是很全面或比较全面的，而其中最重要的就是"生产发展"。生产发展是新农村建设的首要任务，长期以来，农村生产落后，经济发展缓慢，建设新农村首先就是要振兴农村经济，实现农村经济增长方式的转变。生活宽裕是社会主义新农村建设的核心目标。就是要开辟各种增收渠道，千方百计增加农民收入，让农民有富余的财富，过上相对宽裕的生活。来自某乡镇的乡党委书记说道："发展生产是当前新农村建设的主要工作，他们乡有部分村庄在2007年经济增长率达到了20%，

表3 对总体目标认知

变量	选项	百分比
您觉得社会主义新农村建设"生产发展、生活富裕、乡风文明、村容整洁、民主管理"的目标	很全面	44.6
	比较全面	52.7
	不太全面	2.7
您觉得"生产发展、生活富裕、乡风文明、村容整洁、民主管理"的目标内容中，相比较而言，哪个最重要	生产发展	68.8
	生活富裕	15.2
	乡风文明	8.0
	村容整洁	1.8
	民主管理	4.5
	缺省	1.8

他目前的做法就是,鼓励农村有头脑的剩余劳动力创业,把原来的打工经济变成创业经济。比如村民开办的'某铝业公司'解决当地剩余劳动力100多人,在2007年纳税800多万元。而且生产发展了,村民自然就愿意改变环境。"

（2）对分目标认知

在对待分目标认知问题上,由表4可知,样本中42.9%和39.3%认为"新产业的培育"和"提高农民素质"是"发展生产"最关键的因素。"生活富裕"最主要体现在"收入提高"（43.8%）和"农民基本生活不用愁"（47.3%）,农村"乡风文明"要花大力建设,"村容整洁"主要依靠"农民自身素质的提高",在农村实行"管理民主"是"有必要,但为时过早"。

根据对部分乡镇干部的访谈,我们得知,很多乡镇干部提出"财政收入增幅太高与培植新的经济增长点之间存在矛盾",他们通过抓好外向型经济来解决这个问题,但这个很多都依靠农民素质的提高。农民素质的提高不仅可以起到"发展生产"和实现"村容整洁"的目标,而且可以尽快地实现农村的"管理民主"。所以他们都不同程度地加大了对教育的投入,通过市场运作,依靠社会力量办学。在有的地方还全面落实了"以县为主"的教育管理体制,启动了以"三集中"（即农村完小逐步向中心区集中、农村初中逐步向集镇集中、农村完中逐步向城区集中）为主要内容的教育资源整合。

表4　对分目标认知

变量	选项	百分比
您觉得要"发展生产"最关键的是	加大资金投入	7.1
	新产业的培育	42.9
	提高农民素质	39.3
	其他	10.7
您觉得"生活富裕"最主要体现在	收入提高	43.8
	农民自己心里感觉	7.1
	农民基本生活不用愁	47.3
	说不清	1.8

您觉得现在的农村"乡风文明"要花大力建设吗？	一定要	91.1
	不一定要	6.2
	说不清	0.9
	缺省	1.8
您觉得"村容整洁"主要依靠	政府重新统一规划	22.3
	农民自身素质的提高	48.2
	投入专项资金或由专人来开展这项工作	13.4
	其他	12.5
	缺省	3.6
您觉得在农村实行"管理民主"	十分必要且需要马上进行	27.7
	有必要,但为时过早	64.3
	可有可无	2.7
	说不清	4.5
	缺省	0.9

3.对新农村建设实践的认知

（1）对实践中困难的认知

由表5可知,按国家关于新农村建设的要求去做的困难程度,两种不同态度都占有很大的比例,其中表示"很困难"的乡党委书记有33.9%,表示"基本不困难"的有43.8%,在这部分觉得困难的人群中,感觉"政策脱离基层实际"、"政策的目标要求过高"和"政府的管理体制有缺陷"三种情况都有的人占多数。而基层政府中最困难的事就是缺乏资金。

来自全省各地的乡党委书记在这一点上众说纷纭,有的表示很容易,还拿出了新农村建设进度表给笔者看,在这个进度表上列出了"三清、三改、一村一品"等内容,已经细化到小数点后一位,表示"按照这个表再参照省批新农村建设试点自然村检查评分表一对照,按部就班就行了",有的亦表示很难,上级部门压得很紧,也经常来指导工作,但是工作总是不尽如人意,还需要一段时间来完善。

表5　对实践中困难的认知

变量	选项	百分比
您觉得在具体实践中,按国家关于新农村建设的要求去做困难吗?	很困难	33.9
	有一点困难	17.9
	基本不困难	43.8
	说不清	2.7
	缺省	1.8
如果您觉得困难,作为国家及政策设计原因在	政策脱离基层实际	15.6
	政策的目标要求过高	13.3
	政府的管理体制有缺陷	24.4
	前面三种情况都有	35.6
	缺省	11.1
您觉得如果要按中央的政策去做,基层政府在实践中最困难的事是	缺乏资金	47.3
	农民积极性不高	25.9
	基层政府权力有限	8.0
	其他原因	17.9

（2）对政府责任的认知

谈到自己熟悉的内容,大部分被调查的乡党委书记认为,在新农村建设中,乡镇政府责任最大,57.1%的人认为起到了很大作用,80%的人认为基层政府在新农村建设中做的事情太多了。

新农村建设将是一项长期而艰苦繁重的任务,现阶段,农民不富裕、组织化程度不高、农业投入效益的滞后性以及由此带来的效益风险、反哺和支援措施的实施主体仍然是政府都决定了。在新农村建设中乡镇政府的责任大、担子重,作为党和国家政策最直接的落实者,乡镇政府在建设社会主义新农村过程中承担着无可替代的责任。

表6　对政府责任的认知

变量	选项	百分比
您觉得在新农村建设中,哪级政府责任最大	乡镇政府	45.5
	县级政府	17.9
	省级政府	4.5
	中央政府	26.8
	缺省	6.3
您觉得基层政府在新农村建设中的作用	很大作用	57.1
	有作用,但作用有限	35.7
	作用基本不大	5.4
	说不清	1.8
您觉得基层政府在新农村建设中做的事情	太多了	80.0
	不多不少	6.7
	太少了	4.4
	说不清	8.9

（3）对建设主体的认知

86.6%的乡党委书记认为农民才是新农村建设的主体。有位乡镇党委书记反映"农业税费改革后,乡镇村工作进行了转型,原来他们干部服务意识不强,搭车收费、乱收暴收的情况严重,现在工作重点体现在社会管理和公共服务上,所以在新农村建设中,他们也不再是发号施令了,而更尊重农民自身的选择。"而笔者在实践调查走访的时候,很多村民理事会负责人介绍"以农民为主体建设新农村,农民的热情高了,愿意出工、出钱,当地正在修建垃圾池,都是由政府拨一部分,农民筹一部分,然后每家出劳动力进行修建的。"

这样,既维护农民在新农村建设中的发言权。又给予农民决策权。以农民为主体的新农村建设理事会也建立了农民自我管理、自我发展的长效机制。

表7 对建设主体的认知

变量	选项	百分比
您觉得新农村建设的主体应该是	政府	1.8
	农民	86.6
	民间及社会组织	2.7
	三者结合	8.9

（4）对农民组织的认知

2006 年中央关于农业问题的"一号文件"提出，"积极引导和支持农民发展各类专业合作经济组织"，60.7％的被调查者认为在具体实践中有必要成立农民合作组织，42.2％的被调查者认为农民组织建立的关键取决于"农民中是否有领头人物"。

据农业部统计，目前全国有 15 万多个农民专业合作经济组织，会员农户 2365 万，带动非会员农户 3245 万，但两类农户只占农户总数的 23.3％。农业合作经济组织实施扶助，是世界各国普遍采取的政策，中国的农民合作组织队伍还不是很庞大，需要进一步的发展。大部分乡党委书记还是认可合作组织的必要性，但主要还是考虑到要在农民中培育领袖人物。

表8 对农民组织的认知

变量	选项	百分比
您觉得在具体实践中有必要成立农民合作组织吗？	很有必要	60.7
	不一定要，看地方的实际情况	33.0
	不需要	2.7
	说不清	3.6
您觉得新农村建设中农民组织的建立最主要取决哪个方面？	农民自身的参与意愿	24.4
	政府的引导	24.4
	农民中是否有领头人物	42.2
	外部资金扶持	2.2
	其他方面	6.7

（5）对示范村的态度

抓点带面,示范带动,由表9可知,73.3%的被调查者还是认可"示范村"在新农村建设中的促进作用,大部分人认为选取"示范村"的关键在于该村的经济基础好,从被调查的乡党委书记的视角可以发现,他观察到村民对自己的村庄被选为"示范村"的态度,表示高兴和无所谓的分别占48.9%和40.0%。其中在选择高兴的被调查者中,有33.3%认为原因是国家拨给村里很多钱;在选择了无所谓的被调查者中,有24.4%认为原因是老百姓自己要出钱。可以看出,资金因素依然是新农村建设中不可忽视的因素。

51.8%的被调查者认为"示范村"示范作用还不太大。与表3反映的相似,在"示范村"中,发展生产仍然被放在五个目标的优先位置。同时,大家反映,"村容整洁"是最容易做到的。

江西省D县的C镇大巷村就是因为"经济条件好、群众基础好"被选上的,该村大部分农民以加工当地地方小吃"冻米糖"为副业,人均年纯收入能达到6000元,在镇干部讲政策、做动员后,村民们积极要求成为"示范村",当即成立了村民理事会,2007年,在村里打了5口井、改造了村级公路、下水道、自来水、厕所,按照上级文件,新农村办奖励了该村6万元经费,2008年计划改电和绿化。相隔不远的前丰村看到新农村建设的变化,也申请了2008年的示范点。

但也有部分乡党委书记认为,示范村可能会导致村庄"穷者越穷、富者越富"的情况,示范村起不到示范效应,24.4%的被调查者认为主要是示范村自身缺乏主动性,靠、等、要思想严重。

表9　对示范村的态度

变量	选项	百分比
您认为通过选取"示范村"的方式能否有效地促进新农村建设的工作	能	73.3
	不能	15.6
	说不清	11.1

	经济基础好	51.1
您认为被选取"示范村"最主要是因为这个村:	地理位置好	17.8
	村里人心齐	28.9
	其他	2.2
	高兴	48.9
您觉得村民对自己的村庄被选为"示范村"的态度怎么样	无所谓	40.0
	说不清	8.9
	缺省	2.2
	有很好的示范作用	39.3
	示范作用不太大	51.8
您认为当前新农村建设中的"示范村"的示范作用发挥情况怎么样	没示范作用	2.7
	有反示范作用	3.6
	说不清	0.9
	缺省	1.8
	发展生产	61.6
	生活富裕	8.9
您觉得在具体"示范村"实践中,"五个目标"哪个该优先	乡风文明	6.2
	村容整洁	13.4
	管理民主	6.2
	缺省	3.6
	发展生产	2.2
在具体的"示范村"的建设中,现在最容易做到的是哪一步	村容整洁	88.9
	民主管理	6.7
	缺省	2.2

4. 对国家政策与实践绩效的认知

由表 5−1 可知,大部分(62.5%)的被调查的乡党委书记认为新农村建设要想取得实践成功,最关键是农民要积极参与。54.5%的人认为现在乡镇新农村建设与国家的要求还不太一致。绝大部分人认为目前实践成效还不大,在新农村建设是否能成功问题上,有 48.9% 表示怀疑的态度,26.7%的人表示了肯定的态度。对待未来工作,被调查者大多数还是表示有信心。

　　国家主要通过政策的制定和实施来维持对农村社会的政治整合与公共治理,以实现推进农村现代化的意图和努力。① 而乡镇政府的行为表现直接表现为国家政策的实施,但是从被调查者的认知可以看出,目前实施的效果和政策之间还是有一定差距的。

表10　对国家政策与实践绩效的认知

变量	选项	百分比
您觉得社会主义新农村建设要想取得实践成功,最关键是	政府要主导	8.9
	农民要积极参与	62.5
	发展农民合作组织	8.0
	中央和上级政策不能变	17.9
	其他	1.8
	缺省	0.9
您觉得您的乡镇新农村建设工作与国家的要求一致吗?	基本一致	37.5
	不太一致	54.5
	不一致	5.4
	说不清	2.7
您觉得就目前而言,您的乡镇新农村建设的实践成效如何?	有很大成效	20.5
	成效不大	75.9
	没有成效	2.7
	说不清	0.9
您觉得按照国家有关新农村建设的政策来实施新农村建设能成功吗?	肯定成功	26.7
	不一定	48.9
	难以成功	17.8
	说不清	2.2
	缺省	4.4

---

① http://www.chinavalue.net/Article/Archive/2008/6/2/118511_3.html.

	有信心	51.1
对建设好社会主义新农村有信心吗？	信心不足	44.4
	完全没有信心	2.2
	缺省	2.2

三、中东西三地新农村建设社会认知状况的比较

（一）样本基本情况对比

调查的有效样本为391，其中西部调查点样本数为128，中部调查点133，东部调查点130。下面的表格呈现了中东西样本在性别情况、身份情况、经济状况、生产方式等方面对比。

性别情况

	性别（n＝391）							
	男				女			
	总体	东部	中部	西部	总体	东部	中部	西部
人数	302	88	108	106	89	40	25	24
%	77.2	22.5	27.6	27.1	22.8	10.2	6.4	6.1

身份情况

	示范村村民		非示范村村民		示范村组长		非示范村组长	
	人数	%	人数	%	人数	%	人数	%
东部	41	10.5	73	18.7	9	2.3	5	1.3
中部	43	11.0	74	18.9	6	1.5	7	1.8
西部	48	12.3	71	18.2	5	1.3	6	1.5
总体	132	33.8	218	55.8	20	5.1	18	4.6

家庭经济状况

n = 391	一般		中等		富裕	
	人数	%	人数	%	人数	%
东部	72	18.4	52	13.3	4	1.0
中部	89	22.8	43	11.0	1	0.3
西部	76	19.4	54	13.8	0	0
总体	237	60.6	149	38.1	5	1.3

所在自然村在当地经济发展水平

n = 391	一般		中等		富裕	
	人数	%	人数	%	人数	%
东部	59	15.1	67	17.1	2	0.6
中部	89	22.8	44	11.3	0	0
西部	68	17.4	54	13.8	8	2.0
总体	216	55.2	165	42.2	10	2.6

所在行政村在当地经济发展水平

n = 391	一般		中等		富裕	
	人数	%	人数	%	人数	%
东部	54	13.8	66	16.9	8	2.0
中部	94	24.0	38	9.7	1	0.3
西部	102	26.1	28	7.2	0	0
总体	250	63.9	132	33.8	9	2.3

所在乡镇在当地经济发展水平

n = 391	一般		中等		富裕	
	人数	%	人数	%	人数	%
东部	33	8.4	60	15.3	35	9.0
中部	94	24.0	37	9.5	2	0.5
西部	97	24.8	33	8.4	0	0
总体	224	57.3	130	33.2	37	9.5

所在自然村的主要生产方式

n=391	农业为主		工业为主		商业为主	
	人数	%	人数	%	人数	%
东部	46	11.8	79	20.1	3	0.8
中部	126	32.2	5	1.3	1	0.3
西部	126	32.2	1	0.3	3	0.8
总体	298	76.2	85	21.7	7	1.8

（二）中东西三地新农村建设社会认知状况的比较

1. 对新农村建设举措认知的比较

在对我国当前的社会主义新农村建设决议的提出问题上，东部、中部、西部的受调查村民表现了高度的一致性，认为这项决议意义重大的都超过了各地受调查人数比例七成以上，分别为 76.5%，76.7% 和 71.5%，认为决议没意义的只分别占 3.9%、3.0% 和 7.7%。

表1　对我国社会主义新农村建设决议的看法

	意义重大		意义一般		没有特别意义		说不清	
	人数	%	人数	%	人数	%	人数	%
东部 n=128	98	76.5	16	12.5	5	3.9	9	7.0
中部 n=133	102	76.7	16	12.0	4	3.0	11	8.3
西部 n=130	93	71.5	19	14.6	10	7.7	8	6.2
总体 n=391	293	74.9	51	13.0	19	4.9	28	7.2

超过了半数的受调查者认为国家新农村建设的决议颁布时机正合时宜，西部村民更是有 74.6% 认可决议的颁布时机。东部和中部各有 22.6% 的人觉得决议出台有点晚，西部只有 11.5% 的人这样认为。东部和西部各有 2.3% 的人觉得决议颁布为时过早，而中部这样认为的村民达到了 11.3%。

表2　对我国关于社会主义新农村建设的决议颁布的看法

	有点晚		正合时宜		为时过早		说不清	
	人数	%	人数	%	人数	%	人数	%
东部 n = 128	29	22.6	68	53.1	3	2.3	28	21.9
中部 n = 133	30	22.6	67	50.4	15	11.3	20	15.0
西部 n = 130	15	11.5	97	74.6	3	2.3	15	11.5
总体 n = 391	74	18.9	232	59.3	21	5.4	63	16.1

东部村民对新农村建设改变农村面貌的信心很足,有69.5%的人对此表示充分肯定,51.9%的中部村民和48.5%的西部村民表示乐观;对此表示怀疑的东、中、西部村民比例正好呈相反趋势,分别是19.5%,28.6%和34.6%。认为新农村建设不能改变农村落后面貌的,东部有4.7%的人,而中部和西部的比例比东部高,是9.8%和11.5%。

表3　社会主义新农村建设能否改变农村落后的面貌

	能		也许能		不能		说不清	
	人数	%	人数	%	人数	%	人数	%
东部 n = 128	89	69.5	25	19.5	6	4.7	8	6.3
中部 n = 133	69	51.9	38	28.6	13	9.8	12	9.0
西部 n = 130	63	48.5	45	34.6	15	11.5	7	5.4
总体 n = 391	221	56.5	108	27.6	34	8.7	27	6.9

表示赞同和完全赞同国家新农村建设举措的东、中、西部村民都超过了受调查者的90%以上,而表示不赞同的比例则很小,西部更是无一名受调查者反对。

表4　是否赞同国家建设社会主义新农村的举措

	完全赞同		赞同		不太赞同		说不清	
	人数	%	人数	%	人数	%	人数	%
东部 n＝128	81	63.2	40	31.2	4	3.1	3	2.3
中部 n＝133	52	39.1	72	54.1	2	1.5	7	5.3
西部 n＝130	54	41.5	70	53.8	0	0	6	4.6
总体 n＝391	187	47.8	182	46.5	6	1.5	16	4.1

从调查可知,人们希望国家新农村建设能够长久持续下去,对此支持者在东部比例为89.1%,在中部为92.1%,在西部为87.7%。

表5　是否希望我国新农村建设长久持续下去

	希望		不太希望		不希望		说不清	
	人数	%	人数	%	人数	%	人数	%
东部 n＝128	114	89.1	3	2.3	2	1.6	9	7.0
中部 n＝133	116	92.1	3	2.3	5	3.8	9	6.8
西部 n＝130	114	87.7	3	2.3	6	4.6	7	5.4
总体 n＝391	344	88.0	9	2.3	13	3.3	25	6.4

表6　认为国家的新农村建设政策能否长期执行

	一定能够		有点担心		很担心		说不清	
	人数	%	人数	%	人数	%	人数	%
东部 n＝128	84	65.6	15	11.7	9	7.0	20	15.6
中部 n＝133	68	51.1	41	30.8	7	5.3	17	12.8
西部 n＝130	68	52.3	37	28.5	14	10.8	11	8.5
总体 n＝391	220	56.3	93	23.8	30	7.7	48	12.3

东部村民中的65.6%认为国家新农村建设政策一定能够长期执行,中部有51.5%的人,西部有52.3%的人也这样认为。相对而言,东部对这项政策的担心程度较小,有点担心的是11.7%,很担心的是7.0%,但是,中、

西部"有点担心"和"很担心"的比例则相对较高,分别是30.8%、5.3%和28.5%、10.8%。

2.对新农村建设目标及内容认知的比较

(1)对总目标的认知

认为国家提出建设社会主义新农村建设的总目标,东部认为很全面和比较全面的人占34.3%和50.0%,认为不太全面的有8.6%;中部觉得总目标很全面和比较全面的比例略低,为29.3%和42.1%,认为不太全面的略高,是18.0%;西部只有6.9%的人认为"很全面",36.9%的人认为"比较全面",认为不太全面的比例达到了38.5%。

表7 认为社会主义新农村建设"生产发展、生活富裕、乡风文明、村容整洁、民主管理"的目标是否全面

	很全面		比较全面		不太全面		说不清	
	人数	%	人数	%	人数	%	人数	%
东部 n=128	44	34.3	64	50.0	11	8.6	9	7.0
中部 n=133	39	29.3	56	42.1	24	18.0	13	9.8
西部 n=130	9	6.9	48	36.9	50	38.5	23	17.7
总体 n=391	92	23.5	168	43.0	85	21.7	45	11.5

表8 认为上述目标中哪个最为重要

	生产发展		生活富裕		乡风文明		村容整洁		管理民主	
	人数	%	人数	%	人数	%	人数	%	人数	%
东部 n=128	43	33.6	39	30.5	32	25.0	5	3.9	9	7.0
中部 n=133	71	53.4	22	16.5	22	16.5	8	6.0	7	5.3
西部 n=130	59	45.4	28	21.5	20	15.4	6	4.6	15	11.5
总体 n=391	173	44.2	89	22.8	74	18.9	19	4.9	31	8.0

相比而言,中部和西部村民对五大分目标中的"生产发展"更为关注,选此项的占53.4%和45.4%,东部这一比例是33.6%;东部认为"生活富

裕"和"乡风文明"是最重要目标的较高,为30.5%和25.4%;西部把"管理民主"放第一位的最多,达11.5%。

(2)对分目标认知

在"生产发展"最关键因素的问题认知上,认为资金投入最为重要的东、中、西部村民的比例分别为32.0%、29.3%、34.6%;认为产业培育是最关键的比例分别是22.6%、30.1%、24.8%;认为提高农民素质最为关键的比例是39.1%、36.1%和30.8%。相对而言,东、中部更多关注提高农民素质的重要性,而西部把资金看作生产发展中最关键的因素。

表9 觉得"生产发展"的关键是

	资金投入		产业培育		提高农民素质		说不清	
	人数	%	人数	%	人数	%	人数	%
东部 n = 128	41	32.0	29	22.6	50	39.1	8	6.3
中部 n = 133	39	29.3	40	30.1	48	36.1	6	4.5
西部 n = 130	46	34.6	33	24.8	41	30.8	10	7.5
总体 n = 391	126	32.2	102	26.1	139	35.5	24	6.1

在关于"生活富裕"主要体现的认知上,东部认为"收入提高"和"生、老、病、死、住、吃不用愁"最为重要,选择比例分别是53.1%和38.3%;中部这两项的选择比例是54.1%和32.3%;西部为52.3%和34.6%,三个区域的认知较为相同。

表10 觉得"生活富裕"主要体现在

	收入提高		心里感觉		生、老、病、死、住、吃不用愁		说不清	
	人数	%	人数	%	人数	%	人数	%
东部 n = 128	68	53.1	6	4.7	49	38.3	5	3.9
中部 n = 133	72	54.1	9	6.8	43	32.3	8	6.0
西部 n = 130	68	52.3	11	8.3	46	34.6	5	3.8
总体 n = 391	208	53.2	26	6.6	138	35.4	18	4.6

各调查点村民对于"乡风文明"的重要性认知也较为统一,超过80%的人都坚定认为"乡风文明"在新农村建设中一定要,其中西部的比例最高,占到86.2%。

表 11　觉得现在农村"乡风文明"是否要大力建设

	一定要		不一定要		不需要		说不清	
	人数	%	人数	%	人数	%	人数	%
东部 n = 128	108	84.4	11	8.6	4	3.1	5	3.9
中部 n = 133	111	83.5	9	6.8	4	3.0	9	6.8
西部 n = 130	112	86.2	7	5.4	6	4.6	5	3.8
总体 n = 391	331	84.7	27	6.9	14	3.6	19	4.9

在谈到"村容整洁"主要依靠哪些因素时,东、中、西部分别有39.1%、37.6%和40.0%的村民认为统一的村庄规则占主要,比例大体相近。在"提高农民素质"这一选项上,东部有52.3%的人认为这是主要依靠,中部有45.9%人有相同的认知,但西部对此项的选择只占西部受调查者的24.6%。西部村民把资金投入当作"村容整洁"主要依靠的比例最高,占33.1%;中部次之,为12.0%;东部则只有7.0%的人认为资金投入在此处最重要。

表 12　觉得"村容整洁"主要依靠

	统一规划		提高农民素质		资金投入		说不清	
	人数	%	人数	%	人数	%	人数	%
东部 n = 128	50	39.1	67	52.3	9	7.0	2	1.6
中部 n = 133	50	37.6	61	45.9	16	12.0	6	4.5
西部 n = 130	52	40.0	32	24.6	43	33.1	3	2.3
总体 n = 391	152	38.9	160	40.9	68	17.4	11	2.8

在新农村建设中实行"民主管理"必要性的认知上,东部有87.5%的人认为十分必要,西部有90.8%的人认为十分必要,而中部的这一认知比例虽然有72.9%,但与东部和西部相比,比例略低。相反,东部、西部村民中觉得"民主管理"实行过早或可有可无的比例较小,只有6.3%和4.6%,而中部这一比例却相对较高,达到了15.1%。

表 13 觉得在农村实行"民主管理"

	为时过早		十分必要		可有可无		说不清	
	人数	%	人数	%	人数	%	人数	%
东部 n＝128	6	4.7	112	87.5	2	1.6	8	6.3
中部 n＝133	15	11.3	97	72.9	5	3.8	16	12.0
西部 n＝130	3	2.3	118	90.8	3	2.3	6	4.6
总体 n＝391	24	6.1	327	83.6	10	2.6	30	7.7

3. 对新农村建设实践认知的比较

（1）对实践中困难的认知（只针对示范村村民）

在对东、中、西部 152 名新农村示范村村民的调查中发现,东部村民认为新农村建设按国家要求去做"很困难"和"困难"的是 10.0% 和 28.0%；中部比东部要高,分别是 24.5% 和 47.2%；西部村民则最高,分别达到了 36.7% 和 53.1%。而认为"不太困难的"则是东部最高,占 52.0%,西部次之,占 20.4%,中部最低占 11.3%。

表 14 觉得在具体实践中按国家新农村建设的要求去做是否困难

	很困难		困难		不太困难		说不清	
	人数	%	人数	%	人数	%	人数	%
东部 n＝50	5	10.0	14	28.0	26	52.0	3	6.0
中部 n＝53	13	24.5	25	47.2	6	11.3	4	7.5
西部 n＝49	18	36.7	26	53.1	10	20.4	2	4.1
总体 n＝152	36	23.7	65	42.8	42	27.6	9	5.9

东部有 29.0% 的人觉得上述的困难来自于"农民想法与政府做法不一致",中部有的 17.5% 人也这样认为,西部有 15.0% 人选择该项。东部认为新农村建设目标要求与现实差距造成新农村实践按国家要求实现比较困难的比例是 19.4%,中部和西部较高,所占比例分别是 30.0% 和 32.0%。有51.6% 的东部村民将困难的原因归结在前面所述的两种原因结合上,

· 74 ·

27.5%的中部村民选择了这两种情况都有是主要原因,52.5%的西部村民做出了此类选择。

表15 困难的主要原因

	农民想法与政府做法不一致		建设目标要求与现实的差距		前两种情况都有	
	人数	%	人数	%	人数	%
东部 n = 31	9	29.0	6	19.4	16	51.6
中部 n = 40	7	17.5	12	30.0	11	27.5
西部 n = 40	6	15.0	13	32.5	21	52.5
总体 n = 101	22	21.8	31	30.7	48	47.5

受调查村民中,认为按中央的政策去建设新农村,具体实践中最大的困难在于资金缺乏的,东部人数比例是11.1%,中部是21.8%,西部是17.7%。认为最大困难是农民积极性不高造成的,东部比例是6.3%,中部是6.0%,西部是3.8%。认为政府包办太多造成困难的比例西部最高,有13.1%,东部次之是11.9%,中部最低是3.8%。以上面考核验收太严作为最大困难的,三地加在一起只有6人。

表16 按中央的政策去做,具体实践中最大的困难是

	缺乏资金		农民积极性不高		政府包办太多		上面考核验收太严		说不清	
	人数	%	人数	%	人数	%	人数	%	人数	%
东部 n = 126	14	11.1	8	6.3	15	11.9	3	2.4	4	3.2
中部 n = 133	29	21.8	8	6.0	5	3.8	2	1.5	7	5.3
西部 n = 130	23	17.7	5	3.8	17	13.1	1	0.8	11	8.5
总体 n = 391	66	43.4	21	13.8	37	24.3	6	3.9	22	14.6

(2)对政府责任认知

认为乡镇政府是新农村建设中应承担最大责任的以东部村民为最高,有60.9%,中部有51.9%的人这样认为,西部较少,只有33.8%的人。认为县级政府责任最大的比例,东、中、西分别是22.7%、21.8%、26.2%,比较相近。认为省级政府应当担负最大责任的东部最少,只有3.1%,西部最多,有22.3%,中部则是7.5%。把中央政府看作最大责任体的东、中、西部村民分别为 13.3% 、18.0% 和 16.9% 。

表 17　　觉得在新农村建设中哪级政府责任最大

	乡镇政府		县级政府		省级政府		中央政府	
	人数	%	人数	%	人数	%	人数	%
东部 n = 128	78	60.9	29	22.7	4	3.1	17	13.3
中部 n = 133	69	51.9	29	21.8	10	7.5	24	18.0
西部 n = 130	44	33.8	34	26.2	29	22.3	22	16.9
总体 n = 391	191	48.8	92	23.5	43	11.0	63	16.1

东部受调查者中的 85.9% 认为基层政府在新农村建设中作用很大,而认为其作用不太大或不大的只占 7.8% 和 3.1% 。中部村民有 58.6% 认为基层政府在此中的作用大,但也有 17.3% 和 9.0% 的人认为作用"不太大"和"不大"。西部只有 36.9% 的人认为基层政府在新农村建设中有很大作用,41.5% 和 15.4% 的西部村民认为它们的作用不太大或者不大。

表 18　　觉得基层政府在新农村建设中的作用如何

	很大		不太大		不大		说不清	
	人数	%	人数	%	人数	%	人数	%
东部 n = 128	110	85.9	10	7.8	4	3.1	4	3.1
中部 n = 133	78	58.6	23	17.3	12	9.0	18	13.5
西部 n = 130	48	36.9	54	41.5	20	15.4	7	5.4
总体 n = 391	236	60.4	87	22.3	36	9.2	29	7.4

43.0% 的东部村民觉得基层政府在新农村建设中所做的工作太多了,45.1% 的中部村民也这样认为,赞同这一看法的西部村民比例相对较小,只有 30.8% 。20.36% 的东部人认为政府的工作做的恰到好处,中、西部这样看法的比例低些,分别是 11.3% 和 11.5% 。东部和中部觉得政府在此处工作做得少的分别为 25.8% 和 23.3% ,比较接近,而西部有 43.1% 的人这样认为,比例较高。

表 19   觉得基层政府在新农村建设中所做事情

	太多了		不多不少		太少了		说不清	
	人数	%	人数	%	人数	%	人数	%
东部 n = 128	55	43.0	26	20.3	33	25.8	14	10.9
中部 n = 133	60	45.1	15	11.3	31	23.3	26	19.5
西部 n = 130	40	30.8	15	11.5	56	43.1	18	13.8
总体 n = 391	155	39.6	56	14.3	120	30.7	58	14.8

（3）对建设主体认知

在新农村建设主体的认知上,东部村民的 39.8% 认为是政府,9.4% 认为是农民,0.8% 认为是民间组织,50.0% 认为主体应当为三者结合。中部对这一问题的看法与东部出入较大,认为政府是主体的只有 11.3%,认为农民是主体的达到了 33.8%,认为主体是民间组织的有 12.8%,觉得是三者结合的是 42.1%。西部村民中有 40.0% 的人觉得政府是主体,24.6% 认为农民是主体,3.1% 的人认为是民间组织,32.3% 的人回答是三者结合。

表 20   觉得新农村建设的主体应该是

	政府		农民		民间组织		三者结合	
	人数	%	人数	%	人数	%	人数	%
东部 n = 128	51	39.8	12	9.4	1	0.8	64	50.0
中部 n = 133	15	11.3	45	33.8	17	12.8	56	42.1
西部 n = 130	52	40.0	32	24.6	4	3.1	42	32.3
总体 n = 391	118	30.2	89	22.8	22	5.6	162	41.4

（4）对农民组织认知

对于在具体实践中有没有必要成立农民合作组织的问题,东、中、西部的认知程度相对一致,东部有 68.9% 的人认为很有必要,中部和西部更是有高达 78.9% 和 79.2% 的人觉得很有必要。认为没有必要成立农民合作组织的村民,在东部所占比例略高是 26.6%,中部为 15.8%,西部为 10.0%。

表21　觉得在具体实践中有没有必要成立农民合作组织

	很有必要		不一定要		不需要	
	人数	%	人数	%	人数	%
东部 n=128	87	68.9	34	26.6	5	3.9
中部 n=133	105	78.9	21	15.8	6	4.5
西部 n=130	103	79.2	13	10.0	6	4.6
总体 n=391	295	75.4	68	17.4	17	4.3

在新农村建设中农民组织成立主要取决力量的认知的多项选择中,东部将"政府引导"和"农民参与意愿"放在前两位,分别有80.5%和58.6%的村民选择了它们;"外部资金扶持"排第三,选择的比例是28.9%和23.4%。中部选择比例从多到少为"农民参与意愿"占第一位为60.9%;政府引导53.3%;"外部资金扶持"44.4%;"农民中的领头人物"占38.3%。西部以"农民参与意愿"选择比例最高62.3%,其后依次为"政府引导"、"外部资金扶持"、"农民中的领头人物",比例分别是59.2%、57.8%和48.5%。

表22　新农村建设中农民组织的建立主要取决于

	农民参与意愿		政府的引导		农民中的领头人物		外部资金扶持	
	人数	%	人数	%	人数	%	人数	%
东部 n=128	75	58.6	103	80.5	30	23.4	37	28.9
中部 n=133	81	60.9	71	53.3	51	38.3	59	44.4
西部 n=130	81	62.3	77	59.2	63	48.5	75	57.8
总体 n=391	237	60.6	251	64.2	144	36.8	171	43.7

（5）对示范村的态度

对示范村村民关于自己所在村被选为新农村示范点原因的调查中发现,东部示范村村民中对答案"经济条件好"、"地理位置好"、"村里人心齐"、"上面有关系"、"运气好被选上"的选择比例分别是58.0%、48.0%、32.0%、20.0%和0;中部村民的选择比例分别是15.1%、66.0%、45.3%、5.7%和5.7%,地理位置是他们认为最关键的原因所在;西部的选择比例则分别是24.5%、59.2%、44.9%、16.3%和4.1%,西部村民同样也把地理位置看作是示范村选择的最关键原因。

表23 认为本村被选为示范点的原因

	经济条件好		地理位置好		村里人心齐		上面有关系		运气好	
	人数	%	人数	%	人数	%	人数	%	人数	%
东部 n=50	29	58.0	24	48.0	16	32.0	10	20.0	0	0
中部 n=53	8	15.1	35	66.0	24	45.3	3	5.7	3	5.7
西部 n=49	12	24.5	31	63.3	22	44.9	8	16.3	2	4.1
总体 n=152	49	32.2	90	59.2	62	40.8	21	13.8		3.3

东、中、西部受调查的示范村村民中,比例分别为70.0%、75.5%和69.3%的人对本村被选作新农村建设的示范村而高兴;觉得不高兴的人口比例极小;还有一部分村民认为无所谓,东部的比例是16.0%,中部是9.4%,西部是14.3%。在仅有的几例不高兴选择中,东部有一人的原因是"为此要花费很多钱";中部有2人则认为虽然被选为示范村,但政府做法与自己想法不太一样;西部也有4人与中部村民认识相同。

表24 对本村被选为示范村的态度

	高兴		不高兴		无所谓		说不清	
	人数	%	人数	%	人数	%	人数	%
东部 n=50	35	70.0	1	2.0	8	16.0	4	8.0
中部 n=53	40	75.5	2	3.8	5	9.4	1	1.9
西部 n=49	34	69.3	4	8.2	7	14.3	1	2.0
总体 n=152	109	71.7	7	4.6	20	13.2	6	3.9

进一步对109名对本村当选新农村建设示范村的村民进行调查,询问他们高兴的原因,85.7%的东部村民,92.5%的中部村民和88.2%的西部村民认为最主要的原因是因此村庄面貌发生巨大变化。另外,从数据中可看出西部村民还把国家拨款和家里生活水平提高作为重要原因加以选择。

表25　高兴本村被选为示范村的原因是

	国家拨给村里很多钱		村庄面貌发生巨大变化		家里生活水平得到提高		干群关系更为融洽	
	人数	%	人数	%	人数	%	人数	%
东部 n＝35	5	14.3	30	85.7	9	25.7	4	11.4
中部 n＝40	10	25.0	37	92.5	4	10.0	6	15.5
西部 n＝34	13	38.2	30	88.2	16	47.1	3	8.8
总体 n＝109	28	25.7	97	89.0	29	26.7	13	11.9

　　非示范村的236名村民在接受调查时,他们在对待本村没有被选为新农村建设示范村的态度上东部不高兴的比例占51.3%,中部为45.7%,西部最多53.4%。表示"无所谓"的,东部最多占33.3%,中部是16.0%,西部有9.1%。对此问题表示高兴的,三地都不多。

表26　对本村未被选为示范村的态度

	不高兴		高兴		无所谓		说不清	
	人数	%	人数	%	人数	%	人数	%
东部 n＝78	40	51.3	6	7.7	26	33.3	7	9.0
中部 n＝81	37	45.7	5	6.2	13	16.0	20	24.7
西部 n＝77	49	63.6	1	1.3	7	9.1	15	19.5
总体 n＝236	126	53.4	12	5.1	46	19.4	42	17.8

　　关于自己所在村庄为什么没有能够被选择为新农村建设示范点,选择"太穷"的东部有46.2%,中部有32.1%,西部是28.6%;选择"位置偏"的东部多达57.7%,中部是27.2%,西部仅有9.1%;认为"村里人心不齐"是主要原因的,东部有33.3%,中部多达50.6%,西部也有44.2%;觉得由于上面没有过硬关系而造成本村落选的,东部占16.7%,中部有29.6%,西部较高,占了45.5%;还有15.4%的东部村民和7.4%的西部村民将原因归结于运气不好上,西部没有一人这样认为。

表27　认为本村未被选为示范村的原因

	太穷		位置偏		村里人心不齐		上面没有关系		运气不好没被选上	
	人数	%	人数	%	人数	%	人数	%	人数	%
东部 n = 78	36	46.2	45	57.7	26	33.3	13	16.7	12	15.4
中部 n = 81	26	32.1	22	27.2	41	50.6	24	29.6	6	7.4
西部 n = 77	22	28.6	7	9.1	34	44.2	35	45.5	0	0
总体 n = 236	84	35.5	74	31.3	101	42.7	72	30.5	18	7.6

　　对于其他村为什么会被选定为新农村建设示范村,非示范村的村民给出这样的答案:19.5%的东部村民,14.4%的中部村民,6.4%的西部村民认为是经济条件好促成的。东、中、西部分别有比例为20.8%,12.7%和16.5%的村民认为是地理位置决定的。认为"村里人心齐"是其他村当选主要原因的东部有12.3%,中部有16.5%,西部只有5.9%。5.1%的东部村民认为"上面有关系"是主要原因,中部和西部选择这个原因的是9.3%和16.5%。真正认为是因运气好而当选的,东部有4.2%,中部有3.4%,西部只有1.7%。

表28　非示范村村民认为示范村选取的主要原因在于

	经济条件好		地理位置好		村里人心齐		上面有关系		运气好被选	
	人数	%	人数	%	人数	%	人数	%	人数	%
东部 n = 78	46	19.5	49	20.8	29	12.3	12	5.1	10	4.2
中部 n = 81	34	14.4	30	12.7	39	16.5	22	9.3	8	3.4
西部 n = 77	15	6.4	39	16.5	14	5.9	39	16.5	4	1.7
总体 n = 236	95	40.3	118	50.0	82	34.7	73	30.9	22	9.3

　　在自己村没被选为新农村建设示范村后,是否羡慕示范村村民的问题上,东部有41.0%的人表示羡慕,12.8%的人不羡慕,有42.3%人觉得无所谓。同样的问题,35.7%的中部村民表示羡慕,9.9%的人表示不羡慕,21.0%的感觉无所谓。而这一问题在西部村民中的反应是,表示羡慕的占了61.0%,表示不羡慕的仅7.1%,也有15.6%的人表示出了无所谓。

表29　是否羡慕示范村村民

	羡慕		不羡慕		无所谓		说不清	
	人数	%	人数	%	人数	%	人数	%
东部 n＝78	32	41.0	10	12.8	33	42.3	3	3.8
中部 n＝81	37	35.7	8	9.9	17	21.0	14	17.3
西部 n＝77	47	61.0	4	7.1	12	15.6	10	13.0
总体 n＝236	116	49.2	22	9.3	62	26.3	27	11.4

　　无论是东部、中部还是西部，认为当前的新农村示范村有示范作用的比例较高，分别达到57.8%、60.2%和60.0%。认为示范村示范作用不大的也有相当大比例，其中东部最高有39.1%，中部次之34.6%，西部最低有23.8%。还有认为示范村没有起到示范作用，其中以西部最高，有8.3%，东部、中部仅有3.1%和1.5%。另外，中部有2人，西部有1人觉得示范村的选择反而会引起新的问题。

表30　认为当前的示范村能否起到示范作用

	有示范作用		示范作用不大		没示范作用		反而引发新问题	
	人数	%	人数	%	人数	%	人数	%
东部 n＝128	74	57.8	50	39.1	4	3.1	0	0
中部 n＝133	80	60.2	46	34.6	2	1.5	2	1.5
西部 n＝130	78	60.0	31	23.8	11	8.3	1	0.8
总体 n＝391	232	59.3	127	32.5	17	4.3	3	0.8

　　通过调查可知，希望或比较希望自己所在村能成为新农村示范村的人数占了绝对多数，东部的比例高达93.7%，中部是84.2%，西部虽然相对较低，但也达到了73.9%。真正表示不希望的，东部人数是0，中部和西部的人数都只有3人。

表31 是否希望本村成为示范村

	希望		比较希望		不希望		说不清	
	人数	%	人数	%	人数	%	人数	%
东部 n = 128	10	7.8	110	85.9	0	0	8	6.3
中部 n = 133	11	8.3	101	75.9	3	2.3	13	9.8
西部 n = 130	4	3.1	92	70.8	3	2.3	5	3.8
总体 n = 391	25	6.4	303	77.5	6	1.6	26	6.6

东部村民认为示范村未能起到示范效应的主要原因是示范村缺乏普遍性，其次是政府缺乏宣传造成的，再者就是其他村民的"靠、等、要"思想过于严重，这三个原因的比例分别是55.5%、21.1%和22.7%。中部对待这一问题时，认为"村民无所谓，有'靠、等、要'思想"是最根本原因，选择这一答案的比例是47.4%，其次是缺乏普遍性，占到24.8%，认为政府缺乏宣传为主要原因的是15.0%。西部在同样问题上，对给出的三个答案选择的比例依次是36.2%、30.0%和3.8%。

表32 认为示范村未起示范效应的原因在于

	只是个案,缺乏普遍性		其他村民无所谓,靠、等、要思想严重		政府缺乏宣传	
	人数	%	人数	%	人数	%
东部 n = 128	71	55.5	27	21.1	29	22.7
中部 n = 133	33	24.8	63	47.4	20	15.0
西部 n = 130	47	36.2	39	30.0	5	3.8
总体 n = 391	151	38.6	129	33.0	54	13.8

所有的受调查者都认为在具体的"示范村"实践中应当以"生产发展"作为优先实施的工作目标，西部在这点的选择上比例最高为50.8%，其次是中部为46.6%，东部稍低但也有33.6%。有19.5%的东部村民选择应当以"生活富裕"作为优先目标，中部有7.5%的人赞同，西部则有12.3%。东部将"乡风文明"作为优先选择的人数比例是16.4%，中部为20.3%，西

部只有8.3%这样认为。在"村容整洁"这个选项上,东部的选择比例是11.7%,中部是15.0%,西部只占7.7%。另外,有18.8%的东部村民觉得"管理民主"应当放在最优先的位置,中部相同观点的是7.5%,西部则为12.3%。

表33　认为在具体的"示范村"实践中,"五个目标"应以哪个为优先

	生产发展		生活富裕		乡风文明		村容整洁		管理民主	
	人数	%	人数	%	人数	%	人数	%	人数	%
东部 n = 128	43	33.6	25	19.5	21	16.4	15	11.7	24	18.8
中部 n = 133	62	46.6	10	7.5	27	20.3	20	15.0	10	7.5
西部 n = 130	66	50.8	16	12.3	11	8.3	10	7.7	16	12.3
总体 n = 391	171	43.7	51	13.0	59	15.1	45	11.5	50	12.8

　　但是在新农村建设实践过程中,当前的"示范村"是以什么作为优先目标的,东部有35.9%的回答是"生产发展",12.5%回答是"生活富裕",16.4%的人回答是"乡风文明",22.7%的人认为是"村容整洁",12.5%觉得"管理民主"处于工作的优先位置。中部、西部也有40.6%和36.2%的人选择了"生产发展",但认为"生活富裕"放在工作最先的仅有3.8%和2.3%;觉得目前以"乡风文明"为优先工作的中部村民比例是12.7%,西部村民是11.7%;中、西部认为当前新农村建设中"村容整洁"先行一步的比例比东部高,分别是32.3%和33.1%;中部和西部选择"管理民主"作为答案的比例是7.7%和10.0%。

表34　在具体的"示范村"建设中现在最先做的是哪一步

	生产发展		生活富裕		乡风文明		村容整洁		管理民主	
	人数	%	人数	%	人数	%	人数	%	人数	%
东部 n = 128	46	35.9	16	12.5	21	16.4	29	22.7	16	12.5
中部 n = 133	54	40.6	5	3.8	17	12.7	43	32.3	10	7.7
西部 n = 130	47	36.2	3	2.3	15	11.7	43	33.1	13	10.0
总体 n = 391	147	37.6	24	6.1	53	13.6	115	29.4	39	10.0

4.对国家政策与实践绩效认知的比较

在对国家新农村政策和实践绩效的认知中,东部认为政府主导是新农村实践成功最关键因素的村民有82.8%,西部也74.6%的人这样认为,但中部只有57.9%的人作了同样选择。把农民积极参与当作最关键因素的,东部有75.0%的村民,中部也有77.4%,而西部比例相比较小,为53.8%。东部和中部分别有25.0%和25.6%的村民把发展农民合作组织看作是新农村建设实践成功最关键的因素,西部同意这一答案的比例小些,是19.2%。另有32.8%的东部村民选择了政策不能变作为他们心中的最关键因素,西部也有30.8%的选择了此项,中部比例稍小为23.3%。

表35   觉得社会主义新农村建设取得实践成功的最关键因素在于

	政府要主导		农民要积极参与		发展农民合作组织		政策不能变	
	人数	%	人数	%	人数	%	人数	%
东部 n = 128	106	82.8	96	75.0	32	25.0	42	32.8
中部 n = 133	77	57.9	103	77.4	34	25.6	31	23.3
西部 n = 130	97	74.6	70	53.8	25	19.2	40	30.8
总体 n = 391	280	71.6	269	68.8	91	23.3	113	28.9

东部村民认为目前基层新农村建设实践与国家要求一致的比例最高,达到了68.8%,中部与之相比较低,为36.8%,西部最低,只有18.5%。认为二者不太一致或不一致的东部最低,分别是16.4%和2.3%;中部次之,比例为37.6%和4.5%;西部最高,分别高达48.5%和20.0%。

表36   认为目前基层新农村建设的实践与国家政策要求是否一致

	一致		不太一致		不一致		说不清	
	人数	%	人数	%	人数	%	人数	%
东部 n = 128	88	68.8	21	16.4	3	2.3	16	12.5
中部 n = 133	49	36.8	50	37.6	6	4.5	27	20.3
西部 n = 130	24	18.5	63	48.5	26	20.0	8	6.3
总体 n = 391	161	41.2	134	34.3	35	9.0	51	13.0

对目前已经进行的新农村建设成效的认知上,东部村民觉得有很大成效的占 50.0%,中部有 36.1%,可是西部只有 16.9% 的人觉得有成效。相反认为成效不大或没有成效的西部比例最高,有 70.8%,中部次之为 52.4%,东部最低,比例是 43.7%。

表 37　　觉得目前新农村建设实践是否有成效

	有很大成效		成效不大		没有成效		说不清	
	人数	%	人数	%	人数	%	人数	%
东部 n = 128	64	50.0	51	39.8	5	3.9	8	6.3
中部 n = 133	48	36.1	70	52.6	1	0.8	13	9.8
西部 n = 130	22	16.9	92	70.8	0	0	7	5.4
总体 n = 391	134	34.3	213	54.5	6	1.5	28	7.2

认为按国家相关政策要求,新农村建设肯定成功的比例从高到低为东部 79.7%,中部 52.6%,西部 46.9%;认为不一定成功的比例从高到低则是西部 33.1%,中部 27.8%,东部 9.4%;认为成功不了的村民不多,但西部所占的比例最高。

表 38　　认为按国家相关政策的要求新农村建设是否能够成功

	肯定成功		不一定		成功不了		说不清	
	人数	%	人数	%	人数	%	人数	%
东部 n = 128	102	79.7	12	9.4	2	1.6	12	9.4
中部 n = 133	70	52.6	37	27.8	1	0.8	24	18.0
西部 n = 130	61	46.9	43	33.1	8	6.2	9	6.9
总体 n = 391	233	59.6	92	23.5	11	2.8	45	11.5

东部村民对建设好新农村的信心最高,达到了 89.1%,西部这一比例是 69.2%,中部稍低,为 58.6%。回答信心不足的东部比例最小,为 9.4%,中部最高,为 25.6%,西部居中,11.7%。对新农村建设的成功没信心的村民并不多,但多集中在西部。

表 39　对建设好新农村的信心

	有信心		信心不足		没有		说不清	
	人数	%	人数	%	人数	%	人数	%
东部 n = 128	114	89.1	12	9.4	0	0	2	1.6
中部 n = 133	78	58.6	34	25.6	1	0.8	19	14.3
西部 n = 130	90	69.2	15	11.7	8	6.3	8	6.3
总体 n = 391	282	72.1	61	15.6	9	2.3	29	7.4

第四章 新农村建设的实践机制状况[*]

本章主要对中东西部的 T 村、S 社区、D 村三个新农村试点村进行实证调查,主要采用访谈、参与式观察和文献等具体调查方法,对三个试点村新农村建设的实践机制状况(怎么做)进行详实的描述,并对新农村建设实践中的农民、政府、村民理事会等相关利益者的心态进行分析研究。

一、中部新农村建设实践机制状况描述——以江西 T 村为例

(一)T 村概况

T 村位于赣北九景高速与都蔡公路交汇处,地处风景秀美的东游替前,双井之畔。九景高速与都蔡公路纵横交汇,区位十分优越。村落坐西向东,南北延展。古樟苍翠,塔柏葱笼,村前小桥流水,庄后果木成林。全村 58 户,人口 257 人;耕地面积 330 亩,人均 1.3 亩;人均年收入 2430 元,拥有宜林荒山上千亩。目前主要收入为农业收入,林果业已初具规模、崭露头角,是 D 县有名的果树专业村。整个村属单一谭姓,明嘉靖年间谭氏从村东 800 米处 J 村迁此定居,原名西舍村,后因村周树木成林,于 1931 年改称 T 村。1980 年代初期生产队时代,分村南、村北(另加上村北 50 米处一个小

---

* 本章中关于新农村建设的实践状况主要来自对中、东、西部三个新农村试点村 T 村、S 社区、D 村的调查。目前全国的新农村实践大多数都是以自然村(社区)为单位进行,所以,这里的 T 村、S 社区、D 村不是行政村(社区),而是自然村(社区)。S 社区原来也是一个农村自然村,后因离市区较近,随着城市的扩展,所在行政村改为街道,所以随之改名为 S 社区。

村庄:万学村,7户村民,35人)两村民小组,一直延续到今天。J市规定,要成为社会主义新农村建设试点村,前提条件必须是全市100个小康试点村之一。所以,T村所成为新农村建设试点村,经历了艰难曲折的过程。

(二)新农村建设实践状况描述

1.T村确立为小康试点村的背景

在国家加强社会主义新农村建设的背景下,2005年,J市政府决定在全市范围内启动100个小康试点村建设工程,由市里统一安排市直单位进行挂点帮扶,分到D县就有9个名额,其中蔡镇一个点的任务。根据县、乡领导多方面的考虑,经过一段时间的权衡和一个曲折的斗争过程之后,最终确定虎山村委会T村作为这次试点村建设点。T村就是全县最早的8个建设试点村之一。

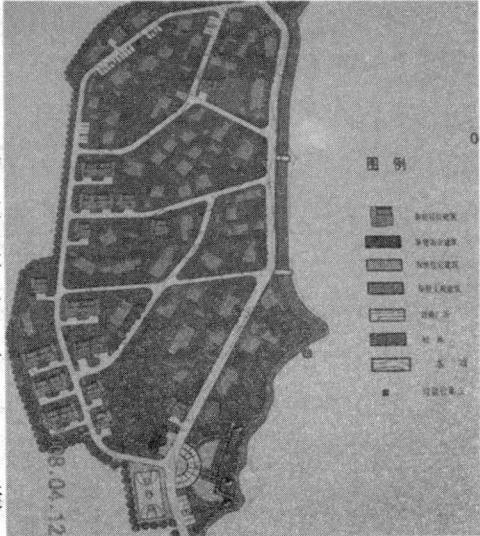

为什么在虎山村委会的17个自然村中唯有T村被选定为创建小康试点村呢?

从2003年开始,J市市财政局在D县进行挂点帮扶,驻C镇H村委会,如何更好地支持帮扶创建100个小康试点村是市政府对各挂点帮扶单位的基本要求。为了确定这个试点村,市财政局和县、乡领导到T村做过多次调查和实地视察。刚开始,市财政局的有些领导并不主张把这个创建试点村放在T村。因为,从整个村委会来说,有三个可以供选择村庄。第一个是L村,也是在路边,村子可能相对大些,但村民关系也更为混杂一些,人心不齐,村里"不务正业"的人多,也可以说是村民更难管理。另一个是谭W村也在路边,条件也不错,人口要少些只有30户,但早在2003年的时候搞过一个村落社区建设，考虑到各村的利益平衡有人不主张定在这里。第三个是整个村里的经济比较落后，村民的房子差，开始市财政局的某副局长视察后觉得这样的村子太差了，搞试点村难度大。后来，市财政局的正局长到村里来实地了解情况，觉得整个村里自然环境很好，村前有一条小港，村后有一座小山，离大马路又不远，尽管村里的房子差点，平房多楼房少且布局比较零乱，但他认为这正是农村特色，他一看就中，结果就定了下来。

通过与村民、村干部、县乡干部进行交流可以看出，T村被选为试点村的原因主要有以下几点：

首先，T村的群众基础好。当时的T村同其他几个村相比群众基础算好的，村民的传统观念相对而言比附近哪个村里都要强，村民比较朴实，人心比较齐，也很勤劳。用一句村民自己的话：最基本的一点，不管是什么时间召集村民开个会可以开得成不说是百分之百，起码也有百分之六七十。一般地在家里的村民都会到会，而其他的村子比如说Q、L村，分田之后，从来没开过村民会，因为大家意见难以统一。

其次村庄交通地理位置好。T村所在的村委会是D县的一个大门，位于D县出入高速路口。T村坐落在公路边约300百米处，到高速路口不到4公里，是D县出入的交通要道，位置优越，交通方便。村庄大多农田分布在高速路进入县城经过的都蔡公路两边。

第三，村里的产业基础好。早在2000年的时候，村民利用一片荒山搞了一个果业开发，全村共有果园200多亩，有橘子、梨、桃等。果子上市的时候，果农在路边卖水果，成为一个较为独特的风景。到了二三月、五一时节，过路的人到山上看桃花、去拍照。同时搞果业村民的收入生活水平都有提高。

第四，村庄管理精英的带头作用。搞新农村建设，村里要有一班愿意做事、能吃苦、有一定的组织能力和工作能力的带头人、管理人。最开始搞小康试点村时，乡里也非常重视。乡里把这个试点村定在T村，当时作为新鲜事物，要找一个人来牵头，而这个人至少拿得下村里的事。当时T村就有这么一个人，就是T村南组的小组长：TBG。

2. T村成为小康试点村为新农村建设奠定基础

2005年3月17日,J市100个试点村庄建设工作动员大会召开,会上宣读了《J市人民政府关于100个试点村庄建设的实施意见》,决定在全市选取100个自然村创建试点村庄,明确了100个试点村庄的对口帮扶单位,对100个试点村庄建设工作进行了动员部署。8个计划试点的名额下达到D县,D县随后进行积极动员,并就此事开始选点,布置工作。

根据县委统一安排,次日,T村村民小组长:TBG,以拟建试点村村民代表身份参加了一个全县试点村庄建设座谈会,与会的有市各挂点单位领导、主管该项目工作的副县长、全县8个建设试点村点的乡镇分管领导、8个拟建试点村自然村组代表。会议的主题是:发出倡议,建设小康试点村。同时确定了市下派各挂点单位与各试点村之间的帮扶关系(结对帮扶)。当日下午,TBG回到村委会后又与村挂点的市财政局领导、县扶贫办分管领导、乡镇主管试点村建设的领导、村支部书记等,在村部进行座谈会。各级领导传达了上级帮扶精神,并许下承诺,决心帮助村里把这次试点村建设活动搞好,要求村民要以建设为己任,积极投工、投劳把自己的家乡建设好。会上TBG也表示了决心,不辜负政府领导、挂点单位的厚望,尽心尽力带个头,搞好这个小康试点村建设工作。

当天夜里,TBG就伏案沉思,写出一篇发动全村村民建设小康试点村的《倡议书》,倡议书的全文内容如下:

百年难遇、千载难逢,党和政府宣传发动并组织实施的建设小康试点村庄的活动已经开展,为配合小康试点村的建设,改变我村落后面貌,美化亮化村民生活环境,要求 T 村全体村民把握机遇,以主人公态度积极支持此项民心工程。为答谢党和政府给予我们村的厚爱以及市、县各挂点单位的支持,建设美好 T 村,特向 T 村全体村民提出如下倡议:

一、发扬爱国爱家的风格,树立无私奉献的精神,转变思想观念,积极热情地参与试点村庄的建设活动。

二、个人利益服从集体利益、小家建设服从大家建设,局部规划服从整体规划。

三、在建设试点村过程中,积极配合,听从指挥,服从安排。比工效、讲进度,保质保量完成各项建设任务。

四、围绕试点村建设主题,积极挖掘特色产业潜力,发展生产共奔小康,为建设美丽富裕的家乡而努力。

致敬!

倡议者:T 村(全体村民签名)

2005 年 3 月

此后,在 TBG 的组织下,村里又召集了两次村民户主大会。在村民大会上,他激情洋溢地传达了县、村两次座谈会的精神,极力宣传党和政府关心三农,惠及三农的各项政策,对村民进行积极宣传鼓动工作。结果当时就引起大多数村民的积极响应和强烈共鸣,大多数村民都在倡议书上签了字,表示愿意齐心协力共创家乡美好明天。随后,会议还讨论了村庄建设规范意向、确定了试点村建设联络小组的组成人员:TBG(村南组长)、KQ(村北组长)、YS、BQ、MQ、KC。确定了联络小组与村民的活动地点,因为,当时村里没有合适的场所,就定在村民 YS 家里。通过多次会议的宣传、鼓动,包括 6 名试点村建设联络员在内的所有村民内心对 T 村的新农村建设充满着热情和希望。在他们内心设计着、规划着今后 T 村建设的宏伟蓝图,把他们的 T 村勾画得如诗如画:一条宽阔平整的环村水泥路绕村一圈,清澈明净的小溪水在村前缓缓流淌,村里建设了文化娱乐活动中心,港边的树阴下建设着各种村民休闲娱乐场所等等。

4 月 6 日,县里组织安排 TBG 等人到 W 县参加全市创建小康试点村现场工作会。在 W 县,他们参观了那里的试点村庄建设。在那里,他们看到了水秀山青、道路平坦、房屋整齐、果丰猪肥的"猪—沼—果"式的生态农庄。优美的人居环境犹如仙境,着实让人心旷神怡,为之振奋,也让 TBG 大开眼界、见到了世面。4 月 7 日傍晚,刚刚从 W 县回来,他就迫不及耐地与村挂点乡干部 L 打电话,邀请他到村里来帮助主持召开试点村建设工作会议。L 雷厉风行,马上与村委会的支部书记、主任联系,并同他们一起来到 T 村,连夜召开了村民代表、村民骨干人员会议。会上 TBG 非常兴奋地向大家介绍了 W 县小康试点村建设的发展情况,展望了 T 村试点村建设的发展前景,对今后的工作提出了一系列的想法和建议,并讨论起草了 T 村村庄建设的初步规划。

3. 确定 T 村为小康试点村过程中的曲折与竞争

尽管村民为还没有到来的试点村建设而欣喜,但事情并不是他们想象得那么顺利。4 月 15 日,满怀希望的他们,迎来了作为村挂点帮扶单位的市财政局考察团一行。在村组长的带领下,市财政局考察团人员到村子四周走了走,看了看,但是定试点村的事没有得到肯定的答复。因为市考察团对 T 村的最后的评价是:这个村子太穷,这样的村搞试点村建设难度很大。并且他们开始与乡镇领导商量,准备另选其他村子作为试点村建设帮扶点。这种结果使得在场的所有村民大失所望,如一瓢冷水当头而下。此事很快在村里传开了,引发了村民的各种议论,有人消极、有人悲观,也有人在骂共产党办事往往就是注重形式、重政绩。想搞试点村本来就是一种奢望……,等等。

然而,以 TBG 为首的几个村民骨干、爱管事的人、村里的共产党员等对这个事并没有放弃。他们多次在一起开会讨论。他们认为:如果这次上面到他们村来搞试点村建设试点，就这样不明不白地随意变更，另选别的村庄，必定会伤及到村民的自尊心和积极性，也会影响党和政府的形象。所以他们决定要以T村现已形成的水果产业优势，对这个试点村建设点进行据理力争。所以，他们不断地与乡镇领导联系，特别是村民小组长TBG，他不断地用手机短信的方式向乡镇领导、市领导传达信息，宣扬T村的水果产业发展的优势，表达T村人对党的惠民政策、惠农政策的感激之情，表达了村民想建设试点村的积极性等，希望乡镇领导不要变换这次试点村建设点的选择。下面是他发给有关领导的部分短信：

4月18日，为建试点村，媒体早公示，变更有议论，全村已发动，工作在进行，望镇再努力，既定不放弃。

19日，市政文件细端详，德政体现示范庄，白纸黑字T村，岂能随意柱换梁。

20日，有感，和谐社会在构建，高瞻远瞩之体现，办好试点村庄事，持续发展到明天。

21日，四中全会提决策，工哺农业同发展，试点村庄能建成，实是伟大的实践，此举顺乎百姓意，三皇五帝谁有先，百个村庄千挑一，莫负党政心一片。

22日，2005年，示范建，选T村，题未偏，素质好，勤为先，积极性，高过天，宣传到，行动前，班子齐，把头牵，众劲足，无怨言，村规划，产业添，果开发，深挖潜，成功例，看得见，为致富，作贡献，创示范，重实践，政民情，在体现，农好事，艳阳天。

23日，2000年那年夏，县（政）府领导把话发，产业结构要调整，都蔡两旁来开发，首当其冲T村，开荒种树精神佳，优惠政策未兑现，就凭汗水把树种，积极投资勤管理，硕果累累人人夸，如今激发村民劲，你已成功我怕啥，增产增收效益好，果园面积逐增加，看准该条致富路，再创佳绩锦添花。

……

乡镇领导也看到了以TBG为代表的全体村民对创建试点村的热情，但是他们也只能尊重市财政局领导的意见和态度。最后乡领导告诫村组长，只有争取到市财政局局长一把手 S 局长的最后定夺。

时间过得很慢,好不容易等到了 5 月 10 日。这一天,市财政局的 S 局长(一把手)一行人来到 T 村。他们似乎又从黑夜里看到了曙光。TBG 如实地向来自市局的领导汇报了 T 村的基本情况:村民对试点村建设的热切渴望,村里小有发展规模的水果产业,村干部为试点村建设进行了积极组织和动员,村里牵头人的情绪非常高涨等等。听了村组长的情况介绍后,S 局长对 T 村的各种因素进行了一个比较全面客观的分析,并且对 T 村村民参与试点村建设的满腔热情表示赞赏。当他进一步了解到村民准备建设试点村的一系列行动措施后,当即就表示:原定在 T 村进行试点村建设点的帮扶计划不变,并对新农村干部提出了一系列的要求。这些对后来 T 村的试点村建设起到了积极的作用。当这个信息再次反馈到村民之中时,村民反映强烈,表示在建设过程中会积极参与愿意投工投劳,服从村里的安排。接着就讨论了试点村建设配套资金的筹集等相关问题,并就村里一处荒山的果业开发很快就达成了一致性意见。

4. T 村小康试点村建设成效

经过一番曲折之后,2005 年 5 月,作为全县 8 个小康试点村建设之一的 T 村终于确定下来。从此,T 村人得到了市财政局的大力支持,积极响应市委、市政府"创建一百个试点村庄"的号召,踊跃参与"试点村庄"的建设。在市财政局领导的亲自参与和精心指导下,5 月 11 日,省建筑设计院专家、县规划局 Z 股长由乡镇的镇长、L 委员还有村委会的书记陪同到 T 村了解一下整个村子的

基本情况,选部分村民与设计组的人员交流村里的原始设想,今后的发展思路,当前试点村建设进行的改造计划和想法。省建筑设计院设计师对本村庄进行勘测绘制图纸,村民 YS、MQ 在协助工作。经过几天的考察商量,开始进行初步设计构图,拿出了试点村庄现状图和建设规划图,并就三年来基础设施及农业产业化发展制订了详细的建设计划。

接下来,村民开始为试点村建设筹集资金,铺筑路基。8 月 6 日,村主道路基工程的修筑工作正式开始,大多数村民的干劲十足,一呼百应,甚至自发出工,只用几天时间,300 米长的路基修筑工作就完成了,接下来就是铺砌路基的石方垫层。9 月 2 日,市财政局 S 局长第三次专程来到本村指导工作,现场办公,着手就村庄道路实施路面硬化、村前水港的改造、护坡等的有关问题进行了指导。港岸的护坡工作于 9 月 20 日动

工,环村道的路面硬化工作于 10 月 25 日开工,经过三个多月的工作到 12 月 26 日,村里的改港、村道的部分硬化工程基本完工。统计显示,市财政局对 2005 年 T 村试点村建设投入近 30 万元,村庄连接都蔡路的一段 300 米路面进行拓宽硬化,铺设环村水泥路共 1500 余米,对村前港湾 260 余米进行护坡。经过了市财政局一年的帮扶取得了明显成效,整个村里的大的环境大为改观。

5. T 村从小康试点村过渡到新农村试点村

转眼间进入 2006 年,各地的社会主义新农村建设试点正在全面展开,

全县共有 240 个新农村建设点,该乡有 7 个村点,T 村在"小康试点村"基础上,又纳入了全县 240 个新农村建设的试点村规划,原因是在上年经过小康试点村建设村里有了一定的基础,村里的理事会也基本形成。同时更重要的是因为 T 村在产业发展具有一定的优势,其实并没有多大的规模,这当然是比较而言,相对其他什么产业都没有的村子要好,而且 T 村的梨园、桃园都位于公路边上,当水果上市的时候果农都在路边上架个太阳伞蓬,卖水果,而这条作为县城到外地经过的重要通道,过来过往的车辆很多,也经常有领导的车子经过,看到两边的村民在卖水果,总会有一点的风景感。另一个方面是过往的的车辆不时地有人停下来尝尝,因为这个水果是刚下树的,新鲜,也有人说这里的果园土质好,种出来的梨特别好吃,价格也比其他地方高,但是过往的人,特别是从这里过往的领导都非常赏识,慢慢地这里的水果也小有点名气。加上 T 村位置重要,是 D 县出入高速公路口的北门,过往的领导非常方便,所以想把这个村打造成 D 县新农村建设的一个亮点村,在上年小康试点村的基础上,进行重点打造。作为 2006 年的新农村建设试点村项目,T 村又得到了 10 万元钱的资金投入,这个是全县统一的标准,而且这个 10 万元的资金使用上都有特点项目、建设标准等较为具体要求,这个钱上面新村办(新农村建设办公室)规定,其中 5 万元用来改路建设,2 万元改水建设,1 万元改厕所建设,1 万元改造村里的环境,还有 1 万元是用来建设沼气。按照县乡领导安排,根据新农村建设要求,结合本试点村建设情况,打造"示范"亮点,对村内便道 1000 米进行硬化,全村 58 户全部用上了自来水,90% 的农户进行

了改厕,用上了卫生厕所,改房4户720平方米,建沼气池5个,固定电话40部,有线电视通至该村。资金按每个项目的完成情况,报县新村办,经过检查验收后再下拨资金。

6.重点事件描述——村干部谈修路

整个村庄的布局是一个长带形的,从南向北,依山依港而建设,由于以前村建筑没有任何的布局,也没有规划,从村里实际情况来看,村北的房子相对来说比较紧密,而村南的房子分布较为松散,所以自然就会在实际修建村中小路时村南的路面相对长,村北的路要少,所以村北的村民从自己的利益出发,提出村里建设的路分布不均衡,村南多村北少,村民享受的利益不均衡,所以在铺路的时候拒绝出工劳动。

经过县乡及市帮扶单位领导干部两个多月时间的考察,2006年T村示范村庄建设点最终得到确定。一段时间里,市、县各挂点的单位领导,不时地有人下到村里来,主要是了解T村建设项目的筹建、落实等各项工作征询意见,同时为村里的建设制定计划,帮助组织安排资金等具体工作。5月11日省设计院人员、县里的设计员着手对村庄进行勘察构图,经过几天的考察、设计绘制出T村示范村庄现状图和建设规划图,并就三年来基础设施及农业产业化发展制订了详细的建设计划。

8月3日,市财政局S局长一行在新农村干部的陪同下来到T村进行巡视,并就建设示范工作作了一系列指示。通过现场办公,对村庄道路建设、水港护坡等各项工作提出了相应的指导性意见,并初步安排落实各项建设所需资金。在村道修建中,乡镇领导坚持政府扶持,村民参与,资金共担的原则,环村道、纵道等路基的垫层,由村里负担铺设夯实,路面硬化部分则由政府出资。经过讨论对村庄项目建设各项工程达成一些基本意见,主要包括:①村庄道路硬化标准规定。规划主干道长300米、宽3.5米,环村道1000米,村前环道宽3米,村后环道宽2米,村中小路宽1米。②明确工程中村民与政府帮扶责任。硬化路面资金由市财政局给予支持,村道路基宽度不够的由村里负责加宽,主路的土石方基础工作由村里负责,并完成路基垫层的铺筑,要求路基工程必须在 40 天内完成,即 9 月 15 日前完成。③村前的水港淤泥清理工作由村里负责,护坡工程款由市财政局援助。乡政府有一个干部,乡党委 L 委员主抓这个村里的工作。主要负责指导村里的各项工作,组织上报一些相关的材料,比如关于示范村建设的计划、预算、合同等。

根据这个安排,村里要负担路基铺设以及水港的清淤工作。根据初步预算,这两项共需要资金 3 ~ 4 万元。这些钱从哪里来?因为村里历来没有集体经济,也没有集体基金。为了筹措项目建设资金,村理事长等人根据实际情况,组织召集了村民骨干成员开了一个会议,就这个问题进行了讨论。在会上大家认真分析了,村里的实情和当前村民的心态。大多数村民对国家挂点单位有资金援助表示高兴,对村里搞环境整治也支持,但如果要向村民集资的话,大多数人都是不高兴的,不愿意的,也是行不通的。所以经过讨论,各种项目建设暂时不向村民进行直接的集资,而决定将村里的一处山庄,大概 1100 棵杉树进行竞标出卖,后来在村民大会上得到通过,并获得了18000 元的现金收入。

有了这笔钱以后,村里组织了人力对村里的主干道拓宽进行规划,同时找来运输车,与车主谈好了运输铺筑路基石料的相关事宜。8 月 5 日村里就对路基规划进行测量、放线,有村民 9 人参与。下午就有车运石头来。8 月 6 日,修筑路基的工作正式开始。大多数村民的干劲十足,一呼百应,甚至自发出工,只用几天时间,300 米长的主道拓宽工作已基本完成。路基修整之后,铺设基石工程用人工去做,难度较大,环村路的村后段没有路型,所以引进了机械施工,请来铲车对环村道进行路基整理工作。村里与包工头双方就下一步的工作进行了谈判,订立了工程合同。村里提出了质量要求,规格、价格、付款方式等,并且每天都派人对施工进行监督,直至完工。在此期间市财政局也曾派了一名干部,对村里的路基铺设工作的进度、质量等进行了检查,对 T 村的工作给予了肯定,并为下一步工作提出意见。镇党委书记也亲自到村里来指导村民组织环村道的基础工程建设,筹划对村道进行硬化等问题。接下来,在挂点领导 L 委员的协助下对环村道建设做好了预算。在乡镇主要领导的帮助下,寻找到施工队,并与施工老板签订了施工合同。9月2日,市财政局S局长第三次来到本村指导工作。考虑到修筑护坡要用大型车辆运输建筑材料,如果先修路会对路面损坏严重,决定在村道硬化前先对村前的水港进行护坡。港岸的护坡工作于9月20日动工,经过一个月时间靠近村庄内侧一条长210米的护坡基本完工。之后,环村道的路面硬化工作于10月25日开工。两项工作都是由专业施工队干,新农村干部主要是负责各项工作协调与工程质量的监督。10月25日浇路工程正式开工,由于搅拌机出了故障,下午停工,次日继续施工。10月30日,换搅拌机继续浇路面,由于水泥路标号不够,与承包方多次磋商,要求改进,L委员在得知情况后亲自过问,经过一上午试拌,标准没有达到5.5包/立方米。中午再商量,要求按每板料一包水泥,再加1/4包,由村监理监督拆包下料。下午基本达到要求。达标。11月1日镇党委X书记亲临施工场地察看,村前路开工浇筑,与施工队因为钢模高度发生争执,认为路面不足18厘米厚度。11月2日为现浇钢模厚度的事乡党委L委员、村支委书记都到了现场,进行交涉,事后得到改进。经过三个多月工作,到12月26日,村里的改港、村道的部分硬化工程基本完工。各项资金都是市财政局下拨到乡,由乡政府按合同约定支付给包工头。经过了市财政局一年的帮扶取得了明显成效,整个村里的大的环境开始大为改观。村庄连接都蔡路的一段300米路面进行拓宽硬化,铺设环村水泥路共1000余米,建村前港护坡210余米。根据统计,2006年市财政局对T村示范村建设投入资金近30万元。

村中小路于12月4日动工,是本村村民JX承包的。村民JX说:"根据县新农村办对新农村建设的规划,规定村内小路建设宽1米,厚度10厘米,建筑承包价格是240元/立方米计算。这个路是我承包的。我自己买砂石料、水泥,请劳工来做的,总共花了9天时间,工程结算共有2万多块钱。另外,我们还承包了村子房屋的外粉刷,成本工资1平方米3元,基本上是我与村中的开全、福青三个人共同承包下来的,外墙粉刷是用胶水和涂料做的,前后花了一个多月的时间,结算了有15249元。两项共有3.6万多元,这些要自己开税票完税,税率是6.7%。这两项工程都是议标,没有进行招投标。当时发标时，就定好如果村里有人承包，要先让本村人包，如果本村人没有人承包就到外村找人来包。基本上是先在村理事会成员商量，再到村民大会上进行表决，如果有不同的意见在村民中进行商议。当时村里还有其他村民 SS 也想承包，但是村道建设承包人要自己先投资。因为这个要 2 万多块钱做本钱，但他自己没有钱投资，就想转包给别人来做。当时我坚决不同意，但是如果是说他自己做，我就让给他做，最后他没有做，所以我就做了。因为自己做质量会好一些，如果是外村的人来承包可能质量会差些。当时也要签合同，我和村民 FQ 作为承包方与村里签了合同。村道修建过程中村理事会成员进行了监督，几乎是全部的理事成员，在修路过程中村委会也有干部下来监督。整个完工后要经过村理事会和村民验收后再付款"。

某村干部说："整体上看，村庄建设的各项工程还是比较顺利。但在这些工作中也遇到了很多的困难，也有很多的问题。这些都与村民在示范村建设前的倡议书上的约定是完全相悖的。对于村民而言，当个人利益与集体利益发生冲突时，村民想到的往往是个人的利益。这也是我在村民会上批评少数人的一句话。然而，无论你是如何地去批评、去教育、去劝导，但要改变他们多年来形成的这种自私自利的观念，实在是非常非常的难。作为村级集体要办成一件事，确实是很难，通常情况下都是集体给私人做出让步，要不然他就会死死地纠缠着上前办事的人不放，直到达到目的为止。如修路加宽路基时，有人提出修路占用农田时土地的调整问题。经过商定，修路占用地由村里统一调整，在调整前每年给予一定的补偿，标准为：水稻每亩补 800 斤，棉花每亩补 1000 元，按面积折算。然而，个别农户，尽管有上述补偿保证，但仍不顾集体利益，路边 50 厘米的护坡都不肯做出让步，甚至村里已经派人做好的护坡都被铲下来，导致风景树木无法栽下去，至今仍是一个相当的缺憾。"

环村道规划确定之后，而在实际铺设过程中也是阻力重重，而这个矛盾首先是在村骨干班子成员内部出现。TLX 家房屋在环村道边上，村道要占他的地，而不远处又有几棵他家的橘树，所以定这个路基线时挪远了不行，挪近也不行，他与几位负责放线的人员争得不可开交。当路基经过另一农户的撤屋边时,这位村民就是不让,有人提出只有改道,而改道要弯到后边的山上,增加的建设成本不说,而道路离村庄又远了很多,对村民来说也不方便。没有办法,最后经过反复的工作,对拆除的房屋进行经济补偿。同样,当路修到一农户房屋边,因为移栽了他家两棵小橘树苗而至今耿耿于怀,甚至说出十分不文明的语言。孰不知,这条干净宽大的水泥路从他家的房子边经过却给他带来了多大的方便,可以说是终生受益。另一户村民堆放了一些旧砖在路边。当铺筑路基的车子经过时,因为铲车过宽,而轧碎了几块砖,遂大声叫骂,硬说是指挥车子的村干部故意轧碎他的砖。并扬言阻止工程车进行,村里只有进行赔偿。

在合同签订时村里必须作为甲方,是道路硬化工程的发包人,在工程完工后,承包者作为乙方直接与作为出资方的乡镇政府丙方结账。这种承包模式给村里在质量的监督方面造成许多的困难。比如在路面浇筑时,村民监工员发现了筑路存在质量问题,与施工工人进行交涉,施工方表面上满口答应进行整改,但在施工中却是外甥打灯笼——照旧(舅)。甚至参与施工的工人向监工村民说,包工老板不向你们村里要钱,你管有什么用。当我们向乡镇领导汇报有关道路修建质量问题,请求领导出面对老板进行强调,领导们的态度非常鲜明,质量是大计,你们一定要把好质量关。试想,在村里没有付款权的情况下,要村民如何去把好质量关。

在这期间,村民的行为表现各不相同,各种各样的烦人事也是时有发生,村民中有一心一意为村里办事的人,对村里的每一项具体的工作,有的人支持、有的人反对、有的人麻木不仁对村里的各种事务不管不问。对于我来说作为村里的理事长、村组长来说更多的是无奈。村民的品质问题对村里项目建设的顺利进行会产生一定的阻碍是必然的事。有一次一个监工的村民从搅拌场上往家里扛了半袋水泥,当时成了一件非常尴尬的事情。后来村里有人议论,水泥路质量不好是监工的责任。但是村民谁都清楚,浇路时监工又都是村民自己推选出来的,每天由两个村民轮流到工地上去监督。

比如说,我们村里修的这条路,大部分村民都去筹集资金,争取资金,都想把这条路早点修好。因为,这条路对村民来说确实非常重要。但是少数村民却认为,你的房子离这个路近,所以这条路对你家最要紧,我家的房子离路这么远,我的受益就小,所以我认为这条路对我也就不怎么要紧。你们这个村里组织者,能不能让我的受益与他们一样,使得利益均衡吗?如果这样,我就没有什么话说,大家的事,大家办,大家共同享受,这个钱我就出。但是,现在的情况并不是这样的,因为村里的组织者没有这个能力。所以他们认为你受益大的人就要出多钱,我受益小所以就只能出小钱。但是,这个在前面的人,靠在路边上的人并不可能去出多钱。因为他认为,我家本来就是很方便的,村里修路还是不修路我都方便。就这样,整个修路的工作就只能是搁在那里。这是当前农村公共事业发展难的一个重要的问题,就是利益分享不均,导致出力与出钱的心理上的不平衡,而事实上这个绝对的平衡是不可能的。

就是修村中的小路,村民也提出了各种意见。当时村民就有了分歧,后来村理事会最后统一了意见:不管你家离主路远近,每户都接通一条路,不管你是走哪个门口。当然,有的房子离路远,做路就比较长;有的离主路近,只要修一小段就行,甚至有的村民家里以前就有路接通了主路,不要搞就行了。所以村民也争得很凶,有些人操拐(歪想),你公家既然是这样说,比如说:我家里原来有路接到大路差一点,现在只要搞一点,但我不行,既然是每户通一条路,我要求走另一个门,你村里要帮我做这个长的路。所以,村理事会没有办法,也只有酌情处理,就依他们。理事会的人认为,搞这个新农村总要和谐就好,搞得大家都没有意见。如果针对这一个事做了就做了,但是后来村民做别的事的时候就扯前面的事,要平衡。当然,这样一来,又造成了很多其他的问题。村民都想你今天可以这样做,明天我也会想多得一点。有的村民就说,我家里的一条短路,我现在不要你去做,而你帮我把这一条长一点的路做好,所以他就把这个短一点路自己出钱做,而要村里做一条长路。AS家里,就这样。所以,你说老百姓就是这样尖锐,他每时每刻都在考虑自我利益的最大化。就是一点点的利益他都要算计,在谈论有关当前农民的思想教育存在着较大的问题,这个事要拿到原来生产队里来说很好做。

　　修路时的矛盾表现在村里两个小组之间。建村中小路时,乡里与村里有协议就是村里要出人力,其他的材料包括水泥、石料、机器等都由上面给,就是浇混凝土时搅拌好后由村民用人力车运送到路面上去。动工前几天,村南组长 BG(理事长,负责村里的全面工作)找到 KQ(北村的组长)说这个事,要求村里两个组的人共同来完成这个工作,因为全村在家的男劳动力都不多,单靠一个组的人力比较困难。但是,KQ 因为在修建港岸护坡时北组部分有一段当时没有做与南组村民之间产生矛盾,对他提出的要求一口拒绝了。所以,这个事 BG 后来只有到南组去做工作,结果是发动了村南组 17 个妇女,动员她们到工地上去拉水泥车。而村北组的男子汉、老爷们,在路上摆来摆去,不参与这个劳动。BG 说:虽然现在村北的这个港岸的护坡工作也已经做好了,但在当时来说,村北的村民、组长对我的工作的不理解、不支持,导致很多的事难做。在这个问题上,这个事上,很长一段时间里,我是很受委屈的。

　　村理事长说:"资金管理上,对村里来说,除少量的工资补助和材料费外主要用在项目建设上。村里一般没有什么招待,要有接待也就是在办公室里坐坐、喝喝茶。有关生活上的招待几乎是镇政府包了。如果没有专项经费下拨,新农村建设中经济性的检查,接待必然加重乡镇的经济负担。作为经济力量弱的乡镇,必定要在项目建设中找到可以补充的渠道。国家援助、上面整合的一些资金,特别是市财政局资金一般都是通过财政线下拨,所以都要经过乡镇关。比如 T 村三年的建设中,村里实际使用资金 52 万,但在上报项目预算,财政局下拨资金并不是 52 万,而要多于这个数。有些项目预算是乡干部搞的,村理事并不清楚,只是在做事的时候,乡干部才交待说这个工程要花多少钱。至于这些项目的预算是多少,上报了多少,村理事长并不清楚。只是后来在 2006 年村里挂点的乡干部 L 委员调走了,乡里一时也找不到合适的人做这个工作,有些事由村理事长来直接办,比如一些项目汇报性材料直接送到市财政局。所以就知道了这其中的一些秘密。2005年,财政局下拨资金是 31 万,实际上用到我村里来的只有 20.5 万。我是怎么知道的呢?搞示范村也是个新鲜事,乡镇干部也不知道是怎么搞。而 T

村的理事长 BG 这个人还有一定的能力水平。可以说得出去,也可以写得出来,与上面的领导交谈也可以沟通,乡里的领导对他比较放心。与市里交流的一些事务都是他直接与市领导接触,这样乡里也省了很多事。更主要的是镇干部认为他做事比较得力,可以做好。市财政局领导好多事并没有把他看作是一个村里牵头的人,甚至认为他在村委会或乡里担任职务,凭着平常与他们的交往,寄希望于他把试点村的工作抓得更好。所以,市领导把一些项目投资的基本情况,帮扶项目情况,一项一项地向他说明,哪一次给村里投资了多少钱,全说给他听"。

有时建设项目即使是村里做预算,乡干部还是可以做些手脚。比如,乡干部对 BG(村理事长)说:"你把村里现在要做的事写一个材料,搞个预算,我帮你传到市里去,帮你争一笔资金来。BG 就去准备,并且预算搞好。假设这个项目要花 10 万,乡里就到市里去要。好,如果上面的领导答应拨了 10 万下来,这个钱先到了乡里财政账上。然后,回过头来,乡里就叫村里把这项目落实。而且要求做这个项目只能花 6 万。那么,你就只能控制在这个范围内。好,村里就做,做成了就把这个合同送到乡里去,包工头来做事,乡里去付款。这其中就有一个差额,上面给了 10 万,而乡里支付了 6 万,而财政局还是认为你这个 T 村用了我 10 万,做账也是 10 万。其中的方式很多,比如说做路,预算时,可以把这个长度延长,或是在路的基础上做文章。T 村里的这条路,基础全部是村里做好了的,但在向上面报这个预算时还是放了进去。这样他的预算资金就比实际支付给包工头的资金要多很多。包工头没有做路的基础,他当然就得不到这个钱。这些钱,就是乡里可以用的活动资金。当然,其中的奥妙,乡里与市财政局领导也是言传意会,心知肚明,只是表面上不说这个事。为村里要做这个事,乡镇政府肯定会有一些特别的开支,包括上面来人的接待、召集会议、到上面找关系等。他们认为反正都是国家的钱,只要这个钱不到私人腰包,不违法,就行了。"

如何资金使用是项目建设运作过程中一个比较大的问题。所以说,国家在整个新农村建设过程中,预算下拨了多少钱用来搞这个新农村建设,但实际上并没有那么多钱真正用到了农村。这其中有哪些消耗呢,一个是招待、接待、专项办公费用等;另一方面还存在着一些挪用问题。乡里是一样,新村办也是一样。村理事长讲了这么一个事:"按当时的规定,给每个试点村下拨10万元,在工程结束时,我到县里去结算这个钱过来。他(新村办的某干部)当时就拿了一个理由,说是要验收。所以,当时扣留了13000多元钱。说:你们村还有一些事没有做好,没有验收,先扣一部分钱,等验收合格了,再给你。然后,市里发了一个文件,要到县里检查新农村建设资金的使用到位情况。这样,过了几天,县新村办就一时三刻(临时,急忙)通知村里,要村里在检查之前把这个钱结走。所以,就派WM(村理事成员之一)到县里去把这个钱拿了过来。记得以前,结算这个10万元钱账的时候相当麻烦,每项工程都要有正规税务发票,才可以结账。所以,我在下面办事买了东西,或是请了做工,都要发票,然后,把这个所有的项目用了多少钱,算个总,用了多少他给我拨多少,剩下的,就留下来等验收。对这个发票还要一张张地审,哪张有问题,有问题的全部要卡下来。所以,村里项目要承包给别人的时候,首先要说好,就是建筑方要开具正规的发票。这个包在全部项目建设中。所以,从前后两个事我可以看得出来,为什么在后一次,新村办的人催促村里去拿钱,就是怕上面来检查,还有资金没有到位。如果不是上面有人要来检查,这个钱不会有那么快就拨下来,我倒不说他会挪用,但总不是那么顺当。后来,我就是直接到县里去完这个税,在这个钱的总数中扣下来,剩下的就拿走。"

7. T村新农村建设的后续建设

2007年为了迎接省、市的社会主义新农村建设试点村的全面检查验收。按县乡领导安排,市财政局的支持,T村代表D县又作为重点村,重点打造,继续得到市财政局和县农工部资金支持近10万余元。在这些基础上T村进行了村庄道路的绿化,墙面进行了粉刷,建设了村民活动中心。T村从小康试点村建设,到新农村建设,再到后续建设,前后三年的经历,共得到市财政局下拨的帮扶资金共计52万余元。2007年7月,市委领导带领全市各县主要领导,新农村建设的主管领导等一行200多人,到这里来参观、学习。T村的成效得到了省、市、县各级领导的高度赞扬。

二、东部新农村建设实践机制状况描述
——以江苏省S社区为例

(一)S社区概况

S社区位于N市JN区的中北部,紧邻N市。社区所处地区的地形以丘陵为主,地势西低东高,社区依丘陵地势而建,建筑错落有致,在社区中部有两条河流穿梭而过。社区所在地的气候温和,雨量充沛,四季分明,全年无霜期一般在255天,平均气温15.5℃,年降雨量1004.6毫米。S社区到2007年底共有居民448户,总人口1507人,其中男性居民784人,女性723人。S社区在2006年3月份前属于S大队,直到上世纪末,原本农业人口在社区中一直占多数,由于当地耕地肥沃,人们大都以种植水稻、小麦、花生、瓜果、蔬菜等为生,另有少数居民因当代盛产石灰石与陶土而靠炼制石灰和制作陶器谋生。2000年以后,村办企业步入正轨,S村陆续兴办的纸袋厂、砂厂、预制厂等多家企业产值不断增加,工业化促使行政村对企业实现全面改制,同时于2005年更名为S社区。2006年3月,社区又将Z社区并入,形成了现在的S社区。目前社区中,从事农林牧渔业的人口逐步减少,大多以工业生产为主,另有部分人口从事商业等其他工作。

（二）新农村建设实践状况描述

1.示范点的选择

2006 年初,江苏省新农村建设示范点选择工作开始进行。N 市作为江苏省的重点城市,其工业化进程早已走在全省前列。S 社区靠近 N 市,原本以农业生产为主的农村自然村落也已随着乡镇企业发展而逐渐走向以工业发展为主的道路,行政区域也因此实行改建,社区取代了原来的行政村。新农村的示范点选择主要由 JN 区政府负责,区政府将新农村建设与城市规划工作统筹安排,按照每个街道 4 个示范点的标准来选取新农村建设示范点。政府提出了"尊重民意、因地制宜、突出特色"的建设口号,意思是在力求坚持"工业发展"第一方略不动摇的同时,实现社区的协调快速发展。由于以往在各项工作中的成功,S 社区当选为建设示范点正在情理之中。

原因在于:首先,S 社区的地理位置好。社区处于近郊,靠近 104 国道与上高公路的交汇路,并且附近有两条具备一定通航能力的河流,毗邻城市,交通便利,在所属的街道中地理优势突出。

其次,S 社区有良好的经济基础。S 社区利用自己地理、交通上和本区域里的天然矿产资源的优势,自上世纪末开始就兴办多家村办企业,走工业发展化道路多年,社区人均年收入高,经济条件好。再次,社区两委工作出色。S 社区的负责人在 JN 区中一直以工作认真负责、有魄力、有头脑著称,社区工作曾连续几年在街道、区、市以及省级的评估中获奖。出色的工作也形成了强大的凝聚力,使两委在社区群众中影响力和号召力强,有利于各种工作的开展。

2.新农村建设工作的开展

首先,各级政府进行大力宣传。从 2005 年底至 2006 年初,即新农村建设实践工作正式开始前,各级政府都就该项工作出台了大量的文件,以"繁荣农村经济,提高农民素质,美化农村环境"为主题,以"五大目标"为内容,坚持工业反哺农业、城市支持农村和"多予、少取、放活"的方针。政府在社区的主要交通干道和居民小区的墙壁、宣传栏和其他一些地方,书写、印制和悬挂了大量的以新农村建设为题材的宣传标语。如:"大家一条心,建设新农村"、"工业反哺农业,城市带动农村"、"加快发展循环农业,构建环境优美农村"、"破除陈陋习,倡导文明新风"、"发挥农民主体作用,建设社会主义新农村"……政府不遗余力的宣传造势和引导,为新农村建设奠定了一定的舆论基础。

其次,按"五大目标"的要求开展工作。由于在经济上的有力保证,当地政府在新农村建设实践中提出的是较高标准和较为具体的建设目标。生产发展这一目标建设上,S 社区凭借原有的良好经济基础,提出的目标是:继续坚持"工业为先"的方针,统筹安排招商引资、发展企业工作和新农村建设工作,强调通过先进典型、薄弱村帮扶来完成社区的整体协调发展。村容整洁工作放在了重要位置,社区迅速开展了以"清洁家园、清洁田园、清洁水源"为主要内容的环境整治活动。社区斥资完成了辖区内几条老化的水泥路,使公路交通真正做到"村村通";对社区的主干道进行了加宽和维修,重新铺设了柏油;对跨越河道的公路桥梁加固、翻新、装饰。对原有的供水方式完成改造,施行集中式供水,加大了太阳能的使用范围,给居民接通了管道煤气。由于原本居民的房屋建设比较好,因而未大规模建房,村镇规划提出"尊重自然规律、经济规律和社会发展规律"的原则,立足现有的基础房屋进行改造。同时,对住宅地统一规划,严禁私自开建房屋,以逐步完成居民住宅的布局科学调整。生活富裕的目标同样具体化:社区提出了具体的收入增长目标,比如 2006 年要实现人均收入在上一年 6800 元/年的基础上,达到 8200 元/年的目标。要求各部门同心协力拓展就业渠道,转移富余劳动力,将失业率控制在 5% 以内,实行了务工农民最低工资保障制度。要求社区低保覆盖率要达到 100%,新型合作医疗参保率也要达到 100%。针对乡风文明,政府加大了舆论宣传,将"八荣八耻"等道德规范布置到了社区的许多地方。政府提出了"农民知识化"工程,要求各类技术培训率能达到 60%,以确保新增劳动力平均受教育年限达到 12 年。政府要求有关部门对赌博、盗窃、打架斗殴和迷信活动等问题进行"严打",同时出台政策"倡导群众依法有序反映诉求",希望能实现"无到区级以上越级访、无到街道集体访、无到街道重复访"的"三无"目标。社区按上级要求对区内的文体活动场所进行了扩建或维修,先后投入了80多万元修建了篮球场和老年人活动中心。社区内组建了"晚晴老年舞蹈队"和"回春医疗保健操队"等文艺团队,每年都开展了一定次数的文体活动。社区的区务管理进一步追求公开化、透明化。社区领导声称坚决让农民真正享有知情权、参与权、管理权、监督权。社区干部被要求每年向村民述职。

第三,政府出台了优厚的奖励制度和严格的考核制度。在 S 社区新农村建设工作开展半年后的 2006 年 12 月,当地政府根据"多予、少取、放活"的方针出台了新农村建设的激励机制,区政府发布文件《加快社区发展的实施意见》,鼓励、引导各社区壮大集体经济实力。提出:社区可支配收入在 100 万元以下的,其超过 2005 年基础部分的,区政府按 100% 给予奖励;在 100 至 200 万元的,按 70% 给予奖励;在 200 万元以上的,按 50% 给予奖励。同时,政府也制定了十分严格的新农村建设考核制度。JN 区政府将"生产发展、生活富裕、乡风文明、村容整洁、管理民主"五大目标细化成多项考核评价指标(附图 1),确立了标准值和权数,让各示范社区先对自己的新农村建设工作进行自我评定,然后再由区政府对工作进行全面考核、量化打分,最终评选出优秀单位。各社区也相应地按照上级要求制定出了自己的一套细致的考核评价指标体系(附图2),对本社区的新农村建设工作进行了量化自评自测。

3. 新农村建设的效果

在政府的行政主导和支持下,S 社区自开展新农村建设后,各项基础建设都取得了良好的进展。为做到村容整洁,社区投入了 800 多万元购置了 8 台垃圾运输车和 1 台洒水车,新建 4 座高标准冲水式公厕和 12 座景观式全封闭垃圾房,公共卫生情况大为改观。社区新增和改造了多处夜间照明设备,新修了多片绿地,新建了有灯光设备的运动健身场地,美化了近万平方米的社区墙体,村容村貌焕然一新。同时还修建了 120 余平方米的村民活动中心。

社区的招商引资工作开展顺利,到 2008 年中旬又引来七家企业到本社区落户,并将五家外地企业的纳税手续过户到了当地,社区的工业生产不断发展,收入大幅度提高。社区的社会福利工作也有了长足进步,成立了专门针对弱势群体的多种扶持政策,同时设立了奖学金制度,鼓励学生接受教育。社区内的文化娱乐设施得到了改善,居民的文化娱乐活动也相应丰富,目前社区内经常性地开展一些类型的体育比赛和娱乐活动,并在每年的中秋节开展以"和谐"为主题的中秋晚会,在当地居民心中得到认可。

4. 重点事件描述——社区干部谈修建居民活动中心

S 社区有一个祠堂。S 社区的祖堂前(祖厅、祠堂)结构分前后两重,中间有天井,社区居民习惯上叫作上堂前、下堂前,上堂前是供奉祖先灵位的地方,下堂前是供社区居民办红白喜事的活动场所。因为老房屋基本是木质结构,因年代久很多地方都已经老化破旧,上堂前在几年前已经进行了修缮,但由于当时经费不足,下堂前没有整修,但实际上已是破旧不堪,房屋上的瓦基本上掉落,椽子也掉了不少,有的横梁也腐烂了,迫切需要进行重修。社区居民在一块也经常谈论此事,但因各种原因,主要还是一时难以筹集这笔资金,所以一直都没能动手。

有一天,KX(小学教师,由于年龄较高接近退休,前两年告病假在家休息,2007 年正式退休,也是村理事会成员)在村前的港边见到村北的组长

WM。两人就谈论到社区的祖堂前的问题。KX 对 WM 说：你是社区的组长，在你们手里要想办法把社区的祖堂前搞一下（进行修复）。二个人说来说去，最终也还是落到这个钱的问题上来了。他们想，当前社区正在搞新农村建设，看是不是可以争取到一些政策上的资金支持，特别是市财政局在我们社区挂点帮扶，能不能想点办法争取搞个项目，争取市交通局为社区提供一些援助。

这次新农村建设按上面要求社区要有一个社区居民活动中心。但是 S 社区自分田到户后，社区没有一个适合的活动地点，以前开会都是临时性定在某一社区居民家里。本来这次新农村建设就考虑过，准备建设一个社区居民活动中心，但又没有一个适合的地点。考虑到如果重新选取地址也比较困难，经过村理事会成员和社区居民讨论商量，来个两相结合，把社区居民活动中心与祠堂的修缮结合考虑，所以就决定在社区原祖堂前的地基上建设。可以说是一当两便，也符合农村社区的实际情况。一是用原来的老祠堂的地基，可以不占其他农田。二是这个地点在村庄的中心地带，社区居民集中方便。三是把现代新农村建设与农村风俗传统结合，上面可以通过，同时也可以调动社区居民的积极性。从社区居民活动中心的筹划与建设过程看，大部分社区居民还是比较积极地支持。

因为市交通局在社区帮扶，挂点干部也经常下村进行工作指导，这样社区的头人就与市交通局的领导之间有着一定的关系，慢慢也就熟悉了。2006 年 11 月份，市交通局领导到挂点帮扶的 S 社区来视察。在谈话过程中市局的领导就给社区透露了一点信息，就是明年局里还有一些资金投放到 JN 区镇。社区的两个组长就谈论着如何去争取这些资金，这样社区还可以做些事情。他们想，如果居委会有人到市里去，看能不能一同过去，到市交通局的有关人员那里去走走。2007 年的元月份，也就是农历的年前，正好居委会决定到九江去，准备租车子过去，居委会有三人，这样还可以搭载社区二人，所以两个小组长就跟着一同到市里去了一次。他们带了一些土特产也算是表示一下意思。市交通局的挂点领导曾多次到过社区，一个 X 局长，一个 Z 主任，一个 L 会长，共有三个驻村挂点干部。在市里，领导请了几个社区干部吃饭,在谈话中局领导进一步透露,市局还有部分资金支持新农村建设。通过交谈帮扶双方进一步交换意见,社区干部说了社区下一步工作打算、想法,也对市领导提了一些要求,希望进一步得到市交通局领导的关心支持。因为这个钱是交通局计划到帮扶县镇的但并不是指定到社区的,所以局领导建议社区干部回去后找到县里的有关领导去争取。

2007年为迎接上面的检查验收,县里对2006年新农村试点村进行巩固工作。市交通局仍作为JN区的挂点帮扶单位,又有一些资金下拨,对S社区一些没有完成的工作进行进一步帮扶。所以社区有关人员商量,借这个机会把社区的祠堂建一下。所以以建设社区居民活动中心的名义向上面写报告,同县里的干部商量,看这个事怎么操作,县干部同意了社区的意见。

为修建社区居民活动中心村理事会召集几个会议。首先要决定这个事是做还是不做,再说这个事要做成什么样子。意见统一了之后,社区干部写好材料,先到居委会过个关,再到区里去,找到区有关领导。作为社区的任何一项工程建设,主要的就是要落实建设资金,如果说没有筹集到资金是不可以动工的。原来区里承诺了,上面还有些资金下来,给社区做点事。为了落实社区居民活动中心的资金来源,先由社区干部对建设这个活动中心进行了预算。预算这个东西相当麻烦,预算造高了,社区没有这么多资金,造低了又没有人愿意承包。社区把建设社区居民活动中心的相关事项向区领导进行汇报,问这个事是不是可以开始搞。区领导一时高兴,就说,你可以开始搞,要社区做正式预算过来,看看这个工程需要花多少钱。根据区领导的要求,社区理事长回过头来,到社区来召集社区居民会议,把与区领导汇报的这个消息告诉大家,征求社区居民的意见看这个事如何去做,大家就想办法、出主意,在会上你一言我一语,会算的人就要帮助算。过了两天,这个预算搞出来了,就要拿到打字社去打印成正式文字。预算表格打印出来了,社区又把它送到区里去,给领导看。领导说,这个预算哪个地方高了,哪个地方不行,要求社区要把预算总额控制在什么限度内,如果是超了,你自己负责经费。这样反反复复,再按照领导修改的意见,又重新进行整理,再送领导去审。经过多次修改,领导审核,得到同意。经过反复考虑预算,建设社区居民活动中心共计资金 8 万余元。领导看了说,这个样子可以。再把这个报告,送到给有关领导看,市交通局和区里的领导都认可了。我们就按照这个要求去做。报市交通局后,市交通局领导同意为建村活动中心提供 5.8 万元资金支持,因而还有 2 万余元的资金缺口,经过商量决定在社区居民中进行一定数额的集资。社区居民筹资主要是捐资,捐资以户为单位,根据社区居民自愿,多少不限。活动中心建成后,设纪念碑,把捐款人及捐款数字刻入纪念碑作为永久性纪念。结果每户最低数为 100 元,最多的 1580 元,共筹集资金约 3.85 万元。这样社区居民活动中心的筹资基本上得到了落实。

因为得到领导的承诺,在资金已经落实后,社区开始着手工程的建设工作,首先是对老祠堂下堂前进行拆,整理地基。

2007 年 8 月 12 日晚,在社区居民 FH 家召开群众会,主要是针对社区居民活动中心的筹建工作进行商量。区驻社区挂点干部 HLH、居委会支委 HR 参加了本次会议。决定社区居民活动中心的建设由 YS(村理事成员)、KX 具体负责。具体订立相关的约定,首先是拆屋,社区居民按户出工,拆屋时每户一人,没有到的每人扣 50 元。

第二天开始,社区居民组织人力对旧房子进行拆除,花了两天时间旧房基本清除。之后就是抓紧落实建设的时间,去找建筑队老板商谈相关事项,落实承包责任人,签订合同等相关事项。区、社区、建筑商开始就建筑工程签订合同。当时社区与建筑队老板签合同时,区里也有干部到场,实际在合同签订过程中区里占主动。所以我们的合同是三方签订的,社区理事会、建筑商和区政府。为什么要区政府作为合同的一方,主要因为市交通局下拨的 5.8 万元资金下拨到区里的账户上。区政府作为合同的一方那么老板就找区里要钱,直接同区政府结账。如果区里不在场,万一区政府不兑现资金承诺,资金到不了位,到时候承包老板就会找社区要钱,要社区去承担这个钱,不就搞得过年都过不自在,这就不好办,所以区领导也在合同上签字。建筑队对社区进行大包干,包工、包材料,具体要求标准在合同中都有较为明确的规定。社区主要是对工程的质量进行监督。

2007 年 9 月 5 日,社区居民活动中心修建工程开始动工。根据社区的安排,社区居民活动中心建设过程中的各项事务具体由 KX 全面负责、全程监督,并每天安排一个社区居民协助工作,主要是考虑 KX 是村小学老师退休在家,家里事务相对较少,而其他社区居民家里的农活较忙。按合同,社区居民活动中心建设工程一个月竣工,但实际用了三个多月时间。到 2008 年元月份赶上了百年的大雪,还没有完工。在对下堂前进行修建的同时,也对上堂前进行了重新的装修,主要是屋梁上漆,墙壁刷新,也花费了近二万元。活动中心建在原祖堂前下厅的地基上,钢混结构的两层楼房,上层是村部的活动中心,包括一个会议室一个图书阅览室,下层是社区办红白喜事的公共场所。活动中心竣工时,大部分社区居民要求社区请戏班子做戏,接洒(请亲朋来祝贺)。但少数人不同意。KX 认为:一方面是自己管理财务,如果花多了钱,社区居民有意见。二是怕麻烦,做这样的大事,有很多具体工作要做。所以没有组织这次大型的集体活动,认为这也是多求安乐少求财。所以,社区居民活动中心竣工没有搞特别的庆祝活动。

三、西部新农村建设实践机制状况描述
——以云南 D 村为例

(一)D 村概况

D 村是 YL 县 JX 乡 TC 村委会下属的十个自然村之一。该村位于县城东北 40 多公里处,距离 JX 风景区 1 公里,地形以山区为主,海拔 1860 米。周围被群山包围,树木资源丰富,林地面积为 22386 亩,主要以青松、沙松为主,植被保护较好。全村共 71 户,299 人,是一个以彝族为主的彝汉杂居的村庄,其中汉族 26 人,彝族 273 人;从性别分布看,全村有男性 162 人,女性 137 人;从年龄分布看,60 岁以上的有 33 人,60 岁以下的 255 人;从家庭构成看,独生子女家庭有 2 户(均已办理独生子女证),双女家庭 3 户;正在上学的有 56 人,其中,上幼儿园到高中的 53 人,上大学的 3 人。耕地总面积 291① 亩,其中水田 26 亩,雷响田② 52 亩,旱地 213 亩。人均耕地面积为 0.97亩。村民主要以务农为主,种植烤烟、水稻、玉米、小麦等。经济作物以 烤烟为主,桉树种植、山羊养殖为辅,人均年收入约为 2649 元③。在民俗文 化方面,民族语言、传统摔跤、彝族密枝节(实为民纸节,为口传错误)延续 不断,具有深厚的民族文化底蕴。

在调查中,为了快速、细致地了解社区总体资源情况,由村民自己绘制 本村主要资源的分布情况(见图 1)。

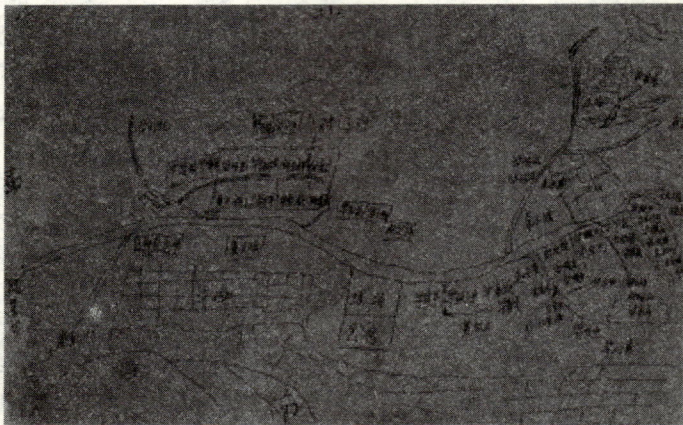

图 1　D 村社区资源图

(二)新农村建设实践机制状况描述

D 村 2006 年被列为县级的新农村建设"试点村",开启了新农村建设在

---

① 在"TC 村委会关于申报市级'巾帼科技致富试点村'的报告(2009 年 8 月)"中,该村总人口 278 人,总耕地面积为 301 亩,人均耕地面积 1.1 亩。

② 又称"望天田"和"梯子田"。顾名思义,雷响田,就是要等雷响下雨田里集满水后,才能插秧,种稻谷,属于靠天吃饭的田。这类田主要分布在以山地为主的高原地区。

③ 数据来源:昆明市 2008 年农村经济收益分配情况统计年报,填报单位为 TC 村委会,填报日期为 2009 年 1 月 1 日。而在"TC 村委会关于申报市级'巾帼科技致富试点村'的报告(2009 年 8 月)"中,该村村民人年均纯收入为 2375 元。据笔者调查,有的村民以风景区为依托,开起了农家乐,家庭年收入近 10 万元,人均年收入 2 万多;有的村民完全以务农为生,家庭年收入仅为 1 万元左右,人均年收入约 2000 元。村民收入状况呈现出两极分化。

JX 乡初次实践。通过对相关人员的深度访谈,笔者了解到了 D 村从选点到具体的新农村实践的整个过程。

1. 选点

县里决定搞新农村建设的时候,要求从各个乡镇选择若干自然村作为试点,因名额有限,JX 乡仅分到一个指标。当时初步决定从 DM、JX、TC、DW、YZ、LC、MY 等 7 个村委会的 67 个自然村中选择一个村庄进行试点。县人大、农机局、土地局、交通局、柴石滩发电公司等单位,以及 JX 乡的对口单位,组织相关人员进行了讨论,最后决定把点定在 D 村,D 村成为 JX 乡第一个也是目前为止唯一一个社会主义新农村建设试点村。按照当地基层领导①的说法,"因为全乡只有一个点,别处还是考虑了几处,一个是 LL,还有 MY,那两个村看完之后,条件都不如 D 村,人家投资到那里,效果不明显。因此把点直接定到 D 村。"也就是说,"选哪个村作为试点村是要看条件的,拨下资金建设的项目要能取得明显的效果才行。"

选择 D 村作为试点村的原因有五:一是该村离风景区近,可以依托 JX 风景区发展和旅游相关的产业,改善农民的生产生活结构;二是该村是一个以彝族为主的少数民族村寨,经常举办传统摔跤、过密枝节(民纸节),具有鲜明的民族特色,民族文化底蕴深厚;三是村庄四面环山,植被丰茂,具有良好的生态环境和优美的自然风光;四是村民的思想素质相对高,参与新农村建设的积极性高;五是该村基础条件好,新农村建设容易见成效。

至于没有选择同样距离风景区 1 公里左右、位于公路边且更为贫穷的 XMS 村作为试点村,一位当年负责新农村建设的相关领导给出解释是,"要从 67 个自然村当中选一个,从 XMS(村)的情况看,第一,民族文化特点没有,虽然是回族;第二,群众本身的素质跟不上;第三就是资源缺乏。也就是基本条件不好,干部、群众的思想素质不够。因为不管干什么事,基本条件必须达到,干部、群众思想素质很关键。如果基本条件不好,虽然有项目,有

---

① 我们在进行调查时已经对调查对象进行承诺,不公开其身份。

好事情,把这个项目落在这个地方,也会出现问题。至于干部和群众的思想素质,作为干部来讲,首先,最起码对上面来的政策要能够理解;其次,他认为,这是个好事情,要把好政策贯彻给老百姓,必须要有这个素质。作为群众来讲,群众起码要认得这个事,作为老百姓也要认为这是个好事情,要从思想上支持,从行动上也要支持,该出工出力的也要出。不能说,给你一包化肥还要求驾驶员给扛到家里。简单讲,我认为主要就是这两个方面。"而笔者在访谈 XMS 村村民的时候,也询问了他们相同的问题,归结起来,他们认为 XMS 没被选择作为试点村的原因主要有三个方面:太穷;村里人心不齐;上面没有关系,而 D 村被选为试点恰恰是因为该村基础条件好、上面有关系。

2. 项目确定与招标(邀标)

点选好之后,就要把项目确定下来。确定项目分两个步骤:首先召开党员大会,先要让党员清楚新农村建设要做什么,从态度上重视新农村建设;接下来召开群众大会,在群众大会上明确新农村建设的具体项目,"要先解决(人畜)饮水的问题还是先修路,都要开大会来确定,各个项目要花多少钱,拿这些钱干什么,这些要搞明白";然后贴公告进行宣传,动员群众参与到新农村的建设中来;最后是招标,新农办主任给笔者介绍了招标的具体做法,"关于招标,统一由水务站算出工程的投入多少,大概一个平方多少钱。在招标上是有点灵活,大老板交押金,要干的每个人交 1000 块钱。招着的把押金先押着,招不着的把押金退给人家。招标各村有各村的做法,D(村)的我最清楚,比如说,由水务站算了个标底,水务站设标底的时候相对参照了国家政策,和农村的实际情况有点差距,水务站算出标底之后,原则上采取水务站的标放在那里,然后几个老板来,各投各的标,然后让所有来参加投标的人,给出个标底,各个都要投标,你投一个,我投一个,来几个老板投标我不管你,然后加上水务站的标,比如说来了五家,再把水务站的标也加上,除以 6,得到平均值,这几家哪一个接近平均值,哪一个就中标。相对来讲还是公平的,但还是出现一些问题。比如说这些老板完全干低掉(标投低了),那就死掉,这就存在一定的风险。工程的评估,这项多少钱,那项多少钱,这个工程给谁干还要看这个公司的资质。哪个有点实力,一要看他有这方面的资质,然后村上还要采取邀标。现在我们新农村建设大部分采取邀标的形式。先把村里要做的项目资金要多少,要怎么做定下来,然后去邀标。我们的工程有些大有些小,比如说十来万的工程,看着是多,一些大老板还不愿意来做,所以,农村有农村的特点,不像城里盖房子,都是上千万、上亿。"

3.具体实践

D村在新农村建设中的具体做法是:

一是解决村容村貌的问题。主要涉及修路、建公房、建公厕、建垃圾池、粉刷墙壁等。"因为现在村子都没有钱,村容村貌相当于搞道路文化。道路文化搞完之后,有条件的村子可以盖点科技文化室,也就是公房,这在农村相当实用,遇到红白喜事,来的人都到公房去,就有地方了,不像以前,你家凑板凳,我家凑桌子。现在村上锅碗瓢盆全部凑齐,哪家要办事,跟小组上说一声,不收钱,电费也是小组上出,这就解决了婚、丧、嫁娶的事情。另外就是厕所。我们原来的厕所是东一个西一个,很简陋,有些人不小心酒喝多了,会掉下去。"

二是扶持生产生活方面的发展。主要涉及的项目有:

(1)修建水池,安装自来水,解决人畜饮水困难的问题;

(2)在财政局、林业局帮助下引进果树进行种植,搞果业开发,扶持生产发展(见重点事件描述);

(3)扶持部分村民开办农家乐,开办旅社,发展与旅游相关的产业。该村共有四家农家乐,是新农村建设的主要项目之一。其中一家共投入30多万,其中信用社贷款10万,向亲戚朋友借了10万,妇女发展循环金贷给7万,贷免扶补5万(无利息,要求两年内还清,四个月后开始还,每月还2400元)。经营状况:2008年2月建好已经办理相关证照并开始营业,但没有在风景区打广告,来的人还是比较少,主要是风景区和乡上认识的人,游客来的很少。后期还要投入 10 多万,建会议室和住宿标间,并在风景区打广告牌,以吸引更多游客。

(4)扶持村民发展养殖业,主要是养殖土杂鸡和猪。

三是主要项目及资金安排。主要有以下几项:

(1)修风景区到大树(村口)的道路。改造路面 1km,水泥混凝土路面,路面宽 6m,总投资 30 万元,其中:风景区筹资 10 万元,交通局筹资 10 万元,市里和县里分别给 5 万元的启动资金。

(2)修村内主干道(街心)。总投资 8.6 万元,主要靠卖木材自筹。

(3)建公房。总投资 11 万元,由村小组自筹。

(4)修村内小巷道、建篮球场。共投入约 30 万元,其中市民委拨了 10 万元,其他部门约 4 万元。县乡一些部门的 16 万元资金还没到位。

(5)人畜饮水工程。农机局修建了"吃水箐"①水池(见图2、图3),投入约 4 万元。

图2　箐沟(吃水箐)

(6)建公厕和垃圾池。建设资金由 YL 县国土局划拨,共投入 5 万元。

---

① 该村自来水完全来自山谷中的箐沟。箐沟泛指树木丛生的山谷中的小溪,主要由丛林植被中储存的雨水渗透形成。该村四面环山,植被丰茂,一共有四个箐沟,分别是秧田箐、吃水箐、绿冲箐和小板田箐。目前仅秧田箐和吃水箐修建了水池并发挥了供水功能,秧田箐在新农村建设前由村里自筹资金修建,吃水箐是在新农村建设期间由县农机局出资兴建的。

图3 "吃水箐"水池

（7）粉刷墙壁。建设经费由市民委划拨,共投入3.6万元。

（8）安装路灯。JX电管所负责免费安装。

（9）安装电视闭路线。县广电局负责安装,只象征性地收取了1000元钱。

（10）安装村牌。花费近千元,也由县农机局出资。

共投入大约93万余元,目前还有16万元没有到位,拖欠包工队。

4.重点事件描述——村干部谈果园开发

关于村里的梨园,有6个人在搞开发,一共有50多亩。早在2000年,当时一个副乡长,负责该村一带的工作。村干部FG说如果村民搞果业开发,上面有一笔贷款。但后来事实上根本没有,全部是村民自己投资。甚至乡里有人站出来说这个果园是他组织的,是他的功劳。2001年开始搞到2005年是第五年,水果开始上市,正好碰到县里在搞创建小康示范村,所以县乡领导就把这个果园作为新农村一个产业来做文章。在后来的发展上,乡政府也做了一些努力,争取到了一些退耕还林的补助政策。以这个梨园为基础,2006年继续开发40亩橘园,也经常有人到这里来看。但事实上,这个橘园也是搞得残缺不齐,想搞这个产业的人这个树就搞得还好,不想搞的人这个树都看不到。

2007年,县里的领导到试点村进行视察,村民准备了果园里的梨子让他们品尝。领导给了肯定，问了一下产品的销售、收入情况。但是，现在是这个产业很难做大，做不大，果园面积小了，不是没有地，主要是土地得不到统一调配，有的村民想搞果业，别的村民不让你搞，他的地不给你。可能别人都是想，我做不成的我也决不让你做。

据村干部FG说，本来这个果园开发出来就不是这么多面积，而比这个要大得多，按照预定面积不是这个数，结果到山上去划面积的时候被部分村民砍掉了。2000年，划好了一片山地，因为山是村里的公山，每户都有份，定了10800元钱作为租金，由我们6个开发果园的村民拿这个钱出来，分给村民，每户给100块钱。结果到划定山地的时候，钱不减下来，但山被砍了一半下来。有些人说，你们要少搞一点，理由是这边山上的树好一点，而搞果业开发的山是不长柴不长树的光山。村里就有这么几个人，他们想就是他搞不成你们也少搞点。所以说，要把这个产业做强、做大几乎做不成。后来搞这个新农村建设，结合上面的政策，村里利用一片荒坡山地，增加了149亩的桔园。但我想修一条路通到桔园，但是就是修不成。从那个事当中就可以反映一个问题，有些村民根本不是把心放到这个发展产业上，不是想把D村这个水果产业做好、做出名堂。说来领导也为村里搞果业提供了帮助，主要是通过林化运作争到了一个退耕还林计划指标。作为提高村民搞果业开发积极性的一个手段，县林业局给了每亩160元的补偿。但是，很多村民只看到了这个160元钱，根本没有想到要把这个果树搞成，将来要卖到多少钱，恐怕这个想法的人不多。

比如说在这次调整土地过程中，因为一片山垄田原来路不方便。现在担心在土地调整时村民都不愿意得那边的土地。如果是有一条好路，村民就会愿意得那片地，也是为了村民的方便和利益着想。我就计划同村民商量修一条路，可以通过板车的路，如果占了田，由集体统一进行调整，大部分的村民都同意，靠农田的一百多米都可以修通，但当路差不多修到村子，靠近村里的水泥路时要经过一户村民的一块菜地。因为，地里有一棵小琵琶树，但这时候，他的思想工作就是做不通，无论如何都做不通。而且还会从语言上伤人，说是村干部想毁掉他那棵树，并说一些非常难听的话。其实原来村民到田里去也是走这条路，原来也有比较宽的路，但后来经过多年的耕作，不断的锄草，路面就被占了不少。当我在村民会上提出来修这条路时，他还在会场上骂人。所以说，这种人不但思想落后，而且没有眼光，可以说是愚蠢。况且，他家也有几亩田在那里，都要经过这条路，换一句话来说，这条路几乎是为他修的。他不这样想，反而说村里为头人的不是。因为他这样一阻一闹，结果是这条路就修不成。到现在，那片田地就没有大路走。后来他家的田里，现在也是种了橘树，到时候他的橘子只有用肩去挑，用独轮车去推。所以，我现在也不费这个神，不想再管这个事，作为村里为头的人，感到十分为难，做什么事都有阻力，所以也就作罢。

国家制定的政策到下面实施过程中发生很大的变化。制定政策的目的、初衷与现实的实施过程是完全不同的，有的甚至可以说背道而驰，根本达不到原来预期的效果。很多项目都是被歪曲地执行，修改后再实施。比如说到国家提倡的新农村建设的 20 字方针，可以说，这个提法、这个规划，都是很好的。20 字方针的第一条就是要做到"生产发展"，这个从理论、从实际，都是非常好的，非常符合老百姓的意愿。对村民来说，如果生产不发展，说得再好都是假的，都是虚的。这个方针的提出很好，很多农村也是这么去做的。比如说我们村，在生产上发展了水果产业。相对来说，种水果比种粮食收益要大，一是投入少，成本低，二是收益大。现在村里组织这样做也没有错，上面这样指导也没有错。按说这种经营方式在我们这个村是可以实行的，因为我们村的也适合这样做。但是，到了农户的家里，这个生产发展就变了样。因为种水果，要等树长高了，成了林，才有收益。但是，有些农民家里并不把精力放到种树上，树种下后不花时间去管理，好像这个树不是他家里的一样。原来他们的目的并不是真正想把这个果树种好，也不是真心想发展水果产业。他们的目的只是为了上面退耕还林的补偿政策上讲到 160 元/亩的钱，而且他们想着这个钱每年都要。如果钱没有来或是来迟了，他们就要问这个村干部为什么这个钱还没有来。从这件事上说，国家的政策虽好，但到了下面就变了样、变了味。国家的退耕还林补助政策是为了激发村民去种果树，发展水果产业，但是由于村民的素质差别问题，很多的村民并没有理解国家的这个用意。他们图的只是国家补偿的这个小利。现在就是要找到这个根源,为什么农村的经济发展这样难呢? 我就是说这些人都是一群蠢货,他们就不是正常的人,是脑子有问题的人,没有想到国家是希望我们农村在这方面有所发展。现在就是国家给予优惠政策让农民去发展,但是这些人对发展的事不去管,但是国家给的这个优惠的政策、上面补下来的钱就要。你说这个情况下如何去发展新农村? 如何去建设新农村?

会上村民展开了激烈的讨论,特别是说到村里的山地开发问题,大家争得很多。年轻人主张大搞果业开发,希望通过果业为自己增产增收;老年人更多地考虑如果村里的柴山都开发成果园,到时候煮饭的柴火是不是一个问题,他们主张少搞一点儿;也有人提出退耕还林政策不可信;有人考虑以后分家立户的人,享受不到当前退耕还林的政策,而柴山又被前人开发成果园;有人提出退耕还林的补贴应归村集体,果园归村民私人经营等等。他们无一不是为自己的利益着想,离开了建设新农村示范村的头等大事——发展生产。我曾经同某领导谈到过本村在退耕还林政策下的村民的心理状态,可概括为四个字:利欲熏心。这也是当前新农村建设成果不大的根本之所在。后来,由于林业部门去实地勘察,建议保留一部分杂木柴山。所以,村里的果业开发转移到开垦村里的丘陵荒坡地上,关于是否保留柴山的争论自然也就平息下来。然而,自私自利的思想在果树开发上的表现并没有终结,当林业部门的领导在村里承诺,给予村民退耕还林补贴的政策后,许多村民都在谎报还林面积。通过村民上报的数字统计,全村退耕还林面积达到240多亩。然而,根据卫星空测计算的总面积才只有149亩,而上面的补助是根据149亩下拨。当退耕还林补助下来之后,村民是你争我夺,指天画鸟,无中生有,只是为了争得国家每年补贴给每亩林地的160元钱。针对这种情况,我召开了村民大会,公开了上述情况,希望大家以正确的态度对待果业的开发。我们最终的目的是要发展村民的果业生产,通过发展经济提高村民收入,而不能只看到当前补助的一些蝇头小利。最后村里组织人员对各户栽种果树的实际面积进行重新丈量,结果与空测面积基本相同。

其实早在2001年的时候村里就有人开发了一些山地种果树,经过多年的发展,村里果业开发有了一点产量。但是,村民真正想在果业发展上走出一条致富路的人并不是很多。这一点在果树的栽植与管理上就很容易看得出来,有的村民栽了树,而这些果树是死是活,他们根本不去理会,更不谈去施肥打药。有的村民栽了树之后,人都到外面打工去了,长年没有回家,根本无法对果树进行培育,所以果树长势就可想而知了。

在村里的产业发展中,村干部做了大量的引导工作,确实也在果业的生产中取得了很大的成绩,有些村民在果业中获得了一定的收益,可以说激发了不少村民开发果业中的潜力,但也有些人只是出于跟风,并没有真心地想发展好这个果业生产,有些人只看到当初国家政策给果业开发提供的一些资金补助,和一些优惠政策,贪图一些小惠。为了开发村里的一片果业基地,村里做了统一的规划,果树栽培的规格,果树栽培的间隔等都作了规定。一些统一性的工作村集体都做好了,在这个基础上再由村民自己出工在责任山地里挖洞栽种。十年树木,果树的栽培基础是十分重要的,基础的好坏直接影响到果树的生长与今后的收益,村里在给准备栽树的村民进行技术培训时给他们都作了宣传,然而,不少村民对这个丝毫不予重视,打树洞时他们只是随便地用铁锹在地上开个洞,深度大小都根本不符合果树栽培的要求。县林业部门的技术人员也多次到我们村里作了现场指导,村里也开会作了强调,但许多村民就是无动于衷,到后来,只有村里统一出钱,准备请外村的劳动力对一些不合规格的树洞进行修补。按说这是他们自己的事,别人来帮他,对他们来说是一个促动,可是这些人又担心村里把他家里的种树补助资金用来付这些劳动力的工资,所以又不让别人去挖他家的树洞,对这些村里请来的人工进行阻拦。

好不容易果树栽下去了,由于一些人思想没有足够的认识,思想上不重视,对自己的果树不认真进行经营管理,三年过去了,有些人的果树开始挂果,有些村民的果树却树苗都没有发育好,有的地里树木的存活率很低,整片的山地里没有几棵树。生产发展作为新农村建设的首要的任务,是完全正确的,也是当前农村经济发展的必要的内容。果业发展作为我村生产发展内容也是切合我村实际的一个发展方向。如果把整个村里果农的积极性都发挥了，果业可以作为一个重要的经济来源。但目前情况是村民的素质、思想观念差距很大，想在短时间内把全村的人以同样的要求来发展果业的话肯定是行不通的，也很不现实的，最后只能是造成事倍功半的结果，村里的果业发展只能走上失败的路。

有几个村民凭着在村里的霸权从村集体事务中获利。记得有一次，村委会要处理一片山林（卖树），这片山是整个村委会几个自然村共有的一片山地。早在20多年前植树时，村委会与各村就有协议，因为每一块山权是属于各个不同自然村所有，但植树是由村委会统一规划，垦山、植树、管理都是村委会负责，待树木成林后按3：7分成，村委会得7成，自然村得3成（即山桩费）。假设这次砍树，按照D村的山地面积计算，D村可以从中得到1万元的收益权。当然，这个权益是全体D村民共有的。但村委会在处理这一片山权时就得要召集各村的村长或头人，把每个村的一部分定下来。有的村仍要得树，有的村就直接从村委会统一卖树中得钱，这样都可以。作为村委会的干部，最希望的是卖树后按山庄面积统一给各村钱，这样做省事。但有的村村民认为得树划算些，这样村委会就要从山地面积中划出原来的30%来，或是点30%的树棵数。D村的几个头人就出面从村委会按30%的面积把这个山权接下来，这块山地就是D村的山桩费。然后，这几个人就出一万元钱给村里，每家给一百元。当然，也有村民势力强一点或厉害一点，在村里敢说几句话的人，他们就给他多分一点，或是给二百。一万元钱就在村里分完了。这样，整个村里的山权就转到这几个人手里，从而取得这片山地的处分权。当然，这几个人能得到这个山林处理权并不是村民自愿的转让，而是带有一定的强迫性，不管村委会是采取什么方式，是公示或是开群众会等，也不管村民是否反对，但这个山权这几个人是一定要拿到的。其他的村民谁也没有这个能力去做这个事。这几个人取得了这片山地的处理权后，再把这部分山权转卖给买树的老板。但是这次山权卖给老板再不是1万元，而是几万乃至于十万元。而这个老板也没有多大的办法。因为，如果这个老板不买下这一部分山权的话，那么他同村委会商谈的其他部分的山，甚至整个山上的树都买不下来，这一笔生意也就难以做成。强龙斗不过地头蛇，这样买树的老板也就没有多大的办法。只好同这几个人讨价还价，最后搞定这部分山权以 5 万元成交，这样这几个人就从中赚到了 4 万元的利益。对于这种情况，D 村的村民来也是没有什么多大的办法，因为，这几个在村里会打架，其他村民不敢对他们怎么样。很多村民有意见，只是放在肚里，不敢正面同这几个人交锋。

四、新农村建设实践过程中利益相关者的心态分析

利益是人们社会行动的根本原因。古典经济学家亚当·斯密认为，在自由市场竞争中，人是理性行动者（rational actors），他获取信息，权衡利弊，作出选择，追求自身物质利益的最大化。马克思主义的社会历史观表达得更为全面、明确，认为人类历史的"每个事件都证明，每次行动怎样从直接的物质动因产生，而不是伴随着物质动因的辞句产生"，"人们奋斗所争取的一切都与利益息息相关"。[1] "利益相关者"，指那些可能受拟议中的某项干预活动（无论是积极或消极的）影响的或者指那些会影响到这项干预结果的人、群体和单位。利益相关者分析现已成为发展领域甚为流行的分析工具，该理念及其方法对于冲突管理等有重要意义。[2] 新农村建设中涉及多方利益主体，各利益主体都是理性行动者，有各自不同的利益目标，并为利益这一主要价值目标而产生一定的心态并采取相应的社会行动，在"试点村"的"场域"利益博弈格局中扮演不同角色。新农村"试点村"建设中，主要的利益相关者主要包括：政府（县、乡）、村委会、村民理事会、村民（移民、非移民等）。本文中所提出的"心态"是指各利益相关者基于对新农村"试点村"建设的认知，通过他们的情感以及行为倾向所表现出来的各自对"项

---

① 《马克思恩格斯选集》第 2 卷，人民出版社 1995 年版，第 39 页。
② 朱东恺、施国庆：《城市建设征地和拆迁中的利益关系分析》，《中国农村研究》2004 年第 9 期，第 23—25 页。

目"的一种价值倾向性反应。① 从中东西部三个试点村的调查研究显示,在新农村建设中,尽管所处地域不同,但是各利益主体的心态具有相似性。

(一)行政组织的心态

1. 县级政府组织的心态

首先,抓好试点村是贯彻执行省、市关于新农村建设精神的需要。按照中国现行的行政运行体制,县级政府组织必须不折不扣地贯彻落实中央、省、市关于新农村建设的工作意见,把新农村建设作为打造惠民型政府的重点工作来抓。根据省委省政府确定的工作任务、目标要求以及考核办法,把新农村建设试点村的建设任务具体分配到各乡镇,纳入乡镇年度重点工作目标考核。

其次,抓好试点村政绩考核的需要。当前,省、市考核县级工作的基本方式是以点带面。因此县级工作必须要有工作特色,工作亮点。由于当前县域经济还很薄弱,新农村试点村整体一个标准推进不太现实,从而制定了各级领导挂点帮扶机制。通过高位推动的有效举措,建设一批样板"试点村",来应对省市的各项督查。

第三,县级组织对于新农村建设目标及内容的看法。县级政府组织把试点村工作重点放在村庄整治方面。其原由如下:一是村容整治能短时间抓出成效,容易打造看得见、摸得着的政绩工程;二是村庄整治能直接使群众受益,让群众切身感受到生活条件的改善带来的便利(走平坦路、喝清洁水、上卫生厕、用节能沼气等),因而也比较容易得到群众的支持和配合。对于生产发展,生活富裕的目标,政府早已倡导了许多年都难以奏效。一方面短期内难以改变群众传统的耕作习惯;另一方面农民素质普遍低下,农业实用技术推广难;再则农业生产受制因素多,组织化程度低,抗风险能力差,因此,中国的农业目前尚未步入现代农业发展的正常轨道。目前新农村建

---

① 郑传贵:《"项目场域"利益相关者的心态、行为及角色定位——对 G 县 J 水电项目的调查与思考》,《安徽警官职业学院学报》2010 年第 1 期。

设未能制定发展现代农业的新的有效举措,政府组织认为生产发展无从抓起,也难以抓出成效。因而对发展现代农业只是提提思路,抓个别样板点而已。对于乡风文明、民主管理建设问题,认为需要一个长期的过程,目前要大力提倡,但重点还是抓好软件资料的完善工作。县级组织抓试点村工作的具体举措。一是召开会议统一思想认识,制定工作方案,搞好培训指导。二是强化领导力量,实行县领导、县直部门单位领导挂点帮扶制。三是纳入财政预算扶助资金计划。四是将新农村建设列入乡镇、部门重点工作目标管理考核范围,对支持新农村建设力度大的乡镇和县直单位进行奖励,对"三改"工程量大,进度快、成效明显的试点村进行奖补。五是下派挂点工作组加强对试点村的督促指导。六是建立新农村建设督查调度通报,召开流通现场会制度。

2. 乡镇政府组织的心态

首先,乡镇政府把试点村建设当作一项硬性的中心工作来抓。乡镇干部是连接国家与农民的桥梁,也是政策的终端传递者与执行者,新农村建设的组织者与实施者。乡镇党委、政府把新农村建设工作不仅当作一项重中之重的中心工作来抓,而且必须按照县级下达的考核目标,抓出成效。否则无法向县委、政府交账。

其次,乡镇政府在行为上既扮演主导角色,又扮演半主体角色。在试点村的建设过程中,乡镇党委、政府派驻的工作组,从宣传动员、选举理事会,讨论制定实施方案,组织指导项目施工,调解各类矛盾纠纷,规范监督民主管理等等,各个环节都主导参与。乡镇政府始终处于两难的夹缝境地:一方面,乡镇政府必须按照县委政府的工作思路,工作目标任务工作进度去抓好工作落实。导致从选点到组织项目实施都明显带着强力推进色彩。否则,就难以完成县里下达的"试点村"建设任务,例如,选点定建设项目方案时2/3以上农户签字同意,筹资筹劳时可能会出现2/3农户不肯筹资筹劳,导致一些公共设施项目无法实施。另外,群众民主讨论确定的建设项目往往与上级制定的目标要求有一定差距,试点村旧房改造、拆迁、规划等群众难以统一思想,乡镇工作组必须强制性推进。另一方面,乡镇政府必须在群众自愿和理事会为实施主体的前提下开展工作。理事会和群众都是思想松懈性主体。由于没有建立工作激励机制,大都抱着能成则成,不能成则算的活思想,没有一种内在的推动力,停留在上级"要我干"的思想状态,群众"我要干"的自觉意识还没有形成。因此,乡镇干部反复的思想动员繁杂的矛盾纠纷调解和组织筹资筹劳工作中疲于奔命,在上头逼着,群众悠着的境况下不辱使命(例如,县里召开流通现场会或领导视察工作时,乡干部参与打扫环境卫生,群众却在一旁看着)。

第三,乡干部对试点村的模式普遍看法:一是认为上面制定的"试点村"的年度目标要求过高,不太切合实际,脱离了群众的实际生活水平和承受能力。这样一来大大增加了乡镇干部的工作难度,群众同意当前要实施的项目要抓好,群众不同意实施的项目也要千方百计抓好。例如:在试点村建设中,巷道的硬化工作,旧房改造工作,水冲式厕所的改建工作等等,大都要依靠群众的自筹资金解决。而有些群众思想上不配合或者确实经济上有困难,要求群众在规定的时间内完成这些项目,他们往往故意顶着、拖着不愿配合,希望政府出资帮助他们建好。为了试点村的工作考核,如此乡镇干部在组织试点村建设时,不可能完全尊重群众意愿,有时不得不依靠行政手段软磨硬泡推进工作,造成群众对试点村建设的抵触行为。二是认为以"试点村"作为新农村建设的主要模式全面推行的做法不利于调动发挥群众积极性。大多数的乡镇干部认为只要以试点村为考评对象进行考评,群众就会认为试点村是乡镇必须抓好的政绩工作,这样群众参与新农村建设的主动性就会大大降低,甚至出现过度依赖、抵触不配合的行为。另外,试点村的建设不能使整体受益,这样造成非试点村群众对社会财富的分配不均产生不平衡心态,影响其参与新农村建设主体意识的形成。

3. 村级组织①的心态

第一,工作积极性不高。从调查中了解到85%以上的村干部不愿意搞试点村,没有为民办实事的思想,认为搞试点村一方面只是个别村受益,村干部是为全村群众服务,试点村不是常规的中心工作,抓不抓无所谓,没有必要把工作精力投入到试点村。另一方面认为试点村建设是乡镇政府要抓的工作,村委自身没有要求搞。三是搞试点村增加村级开支,村级难以承受。四是村干部私利性强,缺乏大局观念,试点村属于自身所在的自然村,工作就积极主动配合,否则就不愿多过问。15%的村干部想积极争取试点村的扶助政策,改善群众的生产、生活条件,但又顾虑上级对试点村制定的目标要求过高,工作难度大,担心做不好群众工作,完成不了试点村建设任务无法交差。因而,不会主动申请搞试点村。

第二,工作责任意识不强。由于试点村建设是少数村委特有的工作任务,没有纳入村级重点工作考评范围,因此,村级也不会将试点村纳入村级重点工作议事日程,对试点村的工作不会主动进行讨论研究部署,乡镇领导及驻村干部要求村干部去协助处理某项工作,他们就事论事简单应付一下,从来不主动去过问思考试点村工作。另外,村干部往往会以理事会和群众是实施主体为托辞虚以应付试点村工作,成为试点村建设的"第三组织"。

第三,工作畏难情绪大。当前村级组织的职能处于转型时期,村级组织作用日益弱化,大多数村干部存在一种守摊子思想,多一事不如少一事。而搞新农村建设试点村目标要求高,综合难度大,拆迁筹资群众工作难做,因而存在畏难情绪,不愿意得罪人,尽量回避矛盾。

第四,村干部对试点村目标要求的看法。认为试点村的工作目标要求过高,应从解决群众的基本生活问题着手,例如村庄规划、通自来水、道路硬化、沼气池建设等,对于活动中心建设、休闲场所建设等应根据村级经济而定。村干部普遍认为新农村建设不要搞试点村,应该广泛地激发群众搞新

---

① 村级组织本是群众自治组织,但在实践中,村级组织履行很多政府组织的职能。所以,在这里为了分析方便,区别于村民理事会,把它放在行政组织类分析。

农村建设的积极性,应该像水利工程建设那样按项目立项予以补助,扩大新农村建设的覆盖面,让广大群众平等享受公共财政的阳光,激发广大群众竞相参与新农村建设的行为。试点村的模式容易造成社会财富分配的不均衡现象,例如,某个县领导挂点的村 35 户,142 人,人均自筹资金 1000 元左右,而这个村五设四化工程总投资达 120 多万元,领导和部门挂点帮扶资金达到近 60 万元,目前这个村的村容村貌超过了县域居民小区建设水平。像如此面子工程的试点村各地都有一定数量。不仅不能起到示范效应,反而使周边的干部群众对如此搞新农村建设能坚持多久发出了疑问和感叹。

(二)村民理事会的心态

理事会作为新农村建设工作需要衍生出来的一个新型的临时性组织,从某种意义上讲理事会是一个民间组织,但这是通过村民选举产生的民间组织。客观说理事会组织的成立对全面调动发挥民间精英力量,促进新农村建设有着积极的现实意义。但在工作实践中,理事会组织自身建设以及外在管理,监督机制方面还存在诸多不完善的因素,影响着理事会作用的发挥。主要表现在两个方面:

第一,乡土人才的缺失与组织设定的理事会的职能存在不对称矛盾。当前,在中部及广大落后地区,外出务工人员占很大比例,留守农村的人员大多数属于"三八六一"老弱人员,新农村建设的主力军严重缺失领导人才,理事会自身建设方面存在突出问题。一是理事会成员的整体素质差异性。按照理事会成员的选举的任职条件,一般要具备思想意识好,群众公认度高,有为民办实事的奉献精神,有一定组织协调能力这几项基本条件。一些地区介绍新农村试点村理事会组建的典型经验讲到,理事会成员从"五老"中产生,尤其是一些退休老干部,不计工作报酬,威信高,组织协调能力强。但从实际情况看,当前农村普遍存在人才缺乏问题,村级"两委"干部人才问题严重不足。大部分村"五老"干部缺少,一大部分退休老干部都随子女到城镇居住去了;一部分老党员干部年老体弱不愿出来理事,另外一些"五老"干部毫无能力出来理事。从以上可以看出,试点村选举出一个好的理事会是何等困难。导致有些村的理事会甚至就是推选各个家族的代表凑合而成。二是工作主动性不强。理事会作为试点村新农村建设的具体组织实施者,肩负着宣传发动,制定方案,筹资筹劳,组织运作主体职能,但理事会组织由于是临时性组织,没有经过严格的培训教育,组织内部管理松散,尽管也进行了建章立制,明确各成员的职责,但理事会成员主体意识严重不足,不会主动地去开展工作,绝大部分必须由镇村干部牵头组织召开理事会,甚至还有些理事会成员缺乏组织纪律观念,随意不参与活动,很难及时组织召开一个全体理事会成员的会议。除理事长之外,其他的理事会成员90%以上都抱着干好干坏无所谓的思想。三是受农村封建传统及市场经济的因素影响。理事会成员普遍带着家族、宗族意识,加上受市场经济的思想冲击,个人的利己主义思想时有表现,导致理事会在民主决策时各自带着私利性和家族意识,矛盾纷杂冲突,难以形成公平公正的意见思想,在具体负责项目实施中,也难以完全抛开人情世故秉公处事,从而引发群众的种种非议。因此,镇村工作组协调统一规范理事会的思想行为也是工作难点之一。四是工作组织乏力。理事会一方面组织协调能力不足,工作方式不够科学,强化村级"两委"的领导作用,显然是难以独自担当新农村建设的重任。另一方面理事会工作畏难情绪大,存在"活思想"。有利的争着,无利的事避着,难点的事推着,例如筹资工作,拆迁安置工作等就不愿作为,难字当头,依赖思想严重。

第二,缺乏完善的外在管理,监督及激励机制。对于理事会这个临时组织,目前尚未纳入村级组织法的管理范畴。村理事会是新农村建设实践中创造出来的农民群众参与农村公共事务管理的一种新形式。与"村两委"关系有着紧密联系。村党支部是党在农村基层的领导核心,村民委员会承担着一定的行政管理职能。理事会不能取代"村两委",而是受"村两委"的领导和指导。但实际上"村两委"与理事会之间关系并未正式确立并正常规范运行。另外,关于理事会的约束机制、保障机制及激励机制也未建立完善,理事会成员仅凭自身的一腔热情和无私奉献(理事会成员不享受务工补贴和工资报酬)是无法形成稳固的凝聚力和战斗力。理事会成员想干就干,不想干就闹情绪甩手不干的现象时有发生。

（三）试点村群众的心态

一是主体责任意识不足。90%以上的群众认为试点村的建设是政府的事，建设资金应该大部分由政府出，群众只负担个体家庭的部分改造资金。他们认为中央提出要搞新农村建设，要实行工业反哺农业，城市支持农村的政策，关键在于中央要对新农村建设拨付足够的资金。有钱好办事，没有钱怎么搞新农村建设。目前农民还比较贫困，有些家庭连子女上学的费用都很困难，不可能一下子每户拿出几千元钱来搞新农村建设。政府有钱就搞新农村，没有钱就干脆不要提搞什么新农村。因此，群众在试点村的建设过程中主观上很大程度上依赖政府，严重缺乏主体意识，例如乡镇组织试点村理事会成员、群众去参观学习其他试点村的做法经验，他们普遍最关心的问题是：试点村的农户自己出了多少钱？试点村的建设项目是不是政府统一组织实施的？而很少过问理事会如何牵头理事？群众如何筹资筹劳？各个项目的投资成本怎样？如何抓好项目工程质量？试点村理事会、群众的主体意识由此可见一斑。对于争取申报试点村，群众普遍出于以下几种想法：一是申请试点村建设为了争取政府部门的资金，不管能不能按要求建好，先争取到扶助资金解决一两个公共设施项目建设问题再说。二是搞试点村建设，各级政府组织会派驻干部出面牵头理事，负责组织协调项目建设。三是大多数群众希望借助上级抓新农村建设的机会改善生活条件（如解决路难行、水难喝、村庄难规划等问题）。可见群众对于自己作为新农村建设的主体地位的目的意义认识模糊，没有真正认识到自己才是新农村建设的主体，单纯地认为新农村建设是各级党委政府实施的一项惠民工程。

二是存在等、靠、要思想。当前国家不仅减免了农业税。对农户历年拖欠的合理税费也不主张清缴，还对农村实行多方位的倾斜扶助政策。农民不因穷困而感到脸面无光，反而说什么"穷就穷到底，政府好扶持你"。随着各种"支农"补贴资金的大批发放，农民学会并享受到"等、靠、要"所带来的实惠。如搞农用水利基础设施建设等待上级农口的扶持项目立项资金；

一些贫困村贫困户靠部门的帮扶脱贫致富;群众争穷造穷骗穷向政府要各种定期救助金和临时救助金的事例并不少见。当前群众普遍认为国家有钱,各项扶助资金会越来越多,关键在于能不能争取资金。因而,助长了群众的等、靠、要思想。另外,由于试点村建设列入了各级政府组织的重点工作目标考评,经常有上级领导督查或组织大规模的流通现场会等多种促进工作进度的做法,使试点村群众认为试点村建设是各级政府组织的面子工程,没有建好你们无法一级对一级交差。导致乡镇为了应付各种督查考评,不得不要求群众按上面下达的项目建设要求去做,而群众则态度冷淡,不配合,不支持,对政府的时间要求不当回事,造成政府急而群众不着急,政府热而群众冷的工作局面(例如有时为了迎接上级领导督查,乡镇干部不得不参与打扫卫生,而群众却在一旁闲看着)。

三是受小农严重的自私自利思想的影响。农民自古以来就不是得利者,他们生怕再失利,再吃亏,是天生的利己主义者。一是在任何情况下,他们都不愿意损伤自己认为的利益。例如,根据村庄新规划,需要拆迁一些影响主巷道及公共活动场所的破旧房、临时搭建的猪、牛栏附属建筑。群众对此普遍存在抵触情绪,认为凭什么为了公共利益而损害个别群众的私利。一部分群众因此提出种种过高的要求:如一些旧房本来就已破旧不堪,长期闲置已没有实用价值了或已半倒塌只剩下残垣断壁,他们仍然还提出不仅要按每平方米补贴几十元资金;还要集体请人帮他们拆除,另外还要给他们安置新地段建新房,否则就闹着顶着不答应拆迁。另一小部分群众为了方便自己,对建在主道上的猪牛栏障碍物无论如何都不肯拆迁到统一规划的地段。县镇工作组在这些工作方面伤透脑筋也无济于事。二是对办集体公益事业不积极、不主动、不关心,自从农村实行土地联户承包责任制以来,尽管农户个体家庭的生产生活条件明显改善,但农村的公共设施(如池塘、公共文化活动场所等)都被人为破坏,年久失修,支离破碎。其主要原因就在于群众集体主义观念越来越淡薄,组织化程度越来越低。例如一些农户房屋内搞得干干净净,屋外旁侧的水沟道路却污水横流,臭气熏天,一下雨便无法行走。正中了一句谚语:各人自扫门前雪,哪管他人瓦上霜。一些公共活动场所成了吊牛、堆放杂物的场地。村前池塘淤泥堵塞无人清除，乱倒垃圾污染水质的行为无人管。此等现象不胜枚举，在试点村的建设中，理事会组织群众治理整治公共环境卫生时，困难重重。一部分群众避着不肯参与；一部分群众勉强参与但出勤不出力，还要求集体组织给付务工钱。可见群众的集体主义精神丧失到何等程度。三是对发展生产缺乏长远眼光。一方面嫉妒心强，缺乏互助合作精神。农民普遍存在"愿人穷不愿人富、恨人有笑人无"的思想。你想要发展，偏不让你发展，你穷了他倒看你笑话乐了。另一方面只见眼前利益不顾长远利益，只要眼前能得钱，不管今后多挣钱。爱贪小便利，往往贪小利吃大亏。对发展各种"产销合作社"，既怕自己失了利，又怕别人得了利。例如 Z 镇某村是个大棚蔬菜产业村。95 年开始种植大棚蔬菜，目前面积有 300 亩左右。基础设施落后，大棚是农户用竹子弯成的架子，容易被风吹断，保温效果差。田块没有进行农田标准化建设，通风排水差。销售方式是以农户为个体的零散销售模式。但农户的栽培技术比较好，2004 年就已获得省无公害蔬菜标志。应该说该村大棚蔬菜生产发展的进程是比较缓慢的。2006 年该村被列为新农村建设重点试点村。县乡两级政府把提升该村大棚无公害蔬菜基地的品位，作为主要建设项目之一。争取了农业开发无偿资金项目 300 亩，50 亩钢架大棚扶助项目。农业开发无偿资金项目是政府负责搞好机耕道和渠溪配套混凝土浆砌工程，农户负责平整田块的投劳义务，钢架大棚扶助项目是政府负担大棚费用的80%（每个大棚 1300 元）。农户负担 20% 的大棚费用、大棚薄膜费用（300元/个）以及搭大棚的其他材料费（50 元左右）。在具体建设过程中，由于部分农户考虑搞田园化损毁一小部分田，自己的熟土菜地变成生土需要重新培养以及不愿意打乱重新调整责任田等诸多因素，经县乡工作组多次召开群众会都因群众过于算计眼前得失而难以统一思想，取得群众配合，后来按照领导意图由政府负责请农用机械完成 100 亩的园田化地段平整工作，机耕道及渠系浆砌工程未能如期完成。50 亩钢架大棚由于群众不肯自己承担 20% 的大棚费用，试点村挂点领导出面争取资金解决了群众自筹资金问题。而后群众看到他们的要求得到解决后又提出大棚薄膜费用要由政府补贴,大棚要由政府负责找人搭好等无理要求。开始政府不肯答应,后来为了应对上级项目督查,决定先落实 12 亩钢架大棚建设任务。但是落实 12 亩钢架大棚建设时仍然遇到许多实际问题:由于所指定的 12 亩田段牵涉的农户提出如果政府不补助薄膜费用,他们就坚决不肯按要求搭好大棚。村组干部提出如果原农户不愿意自己建大棚就可以调整田段给愿意负责搭好大棚的农户种植,但有田块的农户还是不同意,担心这样其他农户得了好处。就这样一件政府想扶持菜农发展生产的好事,由于农户看准了这件事政府非抓好不可,一再提出无理要求赖着不配合,最后还是以政府作出让步满足群众的要求而得以落实。另外,政府还扶助 4 万元资金帮助该村成立了蔬菜产销合作社,解决了办公场所及工作启动经费问题,想借助合作社帮助农户解决蔬菜销售问题,提高菜农收益。但由于该村菜农间彼此不信任,自己未能正式运作。由此可见,农民不从传统的小农意识禁锢中解放出来,不成为具有现代意识的新型农民,不改变旧的生产经营模式,中国现代农业的发展进程将举步维艰。四是互相等待观望的思想特别严重。农民是最精于算计的,他们是十足的现实主义群体。俗话说得好:村看村、户看户。村与村之间、户与户之间习惯于凡事喜欢相互比较、相互观望。如在试点村建设中,拆迁问题、筹资筹劳问题、改水改厕问题、巷道硬化、下水道疏通问题、住房规划问题等等都存在户看户的思想,你不支持我就不配合,你不干我就不干,各顾各的,小农户的观念尤其突出。缺乏大局观念和团结互助的观念,增添了诸多不和谐因素。其次试点村与试点村群众之间也存在互相比较、观望现象。当前新农村建设筹资渠道不对等现象突出,例如由于挂点领导、挂点单位以及人脉关系的影响导致争取公共资金的数额大相径庭,进而群众个人集资的数额也大不相同。甚至出现群众出资少的试点村建设效果好,群众出资多的试点村建设效果反而差。导致在群众中流传着这样的说法:试点村建得好坏关键是干部有没有能耐,能不能多争取上级的资金。不关我们群众的事,有钱谁都能建好样板试点村。

四是农民贫富差距及思想观念的差异与试点村建设统一要求间的矛盾冲突。当前,农村贫富差距问题仍然是一个十分突出的问题。例如,Z镇

2006 年人均纯收入达到 3250 元,而据民政部门调查人均 600 元收入以下列入最低生活保障的农户占总户数的 5%。由于政府没有对低保户、五保户制定特殊的补助标准,导致试点村应当由农户承担的公共设施建设资金难以到位,以户为单位的建设项目(如沼气池、水冲式厕所、门前屋后的巷道硬化及下水道疏浚等工程)也由于农户家庭经济承受力不同而难以同步组织实施。而试点村只有一年建设期限,结束后就不再享受试点村的项目补助政策。另外,由于农民的思想意识、思想观念差异大,个别农户往往一时思想转不过弯,不愿参与搞好项目建设,还有一些部分农户全家外出务工,要工作休闲时才有时间回家搞建设。以上几种情况与上级所规定的试点村的时间要求、目标要求不相一致的矛盾突出,给乡镇基层政府带来很大的工作困难和压力。

(四)非试点村干群的心态

当前新农村建设试点村都是选择一些基础条件好的村庄进行试点,使试点村的面貌焕然一新。一些试点村通过大拆大建,四化四改后,外出务工不到半年的打工仔回家后居然找不到家,以为走错了村子,家乡短期内的变化大得让人不可置信。试点村的干部群众都认可这样一个事实,试点村比非试点村的基础设施条件改善较大。那么非试点村的干部群众对自己没有选到试点村有什么想法?对目前试点村的新农村建设有什么看法?对采用试点村的模式推进新农村建设的做法如何看待?围绕这几个问题我们对 10 个非试点村 100 名干部群众进行了调研。

1. 干群对自己没有选到试点村的想法

一是认为村干部没有用或不管事,没有积极到上面争取。二是认为能否争取试点村还不是凭乡镇领导的个人意志说了算,争取试点村建设得找门路,找关系,才能争取试点村立项和好的挂点单位支持。因此没有申请到试点村的干部群众意见很大,个别村庄因没有申请到试点村甚至出现上访事件。三是认为试点村的做法对偏远落后山区的群众不公平。他们认为,如此选择试点村我们落后偏远地方一辈子也甭想搞试点村。一些干部群众认为,中央的政策是好的,要求因地制宜,不搞一刀切,不准搞考核评比,都是地方政府想搞政绩工程,念歪了经。他们希望新农村建设的政策能早日落实到偏远落后村庄。

2. 对当前试点村建设做法的建议

一是希望新农村不要搞大拆大建,对试点村的大拆大建以及刷墙行为很反感,认为这是搞形象工程。比如像一些没有规划的落后村庄,如此搞新农村岂不是要几乎全部拆除旧房,建设一个新村庄,这样一来一些没有完全脱贫的群众如何承受得起。新农村建设应该在现有基础条件下着力改善解决群众的生产生活条件。二是希望新农村建设要量力而行,不要盲目追求所谓统一的整体效果,过分增加农民负担。例如有些地方在文化宣传硬件建设、休闲广场、环行路建设、绿化美化亮化建设等方面投资过大,群众很不满意。三是希望新农村建设要长期抓下去,不能搞运动式的一阵风。群众最担心政府抓新农村建设不能善始善终,他们更希望政府能够慢慢地渗透新农村建设,而不是像现在一样搞试点村时轰轰烈烈,到后来烟消云散,出现的也只是一些面子工程,不能巩固新农村建设的成效。

3. 关于采用试点村模式推进新农村建设的看法

非试点村的干部群众普遍认为:一是试点村不能作为新农村建设的主要模式。新农村建设作为一项新生事物,一开始搞个别试点村示范引导是有必要的,当然试点村要讲实效,不要过多锦上添花,否则,试点村成为群众可望而不可即的"空中楼阁",试点村也就失去了本身的意义。试点村模式的长期运行,存在以下几方面弊端:一是造成社会财富分配不均,农村出现两极分化,使好村越来越好,跨越式发展,"差村"越来越差,举步维艰,这样与构建文明和谐的新农村的方向有偏差。二是试点村的搞法容易变成各级政府倾力打造的政绩工程,拔苗助长只能事与愿违,不利于调动广大群众的积极性,这与中央提出的新农村建设要坚持政府主导,群众主体的原则相违背。新农村建设是一项长远的目标任务,根本在于培养新农民依靠自己的力量去创造富裕安康的新农村。三是"试点村"的做法助长了群众的依赖思想,"试点村"目前所取得的成效仅仅是村庄整治的成效,治标不如治本,要巩固试点村的成效,关键在于引导群众发展生产,过上富裕的生活。

第五章 新农村建设实践机制的失范问题分析

　　本章主要对新农村建设实践机制(怎么做)中存在的失范问题进行分析研究,通过中东西部三个试点村实证调查,在实践中出现的具有共性的失范问题主要包括:"试点"选择、行动主体、建设内容、资源分配、绩效考核、后期管理等方面。

　　"失范"是法国社会学家迪尔凯姆提出的概念,指社会行为规范处于模糊不清或基本失效的一种社会状态。罗伯特·默顿(Robert Merton)从功能主义的观点出发,对这个概念进行了重新解释,并将它应用于对越轨行为的分析。关于越轨、失范的分析,是默顿中程理论的重要组成部分。1938年,他发表了《社会结构与失范》一书,强调社会结构或社会制度对个人行为的影响,并对二者的关系进行了详细的说明,以此来解释美国社会中存在的大量失范行为。默顿把在社会结构或制度影响下形成的行为类型划分为五类:第一类是从众(遵从)行为,这种行为既接受了某种文化目标或功利目标,又采用了社会制度允许的手段来实现目标,社会中的大部分人都在进行这种没有失范的遵从行为;第二种是"创新"行为,这里的"创新"并不是我们平常讲的创新,而是指接受了某一文化目标但采取了非制度化的手段行事,如非法的手段谋取利益;第三种是"仪式主义"行为,这种行为没有明确的功利目标或文化目标,但听命于制度的要求,唯命是从、僵化保守,如官僚。第四种是"隐退(逃避)主义"行为,放弃、拒绝一切功利目标或文化目标,也不关心社会制度和规范,这种行为一般是由于受到挫折而导致的失败主义、追求虚幻、隐退等;第五种是"反叛(造反)"行为,这种行为否定了原有的文化目标和制度规范,提出一种新的文化目标并采取新的制度规范来指导目标的实现,这实际上是试图建立一种新的社会秩序①。其中除了遵从者是以社会允许的方法获得社会鼓励的目标以外,其他四种适应方式都可以被视为偏差(失范)行为。默顿所讲的失范行为主要指的是个体行为,并分析了社会结构和社会制度对个人行为的影响。

本文借用默顿失范行为的概念,把新农村建设实践过程中的偏差行为定义为失范行动,主要是指默顿所讲的"创新"行为。之所以称其为"行动",而不是"行为",主要是因为新农村的实践过程中的行为主体,不仅仅指个体,还包括由个体所组成的群体,以及由此衍生出的社会现象。围绕"十二字"方针开展的新农村建设是国家在解决"三农"问题上的又一次新的尝试。客观来讲,它在一定程度上促进了农村社会的发展,尤其是在基础设施建设方面。然而,当我们回过头来反思新农村建设的实践机制、实践过程和实践效果的时候,我们会发现:新农村建设过程中存在许多违规、越轨等有损社会发展和进步的行为;新农村建设的五大目标中,有些目标实现得好,有的目标和预期有很大出入;新农村建各组成部分在实践过程中存在错位现象;新农村的政策意图与政策效果之间存在不同程度的偏差;新农村"试点村"出现示范失效的现象;作为新农村建设主体的农民在新农村建设中参与程度有待提高等。通过中东西部三个试点村的调查,从新农村建设过程中失范行动的不同表现形式来看,主要可以概括为以下几类:

一、"试点"选择的失范

"试点"是指决策者为了验证社会政策方案的可行性,发现其存在的缺陷,而在正式实施该方案之前先在局部地区或组织内将社会政策的方案做实验性的实施,并在此过程中掌握有关社会政策实施过程及其效果的实际情况,以便为进一步的修改完善及正式实施做好准备。② 从这一定义来看,试点的目的在于验证方案的可行性、发现方案缺陷及其可能带来的负面影

---

① 刘少杰:《现代西方社会学理论》,吉林大学出版社1998年版,第285页。
② 关信平主编:《社会政策概论》,高等教育出版社2009年版,第132页。

响,以便对社会政策进行相应的修改和完善。新农村试点及选点工作是新农村建设的一项十分重要的基础性工作,众所周知,以点带面历来是一个很重要的工作方法。通过搞好试点,逐步积累经验、完善政策,然后全面推广,常常是解决很多难题的有效方法。建设新农村,也需要规划先行、试点起步、稳步推进。如果能够因地制宜,打造出符合本地实际的试点村,并成功带动其他村庄发展,自然是有利于新农村建设的事情。因此,选择试点、树立典型,充分注意典型的代表性和今后在"面"上的可推广性,是新农村建设稳步推进的现实保障。

试点工作包括选点、开展工作、总结和评估等阶段。试点工作中,"点"的选择非常重要,主要有两个原则:一是"点"的真实性,即真实自然的社会情境,不是人为制造的场景;二是"点"的典型性,即能由"点"及"面",反映更大范围的社会现实。2006 年 1 月 19 日公布的农发 2006 年 2 号文件《农业部关于实施"九大行动"的意见》中,将实施社会主义新农村建设示范行动列为新农村建设的主要任务之一,并在附件中列出了《社会主义新农村建设示范行动方案》,提出了新农村建设试点村的行动指标,即通过新农村建设行动,试点村经济增长率高于其所在县平均水平约 5 个百分点。此外,还在附件中明确了新农村建设的主要任务:一是大力发展现代农业;二是推进农村基础设施建设;三是培养新型农民和农村实用人才;四是加强基层民主建设;五是加快发展农村公共事业。同时还对新农村建设的推进进度及保障机制进行了说明。[①] 这是国家明确对新农村建设试点村建设中提出较为详细的实施意见,为新农村建设在全国范围内的全面推进奠定了制度基础。

(一)选择机制

1. 名额分配与申请

试点村的数量都是县里定好的,分到每个乡里有多少个指标,乡里再按

---

① 叶敬忠:《农民视角的新农村建设》,社会科学文献出版社 2006 年版,第 408 页。

基本数分到各个行政村,村里再分下去,一般每个乡里都有几个村的指标。乡里先把上面对新农村建设的政策,基本要求一级级地传达到村里。如果哪个村里想搞这个新农村建设就写个申请送到乡里,把村里的基本情况作些说明,乡里再把这个申请送到县里,如果想搞的村不多,只要写了申请就可以定下来。

2. 选择标准

如何确定哪些村庄是新农村建设的重点,可以成为试点村? 各地的选择标准有一定差异,但总体看来,一般都选择具有一定条件和基础的村庄,而数量巨大的贫困村庄很少能成为试点。大部分地区试点村的选择标准差异不大,总体来说就是从以下几方面考虑①。

(1)要有一定的经济基础和产业基础

经济发展水平是很多地方政府选择试点村的优先考虑的标准,村庄经济基础的好坏直接影响到该村能否成为试点村,选哪个村作为试点村是要看条件的,拨下资金建设的项目要能取得明显的效果才行。目前,由于很多地方部门在选择试点村时有"嫌贫爱富"的倾向,他们认为:有一定基础和经济实力的村庄开展新农村建设将比较顺利,难度小,建设周期短,容易见效,而贫困村搞新农村建设投入大,周期长,见效慢,被认为不宜搞新农村建设,这导致了很多真正需要建设的贫困村或是经济条件较差的村庄被排除在了新农村建设试点村的备选范围之外。在我们调查的试点村来看,在被选为试点村之前,这些村庄和它周围村庄有比较明显的经济和产业优势,如云南 D 村距离风景区较近,有利于发展和旅游相关的产业;江西 T 村是该地区有名的果业专业村,发展早熟梨、柑橘果业基地 340 亩,人均果业面积 1.3 亩,并组建了果业协会,人均果业收入达 1800 元,预计三年内人均收入可达 6000 元以上。

(2)要有较好的地理位置和资源优势

---

① 这部分的内容参照了《农民视角的新农村建设》一书中的部分观点。参见叶敬忠:《农民视角的新农村建设》,社会科学文献出版社 2006 年版,第 409—411 页。

是否具有较好的地理位置也是试点村选择的主要标准之一。一般来讲,地理位置好主要指三个方面:一是村庄交通条件好,通往村庄的道路顺畅,不需要在这方面投入太多的资金;二是村庄位于某区域的核心地带,在该区域内具有相对核心的地位;三是村庄位于公路边,"外面来的人一眼就能看到这个村庄"。

自然资源的好坏直接关系到村庄的发展前景,是新农村建设能取得效果的重要基础。村庄自然资源主要考虑:有无可供开发的林业资源、矿产资源或旅游资源;居民构成有无民族特色、房舍建筑有无特点。

村庄社会资源主要是指村庄具有一定的社会资本,和外界形成了社会资源网络。一方面,要让村民真正领会"新农村"的内涵,自觉行动,共同维护公众利益,会是一个很长的观念转变过程,这就需要有一些土生土长而又见多识广并能在社会上求到援助的乡土人士,通过宣传切身体会激发村民建设家乡的集体意识,通过利用他们的社会资源,为本村争取资金、项目等,程度不一地解决家乡建设中物资匮乏问题。用现在流行的话来讲,就是"有利于招商引资"。另一方面,该村庄出去的一些社会精英在社会上有一定影响力,会有意无意影响到政府对试点村的选择,村庄在申请过程中也可能通过这些社会精英来做宣传或"与上面疏通关系",用村民的话讲,就是"上面要有关系"。

(3)要有较好的干部和群众基础

农村基层干部与群众是新农村建设的关键力量。对于干部而言,对下要有一定威望,在当地能有影响力,具有对国家政策、群众工作的深刻理解力,要把群众的事当作自己的事来做。另外,村干部本身的社会交往要广泛,能从社会上争取不同方式的支持,为当地的新农村建设提供各方面的帮助。在工作中,村干部也要善于与当地政府相配合,切实领会、落实当地关于新农村建设的精神与政策。较好的干部基础,还要求有具有奉献精神的村庄精英敢于承担新农村建设的任务。

BYT:"村里要有一个能有奉献精神的人愿意牵这个头。忠诚老实,要可以吃得亏。选取了某个村,村中又没有一个合适的领头人去办事这就不行。有的村里,事前还没有动手做事,就说要多少工资,待遇。作为村民的理事会长,从自身来讲,首先是要有点文化;二是要有点奉献精神。从支持环境来讲,一是家里的妇女对男人的工作要支持不能阻挡。二是村里还要有一班子人能相互协作。三是挂点的村乡干部要对村里干部支持,要撑腰,碰到难做的事村委会的干部要做村民理事长的后盾,比如说修路占田,要拆房子,都要上面的干部、政策给予支持。"

群众的基础也要好。试点村的村民要对新农村建设有热情,并能够积极配合、支持村干部的工作。村民本身要有良好的文化素质,对新事物、新思想、新方法有较高的容纳性与接受性,在新农村建设中不易遭到来自村民本身的阻碍,有利于村干部开展工作。群众基础好还体现在村里人心齐,思想统一,容易形成一致意见。三个试点村被选为试点,这方面的原因也是关键的。

> TLM:"T 村的村民比较纯朴,人心要齐。有的村也在路边上,条件也可以,但是村里的人心不齐,这个村委会的干部都清楚。有的其他村的村民说是我当了村委会的主任后,定了我这个村,把自己的村里搞得好,其实不是。主要原因还是 T 村的村民人心比较齐,基础好。当时在 2005 年的时候,村支部书记谭青苟是谭良村人,但是为什么没有定在他的村里呢?他没有把自己的村子定为试点村,主要原因是村里的人心不齐,思想不能统一。"

(4)与其他示范项目相结合

部分地区常常将试点村的选择与已有的项目示范或工程结合起来,选择那些已经有了一定的基础,各方面发展比较好的村庄,如移民村、旅游村、文明村、生态村,等等。在当地政府眼里,把各种建设项目集中在一个村,可以达到"打造亮点"的目的。更为重要的是,这样可以节省支出,达到"事半功倍"的效果。西部和中部的试点村就是一个集小康试点村、新农村试点村于一身的村庄。

TBY:"2005年全市进行100个小康试点村建设。当时我们县里有8个指标,C镇就有一个,经过县、乡、村的反复权衡商定,全镇唯一的小康试点村建设点就被确定在T村。2006年搞了一个新农村,2007年又来了一个新农村的新农村加固工程建设,目的是作为全县的亮点迎接省、市里的新农村建设检查验收"。BHY:"我们村2006年之前是民族团结示范村,之后被选为小康试点村,现在是新农村建设试点村,条件还是比较好的,容易出成绩"。

在问卷调查中,我们把村庄被选(或未被选)为试点村的原因归为五个方面:经济条件好(或差)、地理位置好(或差)、村里人心(或不)齐、上面有(或没)关系、运气好(或差)。在对152名试点村村民关于本村被选作新农村试点村原因的调查中,32.2%的人认为自己村子的经济条件好,59.2%的人认为自己所在村的地理位置好,40.8%的人认为村里人心齐是本村当选的主要原因,13.8%人则认为本村在上面有关系,只有3.3%的人选择"运气好"为原因。地理位置好、村里人心齐、经济条件好是村庄被选为试点村三个主要原因。

而在被调查的236名非试点村村民中,对于其他村被选为试点村的原因,有40.3%的人认为是经济条件好,50%的人认为是地理位置比较好,34.7%的人认为试点村村民人心齐,30.9%的人将"上面有关系"看作原因,另有9.3%的人觉得试点村的当选是他们的运气比较好。当被问到"本村未当选示范点的原因"时,非试点村村民中,35.5%认为自己村没有当选试点村的主要原因是村子太穷了,有31.3%的人认为自己村位置太偏而未被选作新农村试点村,42.7%的人把原因归在了村里人心不齐上,还有30.5%的人认为原因在于上面没有关系上,只有7.6%的人承认是运气不好造成的。所以在非试点村村民眼里,经济条件、地理位置、村里人心齐是某村能成为试点村的三大主要因素。

(二)"试点"选择的失范

从调查来看,新农村建设的选择标准无非是以下几点:一是经济基础好,不能太穷,尤其是有一定的产业基础,如养殖业、果业、林业等。从我们选择的三个调查点的试点村情况来看,东部的调查点的试点村是当地主要的农副产品物流配送中心;西部的调查点的试点村拥有丰富的森林资源,距离风景区较近;中部调查点的试点村是当地有名的果业专业村。二是自然资源基础好,有优美的自然风光,或者有民族特色;三是地理位置好,不能太偏僻,最好位置比较显眼。四是"人力资源"好,群众干部思想素质高。有村民认为,"作为村民的理事会长,首先是要有点文化。二是要有点奉献精神。三是家里的妇女对男人的工作要支持不能阻挡。四是村里还要有一班子人能相互协作。五是挂点干部要为村里干部撑腰,碰到难事敢于做后盾。"六是村里人心齐,思想统一、纯朴勤劳。以上标准,是可以拿到台面上来讲的,而访谈对象大多都回避了另外一个原因,那就是村里是否有人"在上面有关系"。或者村干部有关系,或者上级官员中有人来自该村。与"上面有关系"相对应的是,如果"朝中无人",那么只能是通过给某些乡镇领导好处来获得支持,一般的做法是,主动积极地把上级划拨的建设资金留一部分给乡镇领导,并时常"拍马",在利益分配中让乡镇领导得到好处。

从以上标准可以看出,新农村建设试点村选择表现在两方面的失范:一是具有"歧视性",表现为对那些位置偏远、较为贫穷的农村的歧视,反映了基层官员"嫌贫爱富"、"避难就易"、"急于求成"的心态。有的地方选取的新农村清洁工程示范点就是原来的沼气能源工程示范点;有的新农村示范点就是由原来的社会主义小康农村示范点转化而来,一般都有较好的基础;有的市县的领导在落实新农村建设工作时,有意选取那些距离城市不远的郊区乡镇,或者交通便利、发展现状较好的村镇,在人力、物力和财力上给予支持,将其打造成新农村建设的"样板";有的甚至就是原来近郊的一些"农家乐",转化为新农村示范户。这样的基础较好的"示范点"取得的效果会更快,检查起来更有东西可看。但这实际上就是新形势下的"形象工程"、"政绩工程"、"戴帽工程"。二是新农村选择过程中需要"关系",人情因素成为同等条件下哪个村能成为试点村的决定性因素。西部调查点的试点村的对口支援部门是县人大,县原人大主任就来自这个村庄。对非试点村村民的调查数据也反映了试点村选择过程中的这两个方面的失范性。

二、行动主体的失范

新农村建设主体具有多元性,各方主导和参与力量共同影响着新农村建设的方向、内容和效果。在具体实践中,建设主体也存在行动失范的情况,主要表现在两个方面:

(一)政府部门的失范

政府主导了新农村建设的整个实践过程,推动了新农村建设在全国范围内的积极开展,取得了一定的效果。然而,政府在新农村建设过程中也存在一些问题:一是主导过度、干预过多、干预错位,该干预的不干预,不该干预的反而尽力干预,如农民最需要的是发展生产、提高收入,而政府却抓住环境卫生不放,出现干预错位;二是工作方法简单甚至粗暴,往往以行政命令的形式安排工作,缺乏深入实地的走访调查以及和农民的细心交流,所提出的建设方案往往脱离实际,在执行过程中出现这样那样的问题;三是不守承诺,经常拖欠工程款,承诺的资金往往不能按时到位;四是损公肥私,截留建设资金,这一点在各地调查点的村民访谈中都比较普遍。

> CMY:在一些工程建设上村民有意见,村民说上面说话不算数。上面规定村里改厕率要达到100%,规格是三格式蓄粪池。当时上头要检查,实际上村里只搞几户,全村改了不到40%。为了赶任务,乡里要求村民没有做的就要抓紧做,但是也有些村民不想改,就是不动手。结果是乡里出面请人施工,包工包料,乡里统一付款,村民自己不要管事,有6、7户,不到10户。这几户改厕时花费全部由乡里解决,因为包工头是乡请来的,所以他们是直接到乡里去结账。也有一部分村民是自己请人施工,我是自己请人做的。这部分村民每户只得了500块钱的补助,开始镇长说给700元(包括改水、改厕两项),后来只给了500,剩下的200块钱没有

到位。对一些村民自己请人改厕的项目有一部分钱没有到位。镇长开始答应了,但后来没有给。镇长说这个钱泡了汤(即上面的钱没有到位)。他说没有就没有,我们也没有办法咯。这个钱到底是乡里用了还是上面没有拨下来,哪里去了,这个我们也搞不清楚。

LHM:搞这个新农村建设,上头兴时(走运,意思是指县、乡干部得到好处),比方说上面拿了20万,其实我这里根本就得不到那么多钱,乡政府要留下好多。他们不搞,哪里有那么多钱,如招待费咯、找人咯,都要花钱。多少钱就不要说啦。我在外面跑,也晓得一些。他(乡干部)一说,一点拨,我就知道是咋回事。我说:"有个村庄开始想搞,后来搞不成,是吧"。镇长说:"LHM啊,你不要乱说,给我照顾(好处)些得咯"。我说:"你放心咯,你在我这里工作这么多年数,我不会说你的坏话的,说实在话,就是我拆你的台,我又得不到什么好处,得不到什么享受。只要我到你的乡政府去了,看得起我(看重我,理采我),说明你尊重了我,我就行了,你是当官的,我是老百姓。"

(二)普通村民的失范

村民是新农村建设的受益者,他们对新农村建设的社会政策持积极支持的态度,但是由于在具体实践中,政府部门缺少和村民的沟通和交流,没有一套有效的社会动员机制。村民在不经意间被排除在新农村建设的主体力量之外,在他们眼里,"新农村是政府的新农村、新农村是干部的新农村",新农村在他们身边,但又感觉有些遥远。就是在这样一种政府过度主导的实践机制之下,形成了村民对新农村建设的淡漠,由本应主动参与的预期变为了被动参与的现实。所以,村民的失范更多是由于新农村实践机制造成的,可以把其称为"被失范"。这种"被失范"是村干部和外界力量给界定的失范。在调查中,村民的失范主要是从村干部的访谈中得知的,概括起来,主要有三个方面:"等、靠、要"思想严重;集体观念淡薄;有一定的"村霸"存在。

THF:"自从新农村建设到现在,我总觉得村民普遍存在着的
心理特征,那就是自私自利观念较为普遍。这与当前新农村建设、
集体观念是格格不入的,这种心理在平常的生活中,当村里没有什
么活动时并不很明显地显示出来,但这种心理是隐藏在人的内心
的,一旦有什么事情,一旦触及到他们的个人利益的时候,他们那
种私有的自利的心态就会显现出来,一旦这种心理表现出来,为了
一点点的个人的利益他们可以不顾及个人的脸面,个人的尊严,当
私人利益与集体利益发生矛盾时,为了自己的私利去同村干部发
生争执,对公共事业集体的建设不出工不出力,有的时候甚至唱反
调,同村干部对着干。这里我只能言及皮毛,至于其中的深刻道
理,我没有这个能力进行表达。此外,有些村民在村里横行霸道,
什么事都是他们几个人说了算,其他村民没有办法。这种现象在
农村相当普遍,可以说是属于典型的村霸。这种现象对当前农村
经济社会发展已经带来了很大负面的影响。首先是造成公共资源
浪费严重。第二是影响农村正常的生产、生活和市场秩序。三是
影响农村社会的稳定。他们村里搞新农村难以找到一个人负责,
即使是有人上前去做事,结果也是搞得村里的事乱七八糟,他们村
里的人心不齐,所以乡里没有把新农村试点放在那里搞。还有一
些村里就是开会都开不统,如果是搞新农村根本搞不成。"

(三)民间组织的失范

民间组织的界定有广义和狭义之分,广义的民间组织是指所有非政府
的、非企业的社会组织都是民间组织。狭义的民间组织是指一种非政府的、
非营利的、非党派的,并且具有一定志愿性质的,致力于解决各种社会问题
的社会组织。不管是广义还是狭义,民间组织都包括三个主要特征:民间
性、组织性、非营利性。农村民间组织作为民间组织中的一种,主要是指农
民自愿组成、自主管理、自我服务的非营利性社会组织。它是在政府的推动
和支持下由农民自发组织建立的,参与的主体主要由农民构成。农村民间

组织的主要功能在于为农民提供利益表达的渠道或平台,使农民在社会(政治)参与、经济发展、人身权益等方面的诉求得以表达。大致可以分为两类:一类是以村落或村落联合体为单位的由农民自发组成的服务组织,即互益型组织,又可称为村庄组织;另一类是专门从事农村各种服务活动、协助农村发展的专业性服务组织,又可称为新农村发展机构。①

2006年中央一号文件《中共中央国务院关于推进社会主义新农村建设的若干意见》提出,要动员全社会力量关心、支持和参与社会主义新农村建设。建设社会主义新农村是全社会的事业,需要动员各方面力量广泛参与。各行各业都要关心支持新农村建设,为新农村建设做出贡献。充分发挥城市带动农村发展的作用,加大城市经济对农村的辐射,加大城市人才、智力资源对农村的支持,加大城市科技、教育、医疗等方面对农民的服务。要形成全社会参与新农村建设的激励机制,鼓励各种社会力量投身社会主义新农村建设,引导党政机关、人民团体、企事业单位和社会知名人士、志愿者对新农村进行结对帮扶,加强舆论宣传,努力营造全社会关心、支持、参与建设社会主义新农村的浓厚氛围。农村民间组织作为一支重要的社会力量,在新农村建设中能够发挥巨大作用。

正是在这样的背景下,农村民间组织在各地发展起来,主要出现三种类型:一是政治性的民间组织,如农民维权协会等;二是经济性的民间组织,如农民生产合作社、消费合作社等;三是娱乐性的民间组织,如老年人协会、妇女文艺表演队等。② 然而,这些民间组织并按照预期的目标发展开来,面临资金短缺、自主性缺失、制度不完善、人才匮乏、发展不平衡等问题。如政治性民间组织由于存在一定的敏感性,并未得到足够的发展空间,我国目前对非政府组织实施的是登记管理机关和业务主管单位双重许可的管理体制。但民间组织多为非营利性质的,主管部门在不可以向它收取任何费用的情

---

① 尹建丽:《论新农村建设中的农村民间组织》,《甘肃农业》2009年第1期,第66页。
② 贺雪峰:《新农村建设中的六个问题》,三农中国 http://www.snzg.cn,2006年10月30日。

况下,却要承担行政管理责任。① 制度的矛盾使得许多有资格担任主管部门的单位为免惹麻烦,都不愿主动为民间组织背负各种风险,这不能不对正在兴起的农村民间组织的发展造成不利影响。

经济性民间组织为农民提供市场信息,引导农村产业发展走规模化之路,以抵御市场风险,提高市场竞争力。然而,"在市场经济极其深入的情况下,市场高端利润被垄断公司所获得,而市场低端利润则被众多竞争者所分享。农民组成经济性组织,比如消费合作社,因为规模太小,只能在市场低端获利。问题是市场低端的竞争者太多,利润很少。很少的利润和很高的合作成本,就使得经济性的合作组织基本上没有成功的空间"。②

相对于政治性民间组织和经济性民间组织发展存在较大的制约瓶颈相比,娱乐性民间组织却为农村精神文化生活建设注入鲜活的力量。随着社会经济发展和人们生活水平的提高,农民对精神文化生活的需求也有所增加。现在许多农村都活跃着一些自娱自乐的民间文艺团体,这些民间团体由村庄内部有一定文艺特长的人员自发组织,自编自导自演一些文艺节目,如歌舞节目、小品、杂技等。农民通过这些喜闻乐见的文艺载体,开展科、教、文、卫、体各项活动,形成科学健康的生活方式。这些活动丰富了农民的业余文化生活,开阔了农民的视野,营造了农村健康、活泼向上的文化氛围,促进了人与人之间的和谐,推进了农村精神文明建设。

目前新农村建设中的民间组织最普遍的要算"五老理事会",目前在中部东部西部的新农村建设中都有。但是这类的民间组织主要存在以下方面的失范:一是人员组成问题。大部分退休老干部都随子女到城镇居住去了;一部分老党员干部年老体弱不愿出来理事,另外一些"五老"干部毫无能力出来理事。导致有些村的理事会甚至就是推选各个家族的代表凑合而成。二是工作主动性不强。理事会作为试点村新农村建设的具体组织实施者,肩负着宣传发动、制定方案、筹资筹劳、组织运作等主体职能,但理事会组织

---

① 韩辉:《农村民间组织,如何成为新农村建设生力军》,人民政协网 http://www.rmzxb.com.cn/pub/rmzxw/jctj/t20060419_83346.htm,2006 年 4 月 19 日。
② 贺雪峰:《新农村建设中的六个问题》,三农中国 http://www.snzg.cn,2006 年 10 月 30 日。

由于是临时性组织，没有经过严格的培训教育，组织内部管理松散，尽管也进行了建章立制，明确各成员的职责，但理事会成员主体意识严重不足，不会主动地去开展工作，绝大部分必须由镇村干部牵头组织召开理事会，甚至还有些理事会成员缺乏组织纪律观念，随意不参与活动，很难及时组织召开一个全体理事会成员的会议。除理事长之外，其他的理事会成员90%以上都抱着干好干坏无所谓的思想。三是受农村封建传统及市场经济的因素影响。理事会成员普遍带着家族、宗族意识，加上受市场经济的思想冲击，个人的利己主义思想时有表现，导致理事会在民主决策时各自带着私利和家族意识，矛盾纷杂冲突，难以形成公平公正的意见，在具体负责项目实施中，也难以完全抛开人情世故秉公处事，从而引发群众的种种非议。

（四）挂点干部的失范

上级部门对新农村建设的指导和监督主要有两种方式：部门（领导）挂点帮扶和下派新农村建设指导员。前者主要是政府相关部门（一般是新农村建设指导员派出单位）与村庄"结对子"，对村庄新农村建设进行必要的指导、监督和扶持；后者的普遍做法是，地方政府每年向每个乡（镇）派出一支工作队、每个建制村派驻一名新农村建设指导员，其工作主要是负责上下沟通，把上级的要求传达给村民，协助村干部做一些村民的思想工作。如云南省《关于加强和完善新农村建设指导员工作的若干意见》对新农村指导员的选派条件、派出单位帮扶责任、机制建设、指导员工作任务、考核方法等方面提出要求。《意见》指出，州（市）、县（市、区）党委政府要严格按照"有一名分管领导、一个专门的管理机构、一批专门的管理服务人员、一套健全的管理制度、一笔专项的工作经费"的"五个一"要求，健全工作机制。新农村建设指导员原则上从省州县三级后备干部中选派，新农村建设工作队总队长、队长和指导员驻村期间，必须与原单位工作脱钩，派出单位不得再给指导员安排挂钩（点）帮扶之外的工作，不得"兼职"或"走读"。派出单位主要领导是本部门新农村建设挂钩（点）帮扶的第一责任人，主要负责安排部署本部门帮扶的内容及建设项目，每年到驻村调查指导工作不能少于两次。派出单位原则上就是指导员驻村的挂钩（点）帮扶单位，有几个下派指导员名额，就有几个定点挂钩帮扶村委会。新农村建设指导员要加强自身学习、讲究工作方法、多办实事好事、树立良好形象。指导员要负责落实派出单位确定的帮扶计划和承诺，认真履行"六大员"工作职责，围绕当地党委、政府的中心工作，突出抓好对产业发展、农民增收、乡风文明、村庄整治和基层组织建设的指导工作，积极投入当前农村正在开展的村"两委"换届、集体林权制度改革、各级各类整村推进项目等中心工作，着力帮助解决好群众关心关注的热点难点问题，充分发挥好自身优势和特长，对内做好出谋划策，对外当好桥梁纽带，多在农业科技培训、发展规划、市场信息等方面给予指导和培训，多在"村企结对"上牵线搭桥，多在谋划发展上聚民心、集民智、汇民力，积极引导广大群众大力发展特色种植业、生态养殖业、林产业、农产品加工业、新农村旅游业和劳务经济等特色产业和优势产业，力争在驻村期间，能够为驻地留下一个好的发展规划、培育一项好的支撑产业、办成一批好事实事，培训一批致富能手、拓宽一条增收渠道，建立起一支能带领群众致富奔小康的基层干部队伍。

　　MZS："村里的指导员，有乡指导员、村委会干部也派一名指导员。他们的具体工作，一是做到上传下达，上面说要做什么事，乡里开了会，就安排村里做什么，指导员就会到村里来，找到村里的理事会长，村里的牵头人，说要做什么，这段时间要做什么事，进行指导。比如说要做路，这个路要怎么改，这个路怎么走，选择什么老板，资金怎么使用等。二是对村里会存在什么纠纷，要做哪些工作，向村民作解释。三是村里反映了什么情况，存在什么问题，把它向上带到领导那里去。总体来说，一者是进行沟通，二者是督导。关于村里项目的设计，农工部请了专门设计人员进行。他们负责拿出村庄建设规划的图纸方案等。乡指导员，在具体的村庄改造过程中也有些指导，比如建化粪池，什么叫三格式化粪池，改水等，如何达到上面检查的标准，要向村民进行比较详细的交待。主要是按县有关部门领导提出的要求，围绕上面的任务，为完成上面下达的各项指标进行指导,引导村民如何去做。此外,就是对中央的有关政策进行宣传。"

但是,在具体的工作中,新农村建设指导员的作用并未达到预期效果,主要表现在:一是没有实质性的工作权力,主要是协助乡镇和村委会开展新农村建设的宣传、动员等工作,"指导"作用流于形式;二是工作责任心不太强,有私心,主要为自己的前途考虑,没有真正把老百姓装在心里,尤其是一些指导员既不了解村庄的基本情况,更不了解老百姓的所思所想;三是工作能力不能满足新农村建设的需要,很多单位为完成上级下派的指标,往往把新近参加工作的人员下派到农村,而不是根据农村工作的实际和个人工作能力进行选拔,导致新农村指导员整体素质不太高。

BPF:"对挂点的乡干部,黄部长这个人,责任心还是比较强,有什么事都比较主动参与到村里来。如果村里有什么事,要召集村民开个会,帮助村里主持大局,有的时候夜里都过来,但从个人的能力上来说,还是不很强。市领导检查前,乡干部加上新农村指导员30多个人入村工作10多天,三个人一组进行分户包干,对村民进行督促,是瓦房的要重新做瓦头,墙外要进行外粉刷,下水道的清理,改厕,环境整治。村里还装了健身器材,这个钱是领导另外开口,县农工部出的钱,不包括在新农村建设下拨的资金之内。县领导说了,要不惜一切代价,让领导满意。为迎接领导,算好领导到达的准确时间,县领导安排先开一辆车按相同的路线测试一下,算好到这里要花多少时间,再开到县里去要花多少时间。"

TXQ:"乡里的干部在搞形式的时候是很好。在上面检查之前,经常到村里来,要大家把家里搞整洁,搞得像样点,也要添置一些家具。我家里的冰箱都是那个时候买的,那个时候天气好热,村里一共买了好几台。大检查前,乡干部分到了户,3到4个人包几户村民家,整个乡干部有30多人,有一个多星期,早上8点钟到村里来上班,晚上7点才回乡里去。还请了村民帮助做饭,钱也是乡里自己出。时间大概是7月10号前后,我记不太清楚,主要是为了应付检查。对乡在村里的挂点干部我不太清楚。啊,有,是小黄挂点,现在不在我们乡里,调到都镇去了。不过,他好严肃。村民笑他要上(要升官)。他对工作很负责,人比较踏实,也比较和气。但是他没有什么权力,什么事都要镇长拍板,他不敢拍板,上面要个什么东西,都是镇长拍板。"

XWT:"乡里派到村里有一个年轻的挂点干部。他的主要工作就是有领导来,或外地有人来参观考察之前,通知要村民搞好村庄整治,监督村民搞卫生。这个人的能力也不是很强,人也比较年轻,什么事都是要村里人自己出面,自己不去得罪人,魄力不够。"

三、建设内容的失范

2006 年 2 月 22 日,国新办举行的新闻发布会上,陈锡文介绍推进社会主义新农村建设等有关情况时指出,在新农村建设工作推进过程中,中央要求必须做到"五要五不要":要讲究实效,不搞形式主义;要量力而行,不盲目攀比;要民主协商,不强迫命令;要突出特色,不强求一律;要引导扶持,不包办代替。然而,在具体的新农村实践中,形式主义盛行,攀比成风,项目设计不尊重农民意愿、不结合当地实际,千篇一律搞一个模式,政府介入过多、主导过度,甚至包办代替。从中东西部的调查研究和比较显示,在建设内容方面存在以下几个方面的失范。

(一)物质化,即注重基础设施建设

国家制定的政策到下面实施过程中发生很大的变化。制定政策的目的、初衷与现实的实施过程是完全不同的,有的甚至可以说背道而驰,根本达不到原来预期的效果。很多项目的实施都是歪曲地执行,修改地实施。比如说,国家提倡的新农村建设"生产发展、生活宽裕、乡风文明、村容整洁、管理民主"的 20 字方针,可以说,这 20 字方针较为全面、系统、完整地阐明了新农村建设的核心内容,即新农村建设要把经济建设、政治建设、文化

建设、社会建设、基层组织建设统筹起来，不能偏废哪一方面。但是到真正到实施过程中却走了样。方针中把生产发展放在最前面，这个从理论、从实际现状来说都是非常好的，非常符合农村实际和农民的意愿。但"在执行上就走了调，领导们往往从自己的角度考虑，上面给了一些扶助资金，没有也不可能用在生产发展上。基本上是用来搞道路、村子里脏、乱、差的环境整治"。这与新农村建设的政策本意是相违背的。一些基层干部谈起新农村建设，便津津乐道于村庄建设外观的整齐划一，有的地方把为农民修几条路、建几栋房说成是"新农村建设成功典型"。把村容村貌改善作为新农村建设的首要工作甚至是唯一工作已经在很多地方达成了共识，大家都心照不宣地把资金投入到基础设施建设上，而对于生产发展、生活富裕没有太多办法，更别谈乡风文明和管理民主的推进了。

除了建设主体新农村建设内容歪曲为"新村庄建设"，广大媒体在对新农村建设报道上过分关注村庄基础设施建设取得的成绩，进一步加剧了大众对新农村建设的误解。如媒体对新农村报道的重心，大多放在诸如宏大的村民活动室、宽敞的街道、干净的卫生环境、整齐的民房上。而这样的报道多了，给人的印象是新农村建设还是回到老路上，"生产发展、生活宽裕、乡风文明、村容整洁、管理民主"二十字方针被简化成"村容整洁"四个字，于是各地都刮起了一股修厕所、粉墙壁、盖公房等大兴土木之风。

从我们选择的调查点来看，新农村建设主要工作也基本停留在基础设施改善上，大部分村庄的新农村建设的工作内容就被单一划定为村庄物质条件的改善，其他四项目标只字未提。西部和东部调查点的情况也大同小异。

(二)政绩化，即热衷打造形象工程

2006年以来，各地根据中央一号文件指示，相继推进新农村建设试点工作，由于新农村建设任务完成的好坏直接关系到当地政府部门的政绩考核，因而在推进的过程中，各地政府部门都想在较短的时间内取得较好的效果，不约而同落入传统的建设思路当中，把新农村建设作为政绩工程来开展。

于是,各地不顾当地实际和农民的意愿,纷纷上马五花八门的新农村建设项目,这些以"大拆大建"为特征的项目,表面看起来很"养眼",而实质上只不过是中看不中用的"花瓶"项目。出现"只见新房子,不见新农村"的怪现象。据新华网报道,福建漳州市平和县坂仔镇西坑村号召农民建起了 40 多幢黄白相间的小别墅,成为当地政府大力宣传的明星"小康村",但西坑村却因此欠下 130 多万元贷款,成为当地百姓沉重的负担和挥之不去的心病;吉林省桦甸市八道河子镇政府在通往该镇的入口处兴建的"文明生态小康示范村",集体供暖、自来水入户,物业、门卫、娱乐、文化设施等一应俱全,一些地方要求农家在厕所贴瓷砖,在门口建喷泉,有农民抱怨:新居虽然好看了,但离农田远了。一些地方建起了"农民公寓"后,农民要扛着锄头进出电梯……;中部某县在搞小康样板村、文明村工程建设时,遭遇农民的不解和抵制,当地干部扒房子、扒墙推进工程建设,农民们气愤地称其为"两扒"工程;苏北某地村民被政府动员搬进住宅新区后,对每月一次的水电气费、垃圾费、物业管理费缴纳等很不适应;一些地方的"十一五"规划规定,20 户以上的村都要通油路,都要盖新房子,都要按照新的统一的图纸建设。①

更为严重的是,一些地方干部还出来为这些"花瓶"项目提供理论支撑,说什么"小康不小康,关键看住房",只要"阔了门面",就等于树立起了"典型"。在如此"理论"指导下,建房子、修道路、涂墙壁、树典型就成了眼下一些地方"新农村建设"当然的路径选择。

这是新农村建设中的普遍现象,也被称为穿衣戴帽工程,如此树立的典型只不过是当地官员出于政绩考量的结果,根本不考虑农村的实际情况。除了"大拆大建",长期以来,一些"示范项目"往往是"扶强不扶弱",总是放在交通便利的有一定基础的地方,这样检查起来,才会有"东西"可看;而一些交通闭塞的落后的边远地区,却长期享受不到"阳光"的惠顾,这样难

---

① 《新农村建设形式主义种种》,新华网 http://news. xinhuanet. com/politics/2006 - 04/06/content_4383297. htm.

免就造成了地区贫富差距越来越大。全面建设社会主义新农村需要的是让农民得到实实在在的好处,而不是做表面文章。多多关心农民的生产、生活方面的实际问题比修建再多的楼房都有用。在我们调查的三个点上,同样存在政绩化趋势和现象。

(三)趋同化,即建设模式无特色

做任何事都要具体问题具体分析,要因地制宜。然而在新农村建设中,存在严重的趋同化现象,一谈到新农村建设,大家普遍想到的是:村庄道路(包括村内道路和与外界联系的道路)变成水泥路;村庄墙壁被刷成相同颜色(大多是白色);村庄墙壁绘上具有地方特色的壁画。如果资金再宽裕一些,我们头脑中的新农村建设又加上以下几项内容:修建了公厕、修建了垃圾池、改建危房、改造饮水设施、修建文化活动室(也称公房)等。各地都习惯于对本地新农村建设树典型、定模式,导致村庄所选的典型和宣传的内容,只见村民住房、村容、道路等硬件的改善,不见"生产发展、生活宽裕、乡风文明、管理民主"的内容,出现一些怪现象,如有的地方村民搬进了楼房、别墅,还得扛着麻袋、提着水桶爬楼,生活反而不方便了。

2006年中央一号文件明确提出新农村建设要突出特色,不强求一律。新农村建设推进以来,各地以改善村容村貌为主要建设内容的做法导致民众对新农村建设内容的误解,同时也给后来开展新农村建设的地区带来了不良示范。围绕五大目标中的一个目标来推进新农村建设,导致新农村建设的趋同化,即建设模式无特色。新农村建设不仅仅是目前大多数村庄的建房、修路、改水、改厕等设施建设,应该还要包括农田水利基本建设、文化建设、教育建设、生态建设、卫生网络建设、民主建设、农业产业化建设等一系列建设,从而使广大农民的生产、生活各项指标真正达到新农村建设标准,新农村建设内涵更加丰富。具体的新农村建设过程中,要在专家的指导下开展调查研究,实事求是,因地制宜,因村制宜,注重实效;在建设模式上,要力求以人为本,在不破坏生态环境的前提下,建设具有多元特色的新农村。

四、资源分配的失范

（一）资源分配二元化的表现

资源分配包括资源在不同试点村之间的分配、资源在试点村和非试点村之间的分配以及资源在村庄内部村民之间的分配,具有明显的二元化特征。

1. 资源在不同试点村之间的分配

在不同的试点村之间,资源分配不公平现象也比较突出。比如,有的小村庄只有 10 户、20 户或 30 户,有的大村庄有 50 或 60 户,甚至更多户数。但是,上面对每个新农村试点村下拨的资金都是相同的。2006 年每村 7 万元,2007 年每村 10 万元,2008 年每村 13 万元。不管每年下拨资金的数字是多少,国家对不同的村庄所投入的资金基本是相同的,但不包括省、市、县等部门、单位帮扶的资金。因为大小不同村庄平均每户可以支配的资金多少不同,因而对村民的积极性不同。新农村建设上,首先要安排一部分资金在公共项目建设上,如修路,池塘清洗、护坡等。这样分配给村民个体可支配的资金就会更少一些,按 2007 年的新农村建设算,国家给每村投入 10 万元,而且县政府、新村办对这 10 万元的资金在项目建设使用上是作了计划规定,具体比例是:6:2:1:1,即这 10 万元资金,用 6 万元改路,2 万元改水改厕,1 万元搞村庄整治,1 万元是用来建设沼气池的。除去公共项目建设 6 万,实际村民自己可以使用的钱只有 3 万元。如果选择一个只有 10 户的小村庄,那么平均每户可以分配的资金有 3 千元,这样对于改水、改厕等项目建设,村民就可以不要自己再掏腰包,基本上就可以达到上面规定的目标要求,这个村子村民积极性就高,工作也好做。相反,如果说选择一个 60 户的村庄,国家下拨的资金,同样是 10 万元那么平均每户可以支配的资金就只有 500 元,这样要改水、改厕,村民自己就要掏更多钱,村民就没有什么兴趣去做这样的事。

2. 资源在试点村和非试点村之间的分配

新农村建设试点村的选择过程中存在失范现象,如"嫌贫爱富"。认为地制造了穷村和富村之间新的"二元"形态,加剧了农村中的两极分化。这主要是因为,被选为试点村就意味着国家要划拨资金扶持,至少原来没钱修的路能修好,原来脏乱的环境可以得到改善。但非试点村如果没有争取到其他扶持项目的话,一分钱也要不到。这对村庄与村庄之间来说,是极为不公平的,是与社会公平的社会理念相违背的。

3. 资源在村庄内部村民之间的分配

在村庄内部分配的资源,主要有贷款、低保金、救济金的发放,以及针对家庭的奖励名额的分配。村长占有着较多的社会资源,他/她自己很可能成为资源分配的收益者。另外,对资源分配通常出现人情分配的现象。尤其是在由几个家族组成的村庄之内,如果哪个家族有人"当政",涉及村民利益的相关资源分配时,往往会向本家族内部成员倾斜。

LSD:"新农村建设,没什么用,你看下面那些墙就是搞新农村建设,他们的墙是挖了重新修,用双灰粉刮白,我们小村子①,没哪家弄过,他专门糊看得见的。大村子就路边那块,我们这个都是自家整的,都是贷款干的,我现在还差三万的贷款,我们的是信用社的贷款,利息高,便宜的都被那些盖农家乐(村长弟兄俩)的拿走了。我是贷款干,现在要大胆地干,我把利息还掉,下一年我还可以贷。"

BZF:"农村房屋建设不像城市一样整齐,比较杂乱。部分村

---

① 在村民眼里,该村有大村和小村之分,大村主要是以村庄发展之初就存在的老宅为中心发展开来的"原住民"组成的主体村落,小村是指距离村落中心较远、居住较为分散、由后迁入村民组成的"新"村落。大小村之分也反映了该村家族势力大小不一的情况,大村家族势力较强往往成为村庄的"执政"家族,小村家族势力较弱,往往成为"在野"家族。

民的房子做得离村庄本部较远。而作为村庄公共建设的项目对这些离开了村庄中心的村民基本上就没有什么受益。但他们又离不开故土,作为中心的发源地的祖宗,家里的老房子都在原地。但平常的生活都离村庄较远。只是过年,或村里有一些重要活动时他们又要参与其中。存在村庄流动(停滞)与村民边缘化问题。"

TXH:"什么是试点村,我也不知道,建什么新农村!干脆说是他家的新农村。就像前面那人说的,我们这儿当官的是传统型(家族型)的,有什么好事,你这些人一样都闻不着,他家那个家族就占了三分之一,你这些人再怎么团结也挤不上。他家的户数没法说,姑娘嫁出去,七连八扯的,他们都围成一圈,外面的夹不进去,外面的如果要你看看山、扫扫厕所、弄点低保,那还是占关系的,不是嘛,你根本整不着。"

(二)资源分配二元化的危害

资源分配的二元化人为地在农村制造穷村与富村的新的"二元"形态。中国社会存在诸多二元形态,最有代表性的是严重制约城乡互动的"城乡二元"体制,此外,还有东部和西部的二元、社会上层和社会下层的二元、当官的和老百姓的二元。在新农村建设过程中,又人为地制造了穷村和富村的二元。"二元"反映了两者差距逐步拉大、关系逐步减弱甚至出现断裂。新农村建设的名额是有限的,大部分地方的情况是:一个镇只有一个村搞新农村建设。按照自然资源好、经济基础好、干部群众素质高为标准选出的新农村试点村,能得到上级政府部门的持续关注并获得动辄几十万元的建设资金,因而试点村是好上加好,而没被选为试点村的村庄什么也得不到,这就人为地造成了穷者更穷、富者更富的怪现象,制造了原本贫富差距不大的乡土社会也出现了严重的两极分化,形成了穷村与富村之间的新的"二元"形态。由此造成的结果是,村民之间嫉妒心理增强,社会矛盾进一步激化,新农村建设的政策意图受到质疑。问卷调查结果反映了非试点村村民对本村未被选为试点村的态度:大部分村民对本村未被选为新农村试点感到不高兴;大部分非试点村村民对试点村的村民表示了羡慕;绝大部分村民希望自己的村庄成为试点村。

针对本村未被选为试点村的村民调查得知,他们中只有5.1%的人对此表示高兴,53.4%的人表示不高兴,19.4%的调查者对本村选不选作试点村无所谓,有17.5%的人选择了"说不清",有4.2%的人没有回答。

表1　对本村没有当选示范点的态度

	态度(n=236)				
	高兴	不高兴	无所谓	说不清	没回答
人数	12	126	46	42	10
%	5.1	53.4	19.4	17.8	4.2

有49.2%的非试点村村民对试点村的村民表示了羡慕,9.3%的人则不羡慕,有26.3%村民认为无所谓,11.4%的人表示了说不清,不愿意回答的占3.8%。

表2　是否羡慕当选试点村的村民

	态度(n=236)				
	羡慕	不羡慕	无所谓	说不清	缺省
人数	116	22	62	27	9
%	49.2	9.3	26.3	11.4	3.8

表3　是否希望自己村庄成为"试点村"

	态度(n=391)				
	希望	比较希望	不希望	说不清	没回答
人数	25	303	6	26	31
%	6.4	77.5	1.5	6.6	7.9

当被问到"是否希望自己所在村庄成为'试点村'"时,6.4%的人明确表示希望,77.5%的村民表达了比较希望,只有1.5%的人明确表示不希

望,6.6%的人对此"说不清",还有7.9%的人没回答。

五、绩效考核的失范

绩效考核是指按照一定的目标和标准对实践行动及其效果进行评估的过程。各地政府在新农村建设后期,都要进行相应的绩效考核。考核过程中的"失范"现象主要表现在以下几个方面:

(一)考核主体的单一性

考核主体是指考核行动的组织者和行动者。从绩效考核的公平性来看,绩效考核应由领导、专家、评估机构和群众组成的多元主体构成,多元主体参与考核可以弥补各主体在考核过程存在的缺陷,并起到一定的监督作用。但是在新农村建设绩效考核过程中,呈现出领导考核为主的单一性,存在专家、考核机构和群众缺失的问题。领导既是制度的主要设计者,又是制度绩效的考核者,使这种考核变成"内部考核",考核的公正性受到质疑。

(二)考核指标表述的模糊性

各地都制定了新农村建设考评细则,一致的做法是:以"生产发展、生活宽裕、乡风文明、村容整洁、管理民主"五个方面为一级指标,在分别从这五个方面细化出二级指标。各地制定的二级指标都不一样,有的表述清晰,可操作性强;有的却表述模糊、没有具体的量化要求。以"乡风文明"为例,某县参照国家统计局社会主义新农村建设综合评价指标体系,把"乡风文明"的二级指标分解为:人均受教育年限(>9年)、农村文化支出比重(>18%)、新农村图书馆覆盖率(100%)、农民对社会安全满意度(>90%)。某街道制定的新农村建设工作考评细则,对"乡风文明"的考核指标有七项,项目虽多,可操作的却很少,如其中两项指标为:广泛开展学法、用法、守法活动,自觉做遵纪守法公民,打造平安、有序、和谐的人居环境;大力倡导崇尚科学、尊老爱幼、睦邻友好等新风尚,打击赌博、盗窃、打架斗殴、迷信活动等行为。

(三)考核内容的"逃避"性

大部分基层政府的考核细则虽然在五大一级指标下列出了二级指标，但真正考核的只有"村容整洁"的指标，领导带人参观就意味着考核的全部，参观结束考核也随之结束，有意无意地"逃避"了其他指标的考核。考核程序不规范，走形式，基本都能通过考核。在 T 村调查点，上级部门下发的新农村评比细则中(见下表)，涉及"村容整洁"的占了 100 分中的 65 分，其他项目包括：成立理事会(5 分)、开户主会(5 分)、书写固定宣传标语(10分)、制定新农村计划(5 分)，没有指标涉及生产发展、生活富裕、乡风文明、管理民主等内容。

表1　D 市新农村建设评比细则

项目	得分	备注
成立理事会(5 分)		
开户主会(5 分)		
书写固定宣传标语(10 分)		
制定新村建设计划(5 分)		
资金筹集(10 分)		
清杂草(10 分)		
清垃圾(10 分)		
清污泥(15 分)		
拆除危房、破旧围墙(30 分)		

六、后期管理的失范

在中国农村社会改革发展进程中，新农村建设可以说是农村社会变迁的一种有效尝试。试点村管理由人参与的，有时是自觉的，有时是不自觉的，人们自觉参与社会变迁的主观基础是对社会发展规律的重新认识。新农村建设不能一"建"了之,在各项基础设施完善后,在新农村建设试点村管理上,都要遵循农村社会发展规律,通过政府行为的引导,加强"人"在后期管理中的自觉性和主观能动性。

(一)后期管理失范的表现

1.建成的基础设施荒废闲置

建设的村级组织活动场所、文化大院、图书室等没有发挥实际作用,好多建设以后闲置不用,只是用来应付上级检查;诸如各地普遍都安装了的农村党员干部远程教育设备,作为新农村建设重要的配套性设施却没有真正发挥作用,活动场所门可罗雀,成为一些村民堆放杂物的场所。

2.在环境卫生缺乏有效管理制度

由于有些村民的环境自律意识差,试点村存在柴草乱堆、垃圾乱倒、苍蝇乱飞、污水乱流、摊点乱摆、牲畜乱放等脏、乱、差现象,农村生活垃圾、废水处理等问题较为严重,同是,由于在农业生产中不正当使用化肥、农药等,也造成农村环境不同程度受污染。

3.村民的人文素质有待加强

虽然试点村村民的思想观念发生了很大的变化,文化水平也不断提高,但部分农民封建思想、宗族观念及迷信思想根深蒂固,小农意识浓厚,只看重眼前利益及局部利益,法律知识贫乏、法制意识淡薄,违法违纪行为仍有出现,与社会主义现代和谐新农村建设的要求还有一定的差距,还存在基础设施被偷被盗被破坏等不良现象,村民整体素质有待进一步提高。

4.后期建设资金难到位,政府后期管理不足

由于建设试点村的大量资金投入等诸多原因,乡、村级存在大量债务,而国家的后期资金投入又没有到位,导致一些项目设施的后期保养维护力

度不够,随着新农村建设开展,挂点单位的主要精力单纯地集中转移到新农村建设硬件设施上,对后期有所忽视,"见物不见人"现象较严重,多数挂点单位工作组人员很少驻在点上,一些新农村也坦言:"只要钱到了就行,人来不来无所谓"。同时,对挂点单位支持帮扶新农村建设的考核不严,这在一定程度上削弱了试点村后期管理的力度。

5. 后期产业发展缺乏,农民增收渠道较窄

在试点村推进"一村一品"①持续性不够,有的村在选择产业发展的时候长期规划不够,所选的产业发展品质不良、特色不明显、附加值不高,导致选择的项目难以长久地实施下去,农民难以实现增值增效。由于不能转移农村劳动力,导致农民的务工收入下降,又没有一个鼓励和支持符合产业政策的乡镇企业发展的规划,导致试点村村民没有创业渠道和务工条件,直接导致农民收入不足。

6. 试点村示范带动作用不够明显

抓点带面,示范带动,是新农村建设中行之有效的一个方法,抓好新农村建设试点村的示范带动工作,以点带面地全面推动社会主义新农村建设正成为各地建设新农村的一项重要措施,新农村建设是示范先行,整体推进,但由于选择试点村的标准不一,部分决策者多角度决策,盲目追求"标准高、摊子大、设施全"的"高大全"新农村试点村,导致新农村试点村的示范带动作用不够明显。

一是成为政绩工程,示范带动不足

政绩为先的思想在一些地方还非常严重,在新农村试点村的选择中,有些没有明显的示范作用的村庄,但由于是上级领导的联系点或扶持点、本村出了什么知名人士或当地籍在外有钱有权有地位人士的村庄,为增强影响力,也为了政绩,也被明确为试点村,这就是试点村选择中的名人效应,很多

---

① "一村一品"是由日本引进的概念。其含义是指,一个区域根据一个区域的资源禀赋和特点,以市场为导向,变资源优势为产业和品牌优势,逐步形成一个具有区域特色的产业链或产业群。

试点村是各级领导的对口联系点。在试点村建设过程中,有些领导干部为了出政绩,不惜花财政的钱,借银行的钱,筹老百姓的钱,建气派的村办公楼、建现代化的村广场等"标志性"工程。有些领导干部心态失衡,头脑发热,喜欢攀比,喜欢"刮风",不顾实际,不尊重群众意愿,不管有钱没钱,先比个声势浩大,有的地方还出现了拿着镰刀住洋房,扛着锄头进电梯的情况,降低了试点村的示范效应。

二是存在形象效应,铺张浪费严重

在有些地方新农村试点村的选择建设过程中,有些却是向上级领导示范的,追求的是一种形象效应。有媒体报道,当前不少地方的新农村建设规划,就是把新农村试点村重点部署在国道、省道和铁道沿线,形成新农村建设示范带,方便上级领导来看,便于彰显自己的政绩。这些"示范新村"在建设上,集中了给全县两、三百个村帮扶的项目和资金,这样"新"起来的村又如何能够发挥示范作用呢? 那些远离国道线或省道线或城市郊区的村社,又怎么能学怎么能"新"起来呢? 还有的甚至把试点村建成"高大全"工程,把新农村建成了村中城、别墅村,失去了示范的价值。没有任何配套的产业项目,被当地村民斥为"中看不中用的花架子",只会往官员脸上"贴金"。有些地方靠财政"垒"起的一个"盆景",对其他地方毫无示范意义。建设"试点村",如果是通过锦上添花"大跃进"速成而放出来的"新农村建设试点村"的"卫星",甚至于把过去"大跃进"速成的其他名目的"试点村"简单地换成"新农村建设试点村"的牌子,除了"摆好了给看的"(主要是给领导看的),或者是给新闻媒体做"盆景",最终会使"建设社会主义新农村"走上"形式主义"的老路。

三是存在短视效应,长期规划不足

社会主义新农村建设不是一年半载或一朝一夕能完成的事情,要有十五二十年甚至更长时间的规划。一些发达国家都经过了很长的时间才完成了农村的转型,近的如韩国也用了将近二十年才完成了其新农村运动。新农村建设不可急于求成,要着眼长远,要真正抓好点(试点村)带好面(全局)。但是,有的人一听说搞新农村建设,尚未明白其中要义,便急于搞规划,上项目,修建文化广场,强迫农民拆迁盖新房,急于出成绩,搞得群众议论纷纷。据报载,有一个地方,急急忙忙建一新村,水电未通,窗户连玻璃都未安装,为应付上级检查,便强迫村民乔迁新居,农民更为苦恼的是,搬进新村后,种地要走好几公里路。这种急功近利的做法,实际上是短视效应的表现。新农村建设是由若干指标体系构成的,把新农村建设等同于建几栋豪华别墅或是修几条宽广马路,其实是一种狭隘片面的理解,是一种形而上学的表现,这种急功近利的短视行为,对新农村的建设十分有害。

(二)后期管理失范的成因

1.主体参与意识不强

干部、群众对建设社会主义新农村的实质缺乏深刻的认识和理解。片面认为新农村建设就是"修一段路,白一面墙,盖几所房";认为新农村建设目标太高,任务过重,缺乏实现目标的信心;认为新农村建设是各级政府的事,与自己无关,漠不关心,思想淡漠。新农村建设农民是主体,只有让农民充分认识新农村建设的重要性、必要性、可行性,充分理解社会主义新农村建设的内涵和外延,才能充分调动他们的积极性,使其投身到新农村建设的主战场。由于历史原因和区位限制,农业、农村经济发展相对滞后。大多数农民世世代代居住在农村,对贫困落后的面貌司空见惯,安于现状,竞争意识不强。受文化水平、思想观念、劳动致富能力等诸多因素制约,"等、靠、要"的思想严重。在新农村建设中不是"我要建"而是"要我建",主观能动性不强,积极性不高。

2.具体保障措施缺乏

新农村建设后期管理是一项长期的过程,在村民没有形成自觉的自我管理的意识时,是需要一整套健全的、系统的管理制度去制约村民的行为。试点村的后期管理需要规划先行,只有在科学规划下建成的新农村示范点才会具备高起点、科学性、实用性与适应性,起到以点带面的作用。当前许多农村的青壮年纷纷外出打工,留在家中的基本是老弱妇孺,有的家庭甚至连基本的生产生活都成问题,没有足够的劳动投入,而且劳动者素质较低。新农村建设的当年投资计划无法完成,规模、内容达不到要求,直接影响试点村的整体推进。

3.以产业发展为支撑的经济发展滞后

建设社会主义新农村的中心任务是促进农业和农村经济的全面发展,要实现农业和农村经济全面发展需要强大的产业支撑,农村经济发展不平衡,大多数地方仍是靠种植粮食解决温饱,增加农民经济收入的产业没有真正培育起来,经济发展缺乏后劲,农民增收难,新农村建设缺乏产业支撑。有些试点村设施建设经过多年建设,水利设施、交通、通讯等有了较大改善,但与新农村建设的目标相比仍然存在较大的差距,交通、通讯问题是制约经济发展的瓶颈,直接影响新农村建设的进程。

4.村民整体素质较低

农业科技推广有待进一步加强。社会主义新农村建设需要一大批有政治思想觉悟、掌握现代科学技术、会经营懂管理的新型农民。目前的状况是大多数文化层次较高的农民外出务工,留在农村从事农业生产的农民科学文化素质较低,劳动能力、经营管理能力较差,难于满足新农村建设的需要。建设社会主义新农村的关键是发展现代农业,因为建设现代农业是推进社会主义新农村建设的产业支撑,推进现代农业建设主要是加速科技进步,加快科技进步的关键是加强农业高新技术推广,只有加强农业科技推广才能切实提高现代科技成果的转化率和对农业增长的贡献率。试点村的长远建设、人员素质、经费保障、工作内容等与建设社会主义新农村的要求和农民群众的期盼仍不相适应,需进一步加强。

第六章 新农村建设制度绩效的堕距问题分析

本章主要分析由于实践机制中存在诸多方面的失范,导致新农村制度设计没有发挥出应有的绩效,产生了制度堕距现象(制度的应然、当然、实然状况之间的差距)。新农村建设的制度堕距主要体现在新农村建设的五个目标:生产发展、生活宽裕、乡风文明、村容整洁、管理民主,以及"试点村"的实际示范效果等方面。另外,本章还对新农村建设制度产生向上和向下堕距的原因进行详细分析。尽管中东西部农村的现实情况千差万别,但是制度堕距问题具有普遍的相同性。

西方社会学家用"堕距"一词指文化的各组成部分在实践变迁的过程中出现的不协调、不平衡、差距和错位现象,即所谓的"文化堕距(culture lag)",是由美国社会学家奥格本提出的。齐美尔在思考主体文化(人们开发出来各类东西,比如艺术、科学、哲学等)和客体文化(个人制造、吸收、控制客观文化元素的能力)关系的时候也使用了这一概念,在他看来,虽然人们保持着创造和更新客体文化的能力,但从历史的发展过程来看,客体文化对主体文化的压倒优势却越来越明显,越来越对行为者产生压制作用,主体文化和客体文化的这种非均势状态也被称为"文化堕距",其结果是扼杀了主体的创造力,"生活如同一滩死水",齐美尔将这种状况称之为"文化的悲剧"。

"堕距"概念也被用在制度研究中,"任何一种制度都存在三种状态。制度的当然状态指称制度的文本或要义,制度的实然状态标示制度的执行状况,制度的应然状态暗示制度改进的目标。一般来说,这三种状态是分离的,如果按照增进社会福利的标准,往往是应然状态优于当然状态,而当然状态优于实然状态。理想的情况下三者统一于实然,但这往往是不可能的。因此制度的三种状态之间必然存在差距,即制度堕距。制度堕距又可分为两类,上向堕距是制度的应然状态和当然状态之间的差距,下向堕距是制度的当然状态和实然状态之间的差距"[1]。制度的三种状态之间的关系可以用下图表示:

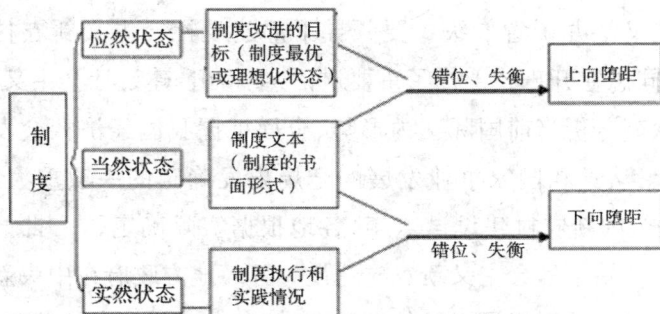

在新农村建设中,宏观的制度设计尤其是地方性的制度设计存在需要改进的地方,制度执行和实践过程中也存在"失范"现象,呈现出上向堕距和下向堕距。

一、制度上向堕距

在理论层面,可以把制度文本与制度目标之间的上向堕距分为以下几个层次:制度缺失、制度模糊、制度缺陷、制度冲突和制度断裂。[2] 对于新农村建设而言,制度文本扮演着极其重要的角色,但也存在一定程度的上向堕距现象。对新农村建设政策问题上向堕距的判断,主要基于对以下几个问题的回答:

一是制度文本是否缺失。

---

① 辛秋水等:《制度堕距与制度改进——对安徽省五县十二村村民自治问卷调查的研究报告》,《福建论坛》2004 年第 9 期,第 107 页。
② 李莹:《制度堕距与集体行为——对企业职工集体上访事件的分析》,《青年研究》2007 年第 3 期,第 17 页。

　　制度文本反映了政府的执政思路和执政理念。2005 年以来,中央和各级地方政府制定了一系列指导新农村建设制度文本。2006 年 3 月,党的十六届五中全会全面提出了建设社会主义新农村的战略目标,以中共中央国务院的名义下发了《推进社会主义新农村建设的若干意见》,第一次以文件形式正式将它提出来,为新农村建设指出了正确的方向。2006 年 3 月 14 日中共中央又举办了省部级主要领导干部建设社会主义新农村专题研讨班,胡锦涛同志在开班式上作了重要讲话,他指出:建设社会主义新农村,是我们党在深刻分析当前国际国内形势、全面把握我国经济社会发展阶段特征的基础上,从党和国家事业发展的全局出发确定的一项重大历史任务。2006 年,是全国新农村建设试点年,各地根据实际确定了一批试点村围绕二十字方针开始了社会主义新农村建设。各级地方政府在中央新农村建设二十字方针及一系列指导意见的框架内,结合本地区的实际情况,相继出台了指导本地新农村建设的实施意见、考核办法,各建设点也制定了相应的工作计划和具体的实施办法。所以,总体说来,新农村建设过程中并不存在制度缺失的情况。调查中,村民和基层干部对新农村建设这一政策文本的满意度是比较高的,在调查的 391 人中,有 293 人认为我国社会主义新农村建设决议意义重大,占调查总数的 74.9%;有 232 人认为我国关于社会主义新农村建设的决议的颁布正合时宜,占总数的 59.3%,有 74 人表示有点晚,占总数的 18.9%,说明村民期待更多惠农政策的出台;当谈到社会主义新农村建设能否改变农村落后面貌这一问题时,有 56.5% 的调查对象选择"能";在对国家关于建设社会主义新农村建设这一举措的赞同程度调查上,有 187 人表示完全赞同,182 人表示赞同,分别占到总调查总数的 47.8% 和 46.5%;有 88.0% 调查对象希望新农村建设长久持续下去。

　　此外,村民对新农村建设总目标和分目标较高的认知度也从另一个侧面反映了新农村建设政策文本的有效性,关于中央提出的"生产发展、生活富裕、乡风文明、村容整洁、管理民主"社会主义新农村建设的总目标,391名受调查对象中有 92 人认为提得很全面,占总数的 23.5%;有 168 人认为总目标比较全面,占总人数的 43.0%;在"乡风文明"这一目标是否要建设的问题上,占调查总数84.7%的人认为是一定要的;关于"民主管理"必要性的调查,有83.6%的调查对象认为"民主管理"十分必要。

二是制度文本是否合理。

社会主义新农村建设,是中央根据我国社会经济发展的阶段特点,为解决"三农"问题而明确提出的重要战略举措。新农村建设的制度文本具有以下特点:(1)连贯性。与先前的制度文本共同构筑了关于解决"三农"问题制度框架,从党的十六届三中全会提出"统筹城乡发展"的思想,到十六届四中全会胡锦涛总书记的"两个趋向"论断,再到十六届五中全会提出的建设社会主义新农村,可以清楚地看出党和国家在调整城乡关系、解决"三农"问题的政策脉络"[①]。具有较强的内在逻辑性,反映了政府执政理念的科学性和连贯性。(2)准确性。党的十六届五中全会提出了建设"生产发展、生活宽裕、乡风文明、村容整洁、管理民主"社会主义新农村的二十字方针,它体现了经济建设、政治建设、文化建设、社会建设四位一体的内容,也是对农村物质文明、精神文明、政治文明及未来发展蓝图的生动写照,较为准确地回答了农村需要发展什么的问题,为农村建设的具体实践奠定了理论基础。(3)可操作性。新农村建设的"新"体现在新的社会背景、新的建设思路和新的建设目标和内容。依照二十字方针,明确了新农村建设要发展农村生产力,提高农民生活水平、设施,改善农村基础,发展农村社会事业,推进基层民主政治建设,以形成新农民、新社区、新组织、新设施、新风貌为目标,以加强农村道路、水电、水利等生产生活基础设施建设,促进农村教育、卫生等社会事业发展为主要内容的新型农村综合建设计划。通过各方面的综合建设,把农村建设成为经济繁荣、设施完善、环境优美、文明和谐的社会主义新农村。目标、内容表述清晰,具有较强的可操作性。

中央关于建设社会主义新农村的政策文本清晰、明确。各级地方政府依据中央政策制定了地方性的新农村建设政策文本,提出了相应的实践机制,有的准确清晰,操作性强,有的却不尽如人意,存在的问题主要有:(1)

---

① 任国庆:《我国社会主义新农村建设政策框架研究》,河北农业大学博士学位毕业论文,2007年第18期。

所制定的地方性新农村建设实施意见,更多是对中央政策的重复表述,缺少详细的工作指南和评价体系;(2)无论是开会讲话还是发布文件,空话、套话太多,要么是对中央政策理解不透彻,要么是对农村的实际情况不了解,习惯于闭门造车,根本不了解"没有调查就没有发言权"的深刻含义。在调查过程中,我们发现,一些基层官员很少到农村去做实地调查,即使去也是走个形式,他们根本不了解农村的实际情况,不知道农民的所思所想,习惯于在办公室搞基层工作,以开会讨论的形式想当然地对发展形势作出判断。有的乡(镇)政府就把念文件当成是政策执行,于是出现"国务院,下文件,一级一级往下念"的现象。于是出现了新农村建设实施相当长的一段时间后,还有一些地方没有多大改观,甚至对新农村建设政策知之甚少。调查结果显示,农民对新农村建设知道的人多,了解的人少。80%左右的农民听说过新农村建设,但其中又有80%以上的农民对新农村建设的内容知之甚少。在380位听说过新农村建设的农民中,表示对这一政策非常了解的只占3.1%,表示比较了解的只有12.8%,两项相加不到16%。其余84%的农民则表示对新农村建设的内容只是知道一点或者不太清楚,也就是说,八成以上的农民对关系到自身发展的新农村建设并不太了解①。另外,一些基层官员整天无所事事,上班打牌、下班喝酒的现象依然存在,不仅严重影响基层工作的开展,而且也损害了国家工作人员的形象;(3)重"说"的功夫,轻"做"的招术。"一无想法、二无规划、三无措施"的村子为数甚多,一些地方还是处于"过去咋干还咋干,穿着新鞋走老路"的状况。有的村干部甚至认为,现在温饱问题解决了,农民吃穿不愁了,农业税又全免了,维持下去就很好了,甚至还出现了这样的顺口溜:"建设口号跟着喊,看着别人怎么干,没钱没物不想干,顺其自然少流汗。"另有一些地方,虽然有细致的规划、科学的部署,但落实到行动上时,却是雷声大雨点稀。② 可见,新农村建设中,地方性的政策文本需要在科学论证的基础上逐步改进并细化。

---

① 周东升:《新农村建设中乡(镇)政府政策执行力研究》,湘潭大学硕士学位论文,2009年第26期。

② 龚震:《新农村建设要避免"五重五轻"》,三农中国 http://www.snzg.cn,2007 - 12 - 17。

三是政策是否存在缺陷。

中央政策文本的严谨性、完备性自不必说,而地方政府在缺少周密调研情况下就制定的政策文本却存在一定程度的缺陷,导致实践起来较为困难,造成骑虎难下的困境。主要表现为制度文本建设目标定得太高,急于求成,有些脱离实际,欠缺操作性。一乡镇基层领导对此有深刻感受:

> MBH:"我们感觉上级领导把新农村建设看得太简单,不但把目标定得很高,而且把实现目标的时间定得很短,有些目标规划根本不能在短期内实现。譬如,六改四普及方面,在一年的时间里,改房,要求所有的试点村拆除空心房、土坯房、外墙一律拉毛甚至为追求美观强求村民统一色彩装饰等,不仅不符合群众本身的要求意愿,而且大大超出群众的经济承受能力,如果为了追求政治效应强行群众高筑债台高标准建设,即使住在别墅村,他们也快乐不起来,这样的新农村建设背离了社会主义新农村建设的真正内涵与建设宗旨。再如,产业的培植、经济的发展、农民素质的提高、民主管理机制的形成等,这些软环境的培育不是一个村、几个带头人一努力就能达到的,更何况外部条件有限、时间短,这些目标实在是"心想而事不成"。

四是政策文本体现的精神内涵是否一致,政策文本在自上而下的传达过程中衔接是否良好,是否存在传递失真的情况。

中央对新农村建设提出了宏观的制度支持,规定好了新农村建设的"大方向",各级地方政府可以根据本地区的实际情况,制定相应的地方性政策文本。如果比较中央和地方政府两个版本的政策文本,可以发现,中央的政策文本体现了中央对经济建设、政治建设、文化建设、社会建设、基层的民主建设各层面的全方位考虑,而地方性政策文本虽然在形式上也考虑到这几个方面,但是具体的内容上却存在照搬上级文本和解读不当的情况,尤其是在最能体现新农村实践内容的村级新农村建设规划中,我们看到千篇一律讲的都是如何搞好"村容整洁"相关安排。以下两个文本,一个是某区建设社会主义新农村实施意见,一个是某村新农村建设工作计划,比较可以看出,区级文本结合二十字方针提出了新农村建设的指导思想、基本原则和建设标准,内容全面;村级文本所列出的工作计划却只涉及改善村容村貌具体安排,对生产发展、生活富裕、乡风文明、管理民主等内容涉及较少或未涉及。政策文本在自上而下传达过程中存在传达失真、脱节等问题,使得中央新农村建设的精神内涵得不到较好地体现。现将这两个文本的主要内容呈现如下:

某区建设社会主义新农村实施意见

一、指导思想

二、基本原则

一是尊重民意;二是因地制宜;三是突出特色

三、建设标准

(一)生产发展。共7条标准(略)

(二)生活宽裕。共7条标准(略)

(三)乡风文明。共7条标准(略)

(四)村容整洁。共7条标准(略)

(五)管理民主。共7条标准(略)

四、组织领导

某区人民政府办公室

2006年5月15日

某村2006年新农村建设工作计划

一、环境整治

1.全村动手清除村内杂草、垃圾,责任包干到户,理事会责任督查。8月20日前全面完成验收,按规划建设垃圾池9个,9月底前完成。

2.改污水、清淤泥,各户门前屋后由各户自行清理。门口塘、鱼苗塘村里安排包干清理,8月25日前完成,修建公场长约30米排水沟,9月底前完成。

3. 风景树护栏,村古樟树建立砖砌护栏,承包形式完成,9月5日前完工。

4. 绿化植树,结合环境清理,私有空闲地由各户自行打洞栽树,公共地段,公路两旁由村统一安排植树,10月底前完成规划和订购苗木,适时完成栽植任务。

二、改水

1. 结合改污清淤,整治村中两塘,完善改港工程,即外港砌护和挡水堰、简桥,时间暂未定。

2. 彻底改善饮水问题,以户为单位建立单户塔式自来水,资金由户出一部分,扶助资金一部分,9月15日前完成。

三、改路

完善村中主要干道,修建村中宽1米、长2500米左右道路,进行水泥硬化,改变雨天走泥巴路现状,9月15日前完成。

四、沼气

由村民自愿报名,建立10户以上沼气池,多则不限。

五、改厕

结合改水和沼气,进行改栏、改厕40户以上,改成水冲式蹲位厕所,配套化粪池或沼气池,要求9月15日前与改水同步进行。

六、建立社区活动中心

集资2~3万,争取援助2~3万,改变目前借房现状,资金到位年前即开建。

七、拆除有碍村容建筑,实现房屋墙面崭新

结合环境整治,拆掉公认有碍村容村貌的残垣旧院,破败无人管理的建筑,9月15日前完成,10月底前进行房屋翻新,主要进行刷白。

某村新农村建设理事会

2006 年 8 月

此外,每年各地都要进行本年度新农村建设工作总结和下一年新农村建设工作计划,两者都以文本的形式呈现出来,这时我们会发现,总结往往长篇大论、夸夸其谈,计划却简洁"明了"。某社区所做的 2008 年工作总结及 2009 年工作计划共有 10 页 5700 余字,工作总结占了 8 页 4500 余字,工作计划却只有 2 页 1200 余字。无庸讳言,新农村建设的制度文本在从上到下传达的过程中,出现传递失真的情况,新农村建设内在的精神内涵得不到彰显。

总之,新农村建设的政策文本还有很多亟待改进的地方,存在一定程度的上向堕距现象。

二、制度下向堕距

制度下向堕距指的是制度当然状态和实然状态之间存在差距和错位,即制度执行情况与制度文本之间存在着差距和错位。新农村建设中的政策执行情况直接反映了制度设计通过实践机制所达到的制度绩效。新农村建设的制度下向堕距主要表现在以下几个方面:

一是把村容整洁目标的实现等同于新农村建设。

注重基础设施建设,尤其是村容村貌的建设是各地新农村建设的共同点。有的地方把这种做法称为"六改四普及"[①],包括:(1)改房。有保留价值的房子要进行整修。有历史意义的建筑和名胜古迹要注意保护,没有保留价值的土坯房和无人居住的破旧房、"空心房"要逐步拆除。房屋外墙体要整洁美观,房屋四周滴水沟要用水泥三面粉刷,旧门窗做好油漆。(2)改栏。要切实做到人畜分离,有条件的地方提倡发展畜牧小区。试点自然村内的破旧猪牛栏、厕所、残墙断壁要全部拆除。有条件的自然村改栏应兼顾考虑今后使用沼气。(3)改水。把普及自来水作为重点,使群众饮用卫生安全的自来水。有条件的地方集中供水,不具备集中供水条件的地方采用分户供水方式。(4)改厕。建"三格式"无害化厕所,努力改善农村卫生条

---

① 各地具体做法虽有差异,但主要内容基本包括在这十项内容之中。

件。(5)改路。结合"村村通"工程,硬化进村道路,试点自然村要在年内硬化进村道路和村内道路,便利农民出行。(6)改环境。开展清淤泥、清杂草、清垃圾、清污水、清路障活动,动员和组织群众搞好村旁屋旁绿化,做到果树成荫、环境优美、村容整洁。(7)普及沼气。积极引导有条件的地方推广使用沼气。(8)有线电视。进一步完善有线电视传输网络,试点自然村的有线电视普及率要达到100%。(9)电话。加强农村通讯网络和互联网建设,试点自然村电话普及率要达到100%。(10)太阳能。要积极发展太阳能等清洁能源,不断改善农村的生态环境。选择条件好,群众积极性高的地方示范安装。

也就是说,新农村建设的五大目标中,村容整洁的目标实现得最好,而其他四个目标实现起来难度都比较大,因而大部分地方都避重就轻,难度最小,最容易见效的目标优先来做;难度大、周期长、投钱也不一定见效的先摆到一边。

二是把新农村建设作为"政绩工程"来开展。

新农村建设开展以来,地方各级政府及基层干部就围绕其进行着或明或暗的利益博弈,目的无非只有两个:钱和名。一方面,争取到新农村建设"试点村"的名额可以得到国家划拨的大笔资金,各级政府部门都可以从中截留一部分资金;另一方面,利用这些资金对村容村貌进行改善,相关部门验收合格,可以成为主管部门政绩考核的重要指标。正是在利益的驱使下,各地新农村建设都热衷于村庄外貌的改善,以迎合上级领导的视察,而迎接领导检查的过程就如同学生迎接老师的卫生检查一样,其中的一些细节令人捧腹。在调查的过程中,村民向我们详细讲述了一次迎接市委副书记检查的具体过程:

TYS:"为了迎接市委副书记7月12号的检查,7月3号前,C镇有关领导先通知村里的干部,再通知村理事会会长TBG。会长随后与村民理事会有关人员商量,怎样迎接刘书记的到来。3号,几名镇领导干部、还有县新村办干部(其中有农工部长)共5人,到村里召集T村理事会成员开会,共同商量这次的迎接检查的办法。

在以后接连的 12 天时间里，T 村可以说是热闹，C 镇干部 30 多人，自带米、买菜办伙食，请村妇做饭，并且每个人给 30 块钱的工钱，放在村民 DS 家里（做饭）。乡干部三个人一组进行分户包干，对村民进行督促，是瓦房的村民家要重新做瓦头、墙外要进行外粉刷、下水道的清理、改水改厕、整治环境。他们指导监督村民，要求村民打扫卫生、整理家务。甚至，如果村民习惯手里有个东西总是在哪里方便就在哪里放，这时乡里的领导都会上前，主动地去帮你整理。比如村民洗脸的毛巾晾在那个绳索上，一头高一头低没有拉直，他们都会帮你整理好。按照县乡要求，整个村里要做到外面不见一根杂草，不见一个烟头，每家每户都要搞清洁卫生，做到桌椅家具不能见一缕灰尘。人们抽烟的烟头都要扔到离身边几十米远的垃圾窑里去。为了达到不见一根杂草的要求，乡干部安排用专车拉了数车的石粉料（做水泥路用的细石子），把路上有杂草的地方全部铺了一层，把杂草全部压住，全村有上十天都要在家里不能出去做工，特别是村理事会七八个人，几乎不能到田里去做事，更是不能随便走动，就连家里的棉花田被水淹死了都不能去管，要在村里做督促检查工作，做到村民家家到，反反复复地到。村里还装了健身器材，这个钱是县农工部出的钱，是领导另外开口（给）的，不包括在新农村建设下拨的资金之内。县领导说了，要不惜一切代价，让领导满意。市领导来村里检查的时候，还请了 C 镇社区的腰鼓队。

尽管乡干部强调得严，其实，很多村民并不理这一套。镇干部一行人在村里大摇大摆地走，对村民讲：要把东西摆整齐，说这个重要性，说过几天上面的市委副书记要来检查，我们村是搞新农村试点，你们做事一定要做好事，上面领导拿了钱，你们村民也要为他争一口气，你们做得好上面领导就高兴。但村民说：我没有空，不管这么多，还搞这个东西（家庭环境整治的事），反正我们多年都这样过来了。你 LFF（市委副书记），新闻啦！他来了我就要这样搞，那样去搞啊！当然，真正不搞卫生的人毕竟还是少数，对镇领导干部的话，大部分村民还是听从，即使农活忙，没有空，家里卫生，他也会抽个闲来搞一下。也有些村民硬是要到田里去做事，镇里的干部也没有办法，也只有依着村民，等到村民有时间再搞。更多的村民还是同意这个观点：是啊！我们村里搞得这么好，修了这么好的路，都是上面拿的钱，也是要搞得整洁一些好，他来了，我们也是要取得他们的欢喜。要整洁，要打扫，我们就扫，反正搞来搞去，还不是我们自己家里整洁。人总还是讲点情理的，村民也反过来想，乡干部这么大的热天，到这里来，也不容易。乡镇领导也是没有办法，他们在办公室里坐不好，要跑我们这个村里来晒太阳。看，干部的脸都晒黑了。

那天市里来检查，县乡干部都在陪同。当时，市里的个别领导并不跟着新农村干部安排的路线走，而是自己在村庄中到处跑。镇长看到这个情况，马上对村理事长打招呼，要他赶快上前，到前面可能到的村民家里去打好招呼，叫村民说话要注意点。所以，他跑步上前，到了村民幸生家里（因为她对村里的工作有点意见），对这户村民说，你等会儿如果有领导到你家里来的时候，不要乱说，你一定要客气。"

三是新农村建设农民主体地位得不到尊重。

目前，学术界普遍的共识是：新农村建设是由政府、农民和民间组织三者结合起来的多元协同主体，也特别强调了，农民是新农村建设的受益者，也是新农村建设的主力军。391名被调查的村民中，有30.2%的人将政府当作新农村建设的主体，22.8%的人觉得农民是主体，把民间组织看作主体的占5.6%，而有41.4%的人认为新农村建设的主体应当是"三者结合"。大部分村民也认同新农村建设存在多元主体。

然而，在具体的新农村建设实践过程中，存在主体模糊、主体界定不清的情况，而且往往忽视农民在新农村建设中的主力军作用，造成的结果是，"新农村是政府的新农村"，从选点到项目确定再到建设，村民成为旁观者。

大多数地方的新农村建设都是采取招标的形式进行,自然有工程队负责项目建设,"村民只要搞好自家的卫生就可以了"。一方面是政府没有进行积极动员,另一方面是村民自身积极性不高,"等、靠、要"思想特别严重,"国家给钱,能做多少事,村里就做多少事,要村民自己集资,难度大。甚至还有一些比这个"等、靠、要"更为落后,更为严重的思想,就是很多村民对建设新农村表现出"无所谓"态度。因为"等、靠、要"多少带有一种主动性在里面。"等",就带有一种愿望,如果等到了心情就高兴;"靠"是一种依靠,只要有人帮助就会配合,"要"就是主动去找门路、想办法去弄钱。三者都有主动性、能动性,多少还带有一点积极的因素。但'无所谓'思想,完全是一种被动的没有反应的消极的思想,即使国家主动帮助、支持,都不能调动(他们的积极性)。存在这些落后思想的村民对国家的政策没有反应,国家投资也好、给钱也好、不给也好,他们都没有反应、无所谓、处于一种消极状态。国家投资帮助村里搞建设可以,路修就修,不修也不要紧,我(村民)照样吃饭,多少年我们都这样过来了。这些政策,新农村建设,似乎与他们没有任何关系。这种思想比等靠要的思想更符合当前大多数村民的思想实际和心理状态。村民的思想、精神状态对新农村建设有着极为重要的影响,甚至可以说是关键性的因素"。因而,国家在新农村建设中要想方设法调动村民的积极性,使他们通过民主管理、自我管理的方式进行新农村建设。

三、制度堕距的表现

合理的社会政策制定是社会发展和变革的理论基础,社会政策能否得到较好地执行才是社会发展的现实保障,也是社会政策能否达到预期效果的必备前提。从社会主义新农村建设这几年的实践效果看,存在一定程度的制度堕距(政策微效)现象,即政策实施的效果与预期目标(政策结果和政策意图)之间存在偏差[①]。制度理论视角认为,社会制度往往体现了制定

---

① 巫俏冰:《社会政策研究的过程视角——以北京市农村社会养老保险制度为例》,《社会学研究》2002 年第 1 期,第 55 页。

方试图改革现状以增进社会福利的目标或理想,然而,这一目标或理想到底能不能被实施以及在多大程度上被实施,决定了这一制度的好坏。也就是说,一种制度的形式合理性与实施有效性之间往往会存在一定程度的矛盾,从而导致制度的微效甚至失效。对于政策微效现象,当地老百姓用形象的语言进行的描述,"中央政策传达就像陨石一样,落到地上就化掉","优惠政策落实到我们(老百姓)头上,渣渣都没有了。"

社会主义新农村建设中提出了生产发展、生活宽裕、乡风文明、村容整洁、管理民主的五大目标。这五个目标既是各地新农村建设主要的工作指南,同时也是新农村建设成果评价的主要指标。下面,主要以调查点云南 D 村为例,从六个方面对新农村建设的制度绩效的堕距问题进行分析。

(一)从生产发展的目标看

新农村建设在生产发展方面具体实践主要有:引进梨树种植;扶持部分村民开办农家乐,开办旅社和发展养殖业。从目前的效果来看:

(1)梨树栽种由于缺乏管理,成活率低。"现在大部分人不重视管理,农村人都喜欢见效快的事情,他们嫌栽树来得慢,栽完了就不管。栽不怎么(麻烦),关键在管理。以前栽过核桃树,大家都嫌麻烦,怕管理。前面栽了一批,管理不当,有四个村都栽了,成活率不高,去年下霜,都冻死了"。

(2)农家乐也是在新农村建设的政策扶持下开办起来的,该农家乐共投入 30 多万元,目前年均接待游客 1 万余人,年收入可达 10 万余元。在给开办者带来可观经济效益的同时,也产生了一些问题:目前开办的农家乐所起到的示范作用不明显,由于开办农家乐的资金投入较大,如果政府不给予大力扶持,大部分村民不具备开办能力。造成该项目没有实现带动生产发展的预期目的,其他村民也没有从中受益;村民对贷款分配的合理性提出质疑,相互猜忌。有村民反映,"他们开农家乐对我们没有好处,只对他们有利。20 万元的无息贷款给他们,老百姓一分的无息贷款也拿不到。"

(3)在发展养殖业方面,上规模的养鸡场(有专门的养鸡场和养鸡设备)有 3 家,养猪的只有 1 家。其中一家刚把鸡房建好,共投入 8 万元,从信用社贷了 2 万,向亲戚朋友借了 5 万,现在还欠 1 万多的工钱。其他养鸡场也大多采取这样的筹资方式。

养猪的那家目前正面临困境:一是缺乏资金难以扩大养殖规模;二是今年养的猪都染上口蹄疫,药费太贵;三是危房改造补贴没有到位。这些信息可以从笔者对他家访谈后整理的资料看出:

> WHL:我家的房子已经被鉴定为危房了,什么手续都办了,钱没拿到。都承诺,有的给 8000,有的给 3000,我们(手续)都办完了,一样都没见着。

> 我家养了 60 头猪,前几年好养,但是没养,今年养又突然得病。

> 你看我们家的房子,有好几条裂缝,轻微地震的时候,裂缝加宽了,我家的房子盖了 17 年了。我们家现在很困难,两个小娃读书,小的这个,成绩还可以;大的才拿了一次奖状。小的这个叫 WD 读五年级,大的叫 WK,读初二。猪得病了,这些全是针水,4 块钱一瓶,一盒有 20 瓶。打一次要 80 元的打针费,一共要 160 元。

> 这种病传染得很厉害,现在几乎(到处)都有,能打好,就是药太贵。我家养 60 多头,前天卖了 2 头,本来想买点饲料来催催,催没催成功,倒整得病了。今年才起步就这样。

> 没有办法,现在只能硬着头皮整,给(向)亲戚朋友借一些。那天畜牧局的一个姓杨的答应给一点钱,他们说他们没有资金,让我们从民政上要,民政上我们问了,最多就给一、两百块钱,那就是完成任务的给点,不给点他们也不好说话。

> 得这种病的猪,脚都会出血,那些以前也是能治好的,就是治不起,请人家来打针要 80 块钱,现在学着自己打。从来没学过,就学着像打预防针那样打打。

> 喂的是菜叶子,一周要两百块钱,平时的饲料主要是拉宾馆的泔水,7200 元一年。现在把饲料放在菜叶子上,还要加些水,不然

喂不起,原来菜是 2 毛钱一斤,现在 6 毛钱一斤。卖的那几头猪刚好够买针水。

这个办事处(村),就我家养的多,一、二十的倒是多数,四、五个么,大部分家都养着。我们的也不太大,大的那种是弄成小居室,我们想是想,就是没那个钱去做。

我(家)今年怎么那么吃亏!就看政府这块能不能帮点忙,如果政府支持,成规模地养。我对养殖业最感兴趣,因为我不识字。如果做生意什么的,我记不住,所以我对养殖业最感兴趣。经常看着它,喂猪、打针,我都愿意干。我不识字,觉得养殖业是最现实的,还有种田地。做生意一小点马虎就会吃亏。

我要写申请看看,能不能搞小规模养殖,听说小规模养殖能给10 万的贷款。

我最喜欢养殖,火鸡、鸭子、土鸡,样样都养。我想很多办法,就是想不出来。问村上,一句话也问不出来。前段时间有一家贷 3 万的低利息贷款,被 8 家给分了。我们养五、六十头猪,一分钱也没分着。我打电话去问他们:"我们搞养殖的为什么没有?"他说:"先前没有了解。""我 2 月 25 号办了合同,你怎么会没了解,人家一样都没养,你怎么了解?"他一下就把电话挂了。

我们家还会烧酒,烧酒的酒糟也可以喂猪,问题是没有资金。我家养的猪有 3 万块的信用社贷款,现在还不够,又贷了 1 万块。我这批猪还要充(催肥)两个月。这两个月跨过去⋯⋯"

(4)在新农村建设中修建了饮水池。在修建初期,水量还是比较大的,能够满足人畜饮水;但近一年多来,天气干旱少雨,加上村民用水浪费,部分村民家的自来水越来越少甚至断水,饮水困难成为困扰村民日常生产生活正常运转的重要因素之一。据村民反映,"原来水大,这些年干旱。本来五月份会发山水,到处都有水哗哗淌,现在没有了,土壤没水。'冰冻三尺非一日之寒'"。还有就是"有的村民浪费水,用来浇菜。水池还会漏水,直接流走的比较多"。村民还反映,"我们用的水别人可以控制,吃水箐(的水)

基本上干了,秧田箐被农家乐那几家看着。他们用闸阀控着,就是农家乐后面的那个大水池,他们把闸阀一关,我们的水都过不来"。也就是说,如果关闭水池和村庄之间的可控闸阀,水将不能达到村庄(见图4)。

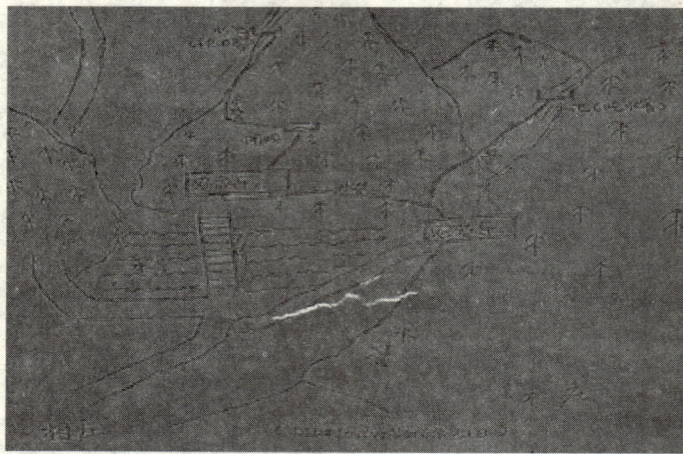

图4　D村水池水管分布示意图

(二)从生活宽裕的目标看

调查点大部分村民仍然延续了以农业为主的生产方式,作物种类、耕作方式都没有发生变化,收入状况较新农村建设前没有多少改观,主要体现在以下几个方面:

(1)烤烟种植仍然是主要的经济来源,然而,由于近年来烤烟生产实行限量压价政策,村民在烤烟上获得的收入反而不如2005年以前。所以,部分村民的收入不增反降。以2009年为例,受合同限制,平均每户村民仅能卖300公斤左右烟,在我们访谈的15户村民中,有13户种植了烤烟,但是他们均表示"合同不够",仅有一部分烤烟卖到烟站,剩下的都卖给小贩。有村民说:

　　LXD:"今年(2009年)烟不好卖,合同少,每家合同大概320(公)斤。(我家)栽了6000棵烟,卖了5000(元),合同少,只卖了500(公)斤,其中自家有300(公)斤,200(公)斤是租地所得的合

同"。另外,"四家(有的是三家)统一(合用)一张卡。卡在烟站手
里,卖的时候卡不拿给个人,我们虽然有个合同,但是控制不了。
卖的快的,就先把合同卖掉。有些卖晚的,烟就卖得相对少"。还
有村民反映,"卖烟斤头还会被宰掉,100 斤还被宰掉将近 20 斤,
烟在家称完了,到烟站称完,打出单子就少掉。(我们)也没有追究
这个事,追究也没有作用"。

(2)生活水平出现两极分化的现象:一极是极少数脱离或者部分脱离
农业生产的家庭,收入不再依靠单一的农业生产,通过开办与旅游相关的产
业或者打工实现了收入的较快增长,这些家庭大都购置了冰箱、洗衣机,安
装了太阳能,生活水平显著提高;另一极是占大多数的仍然以农业生产为主
要收入来源的家庭,收入水平仍然低下,生活状况和新农村建设前相比也改
观不大,有的家庭甚至家徒四壁。访谈期间,有村民说,"(新农村建设)对
生活上、经济上都没有哪样影响,只是水泥路好走,望着好瞧"。这种两极
化现象也体现在 D 村村民住房水平的落差上(见图 5)。

图 5　D 村村民住宅对比

(3)从"低保"政策的落实情况看,D 村共有 8 户 8 人享受低保(见表
一)。从年龄分布看,年龄 40 岁以下的 1 人,40～50 岁 4 人,50～60 岁 1
人,60 岁以上 2 人。也就是说 50 岁以下的有 5 人拿低保。从低保类别来
看,7 人为家庭常年困难,1 人为患病。

表一　D村2009年第三季度低保领取情况统计表①

户主姓名	身份证号码	性别	年龄	民族	家庭住址	类别	报批人数	报批金额
WYS	530xxx196312082xxx	男	44	彝	D小组	常年贫困	1	210
WYH	530xxx410412xxx	女	66	彝	D小组	常年贫困	1	210
BAD	530xxx470202xxx	男	60	彝	D小组	患病	1	210
ZXC	530xxx196705132xxx	男	40	彝	D小组	常年贫困	1	210
LLS	530xxx196601182xxx	男	41	彝	D小组	常年贫困	1	210
BSY	530xxx196805152xxx	男	39	彝	D小组	常年贫困	1	210
HXX	530xxx195409152xxx	男	53	汉	D小组	常年贫困	1	210
WCY	530xxx196407022xxx	男	43	汉	D小组	常年贫困	1	210

上表数据来源于乡民政办统计表。在实地调查中,我们了解到该村存在"人情低保"现象。换言之,该村在低保的分配过程中渗入了人情因素,其合理性受到村民的质疑。关于低保的问题,大部分村民都认为有部分家庭是通过关系拿到低保的。据村民讲:

FHY:"(我们村有)8家拿低保,该拿的有4家,其中两家有残疾人,两家是儿女不管;不该拿的也有4家,身体好年轻的也拿,有个还是摔跤冠军,其他(他们)几家收入高呢,大家都看在眼里。我身体残疾,股骨头坏死,也拿不着低保。"至于低保户是如何产生的,村民说,"有几家是应该拿的,也有几家不合格。(一般说来)谁在选举的时候投了'他'的票谁就有(更大机会获得)低保"。

(三)从乡风文明的目标看

首先,在制度建设和组织上。在新农村建设中以创建"文明村"为目标,成立"创建安全文明村领导小组";制定村规民约,提出了遵守国家法律、爱护公共设施、保护自然环境和资源、维护公共卫生以及树立良好民风等方面的行为规范;成立"妇女之家",并以此为依托,组织妇女进行技能培

---

① 数据来源:乡民政办2009年第三季度低保领取情况统计表。

训、法律知识学习及各种宣传活动,指导和推进家庭教育,倡导文明、健康、科学的生活方式,发动妇女投身新农村建设;组建由妇女之家成员负责的环境卫生监督管理小组,对全村的环境卫生进行监督检查。

其次,具体实践及面临的问题:

(1)以妇女之家为依托,组建文艺队,自编自演民族歌舞,既丰富了村民的业余生活,也宣传了彝族文化。"文艺队经常到乡上、到各村去表演,男的有 5 个,女的有 12 个,主要是跳民族舞。每到节日期间都要有演出,举办摔跤比赛的时候,也有表演,属于压跤场的,老百姓很喜欢。有时还到其他小组去演出,有些地方的老百姓,尤其是年纪大点的,很喜欢看我们演的节目。也算是慰问演出,同时也宣传了彝族文化。文艺队的队长是 HLX,负责找(组织)人,ZYH 负责排练,他会编剧本,会吹乐器,会编舞蹈、小品。在每年二月初一前,专门有几天要进行排练。乡上有时候也会请文体局的老师来给排练。搞这种活动是自娱自乐,很有意思的"(WJL)。问题是,"现在会的人不多了,跳三弦的人也不多,年轻的基本不会"。另外,"现在人心散了,年轻人都出去(打工)掉,见不着,组织不起来了。还是我们这些中年人在接着弄,过几年我们就由中年队变成老年队了"(WJL)。

(2)该村是一个以彝族为主、汉彝杂居的村寨,具有鲜明的民族特色,民族传统文化延续不断,比如,密枝节(民纸节),举办密枝祭祀活动和摔跤比赛。下图是 2005 年 D 村举办密枝节和摔跤比赛的日程安排表。

然而,该村在 2007 年举办过一次摔跤活动之后,没有再举办过类似的活动。主要是因为"资金跟不上,原来乡上给钱,还有些老板给(赞助),这几年不行了,尤其是今年经济危机,老板们都没有钱"。至于以后还会不会举办,"马上要换届,今年肯定是不搞了,至于以后嘛,看新上的领导愿不愿意搞"(BHF)。可见,新农村基层领导在新农村事务处理过程中起着极其重要的作用。

(3)随着市场经济向山村的渗入,村民的思想观念发生了变化,该村原来纯朴的民风、和谐的邻里关系正在受到冲击。

BYF:"(我们村)民风好,没有贼,什么东西放路上都不会丢,安全的

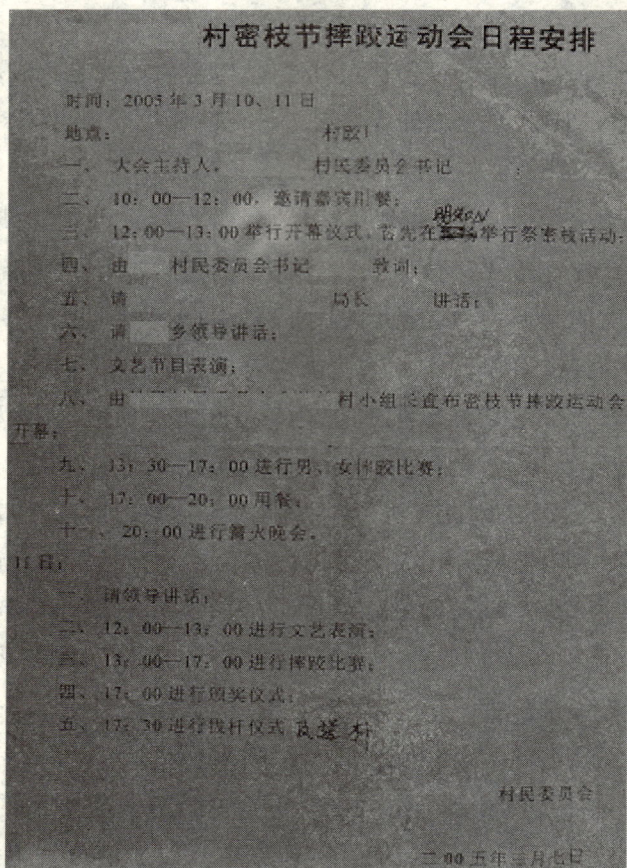

图6　D村密枝节摔跤运动会日程安排

很"。"原来刚分到户的时候,合法(关系好)的两家,互相并起来,这家(的事)做完,做另一家的,轮着干,属于小集体,小互助"。但是"经济时代就讲经济,现在的人,比前几年是有点自私。办公益事业,不给钱(就)不会来(参加)。比如说打街心,都要承包出去。现在什么事都要讲经济"。这主要是因为"这几年经济好搞,打工的到风景区,最低五十元一天,天天去都能打点工。风景区的钱好苦(挣)。规模大,人供不应求。谁也不想着公家的事。"

(4)该村民族关系和睦,多次被评为"民族团结试点村",有基础。"民族之间相互尊重,关系紧密,我们是民族团结试点村,根本就不分你是哪个族。"这是该村乡风文明建设的重要基础。

(四)从村容整洁的目标看

村容村貌的改善是调查点新农村建设中投入最多、最先开展、最先完成、也最有成效的一项工作。一方面,自上而下的新农村建设在 D 村的实践首先在村容整洁的目标上取得了成效;另一方面,作为新农村建设主体的村民也从村容村貌的改善中实实在在地体会到新农村建设带来的好处。

在新农村建设前,村内道路全部为土路,尤其是村内小巷道,粪堆遍地,厕所也分布在路边。一到雨天,厕所、猪圈和粪堆溢出的脏水顺山坡到处流淌,道路泥泞不堪,卫生状况极为恶劣,村民出行困难。风景区通往该村的山路也是土路,村民外出也极为不便。其次,该村住宅大多为土木结构,墙壁由泥土打成,俗称老土墙,虽然有着冬暖夏凉的效果,但随着时间的推移,墙壁不免破旧,和泥泞的道路相配,更显杂乱。此外,部分家庭存在人畜混居的情况,居住环境恶劣。最后,大部分村民居住的都是老房子,院子较小,每当婚丧娶嫁的时候,来做客的亲戚朋友很多,自家院子根本容纳不下,只能分批吃饭。尤其是"到下雨天,道路、场院到处是泥巴,人不好走,车子更进不去,麻烦得很"(WXK)。

新农村建设之后,村内主干道、风景区到村庄的道路都被改造成水泥混凝土路面,小巷道改造成水泥混泥土路面;村庄主干道旁边的房屋墙面都被粉刷成白色,在村中心显眼位置的墙壁上画上反映彝族生产生活场景的壁画,村庄面貌得到改善;修建 80 余平方米的文化活动室(公房),用于开会、办理红白喜事、接待、培训以及举办文艺活动;填埋路边简陋厕所,修建公厕;修建垃圾池,垃圾统一清理,卫生条件得以改善。总的说来,村民对村容村貌的改善是极为满意的。"社会主义新农村,路修好,环境好,有垃圾池,垃圾直接运走,公厕也有了,我家过年不要的垃圾,直接放垃圾池,村长直接安排人拉走。承包给李六石(音译)了。还有一个好的,就是盖了公房,哪家有事就有地方办了。原来在门前放不下,车也进不来,公房有 7 间,一间放菜,一间做厨房,另五间是活动室,有事的时候亲戚、合适的(关系好的)就挨着帮忙"(PCB)。

图 7　富有民族特色的壁画

图 8　小巷道和村庄主干道

当然,用于村容整洁的资源在分配上是有所侧重的,比如说,处于村子显眼位置的道路和墙壁都修饰一新,而部分离街心相对远的房子还是老样子。因而"那些离街心远的有点不满意,路远,抓不着,墙也没有粉"。未被惠及的村民也反映。

LDF:"新农村建设,没什么用,你看下面那些墙就是搞新农村建设,他们的墙是挖了重新修,用双灰粉刮白,我们小村子(该村通常被村民分为大村和小村,大村居住的主要是家族较大的老户,小村居住的大多是家族较小的或外地搬来的新户),没哪家弄过,他专门糊看得见的。"

HHX:"新农村主要是在大路边搞,我们这一样都没搞,外头过路的看着好就是新农村,我们看看还是老样子,没有多大变化"。但有这样怨言的毕竟是少数,绝大部分村民还是认可政府在村庄卫生环境和居住条件改善上所做的努力的。

(五)从管理民主的目标看

2006 年中央一号文件下发了《关于推进社会主义新农村建设的若干意见》,文件中提到,要健全村党组织领导的充满活力的村民自治机制,进一步完善村务公开和民主议事制度,让农民群众真正享有知情权、参与权、管理权、监督权。所以,管理民主的目标就是要让你农民享有"四权"。

调查点在新农村建设中,每个项目从确定到招标,都要求在党员大会和村民大会上讨论,村民也积极参与到新农村建设的讨论中;在具体的建设阶段,部分项目村民还要提供必要的帮助,出工出力。同时,在全村委会实行"一事一议"办法,加强村务工作的监督和管理。然而,在结构式访谈的 16 位村民中,14 位村民认为在农村实行民主管理十分必要,1 位基层干部认为农村实行民主管理为时过早,1 位女性村民对此的态度是说不清。在"新农村建设五个目标哪个最为重要"的问题中,7 位村民认为"民主管理"最重要。这反映了村民对加强基层民主制度建设和实践怀有较大的期待。也说明了,民主管理在具体的操作过程中面临一些问题:

(1)村务公开落实不到位,没有形成持续性的村务公开制度,使得村务公开流于形式。在村务、财务公开栏中,笔者只看到两条表述模糊的财务记录:一份记录了 2005 年 6 月财务收支情况,收入为摔跤运动会(赞助)和淹没水田补助款共计 40094 元,支出为:付摔跤运动会伙食(费)、务工(误工补助)、奖金等共计 28080.4 元;付自来水配件及文艺表演等开支 4234 元;

付各种务（误）工费 4012 元；付各种伙食开支 4012 元，本月共收入 40094 元，支出 39141 元，本月结余 2477.6 元。另一份记录了 2007 年 2 月到 5 月 的收支情况：上期余额 18431.33 元，本期收入摔跤运动会赞助 26800 元，支 出为：付办公用品 58 元；付文艺队务（误）工等 2570 元；付各种伙食 34305 元，付其他支出、摔跤运动会等 16339.2 元。本期支出 22397.7 元，余额 22833.63 元。

对于新农村建设中的项目建设开支状况，村务公开记录中并未涉及。 在和村民的访谈中，我们也了解到，村民对于修路、建公房、建公厕等项目的 财务收支情况并不清楚。关于低保、低息贷款等社会福利的分配都没有按 照严格的程序来做，有"人情分配"之嫌。村民说"（村上）没有公开资金，这 个单位那个单位给的都没有说清。上面一些大单位给钱，晓不得朝哪里去 （花）掉。钱花掉了我们都不认得咋个花（ZNP）"。

（2）部分基层干部对规则的不遵守在村民中形成不良"示范"，民主管 理的群众基础遭到破坏。该村是一个林地资源丰富但建设用地紧缺的村 寨，出于对土地保护的需要，用地审批受到严格控制。该村的"乱建乱占" 情况却又较为严重（见表二），甚至出现个别基层干部"未批先建"现象，法 院曾就其中一起下发过强制执行公告。目前，有 23 户涉及违规建房，占全 村总户数的 32.4%，其中，有 3 户用于建养殖厂，有 4 户用于建农家乐。从 这 23 户村民的身份来看，有 5 户为基层干部，2 户为基层干部亲属，这两类 农户占所有违规建房户的 30.4%。开农家乐的 4 户家庭中，有 2 户为基层 干部，2 户为基层干部亲属。基层干部及其亲属的违规建房在村民中产生 了"示范效应"，致使村民无序建房具有了"合理"的逻辑。调查中，有村民 承认自家违规建房，并透露："我们盖这房子的时候曾跟村干部说，能批尽 量批，他说没有指标批，我就问他，怎么他们（你们）的就盖起来了，他没答 应（回答）。不答应么，我们也盖一小点，盖点起来租租。这个是不奇怪的 （ZDM）。"

表二　D村村民违规建房统计表①

序号	户主姓名	家庭人口数	原有住房面积(m²)	违法用地面积(m²)	地类	用途	结构	是否村委会干部(或村民小组成员)
1	BBJ	4	95	90	自留地	畜圈	砖木	否
2	BHJ	4	40	80	荒山	烤房	砖木	否
3	LLS	4	65	20	荒山	烤房	砖木	否
4	BMX	4	70	80	农田		砖木	否
5	BHL	4	120	80	宅基地	住房	砖木	否
6	BHZ	3	182.24	80		畜圈	砖木	否
7	WSS	5	149.05	20		烤房	砖木	否
8	ZZG	4	222	50		畜圈	砖木	否
9	BLS	4	100	140	荒山	养殖	砖木	否
10	HYX	5	100	20	宅基地	烤房	砖木	否
11	BCS	5	140	130	荒山	养鸡	砖木	否
12	ZYC	5	130	140		农家乐	砖木	否
13	WYS	5	95	20		烤房	砖木	否
14	ZXG	6	100	40		养殖	砖木	否
15	BSY	4	40	100		住宅	砖木	否
16	BCS	5	120	180		农家乐	砖木	是
17	LJH	3	120	150		农家乐	砖木	否
18	HLX	6	110	100		畜圈	砖木	否
19	ZSR	5	110	120		住宅	砖混	否
20	HYX	4	130	130		农家乐	砖木	是
21	BYB	4	120	100		畜圈	砖木	是
22	WYX	5	95	15		烤房	砖木	是
23	WSR	4	100	100		住宅	砖木	是

随之,产生了一个矛盾,对于村民来讲,要发展就要有建设,这就形成了村民对土地需求量大与用地审批严格控制的矛盾。一位基层官员也谈到这种矛盾:

① 数据来源:JX乡整治违法加层无需建房统计表(2007～2009)。

MLY:"在我们这里,农村建设用地根本没有,我平时爱开玩笑说,指标完全用来搞城市建设,没有分到乡上,城市要发展,农村也要发展,现在人口增加了,房屋不够住,肯定要建。现在没有(建房)指标,没有指标也要盖,就比较混乱。以前每年都有指标,经过层层审批,就规范一些。"他接着说,"农村管理是个复杂工作,上面的政策如果不适合农村情况,下达到我们这里,我们就很被动。"

(3)"传统型"的新农村管理模式阻碍了民主管理的实施。所谓"传统型",是村民对"家族型"新农村政治的另外一种表述。"我们这(里)当官的是传统型的,有什么好事,你这些人一样都闻不着,他家那个家族就占了三分之一,他家的户数多,姑娘嫁出去,七连八扯的,他们都围成一圈,外面的加不进去。(他们家族)外面的如果想要去看看山、扫扫厕所、弄点低保,都要占关系,不是嘛(不是的话),根本整不着"(WGN)。

从调查点新农村建设目标达成的情况看,在"生产发展、生活宽裕、乡风文明、村容整洁、管理民主"五个目标中,村容整洁的目标达成情况最好,也是村民最为满意的;生产发展的目标有所触及,但资源分配不尽合理;生活富裕的目标部分达到,但出现两极分化现象;乡风文明在市场化进程中受到冲击;管理民主亟待进一步加强。究其原因,可以发现:生产发展和生活富裕始终是农村发展的长期的基础目标,也是最难实现的目标;乡风文明是外部环境和内部环境经过接触到博弈再到融合的长期作用的产物,需要外在的规则约束和村民的道德自律才能形成,在短期内也难以见效;村容整洁属于硬环境的改善,经过资金的注入,能够在短期内见效;管理民主在传统农村受到"家族型"新农村政治的阻碍,发展缓慢,在这方面,新农村基层干部需要在上级政府的引导下实现自觉转换,把新农村建设理解成全村的新农村建设,而不是"他家的新农村建设"。所以,五个目标中,村容整洁的目标操作起来相对容易,也最容易在短期内见效,成为各地开展新农村建设的突破口,D村也不例外,在该村新农村建设投入的近100万元经费中,绝大部分都用于村容村貌的改善,这成为D村新农村建设的最大成果。而生产发展、生活宽裕、乡风文明、管理民主却成为D村新农村建设的后续目标,这些目标何时能够达成,需要后续政策的出台来给予支持。这说明,新农村建设在 D 村出现了政策微效现象。

政策微效或者政策无效的产生主要有两方面的原因:政策本身的问题,主要是指该政策本身的内容是否清晰[①]以及受众对该政策的态度和评价;或是政策实施过程和负责实施的组织机构的问题(迈克尔·希尔,2003:112)。

那么,D 村在社会主义新农村建设的过程中出现的政策微效问题是政策本身所导致的还是政策实施不当导致的? 按照社会主义新农村建设政策提出的背景、目标以及农民的态度来看:

首先,它的提出符合中国已经实现从总体小康向全面小康建设过渡的社会大背景,"进入新世纪以后中国的国情国力也发生了变化,特别是国家的综合实力和政府财力和以往相比有了非常明显的变化。中国 30 年来经济增长的速度一直在 9% 以上。在世纪之交的 2000 年,GDP 总量是 9.9 万亿元,2008 年的 GDP 超过了 30 万亿。2000 年的财政收入是 1.34 万亿,去年财政收入超过了 6 万亿,8 年时间中财政收入增长了 3 倍多。正是这样一些国情国力的变化,使得政府、整个社会有更大的力量去支持和帮助农村的发展。"可见,社会主义新农村建设的提出正合时宜,该政策本身具有较强的指导意义和实践意义。

其次,社会主义新农村建设所确立的五个目标"生产发展、生活宽裕、乡风文明、村容整洁、管理民主",表述清晰全面,易于理解。

第三,从农民对该政策的态度来看,在笔者随机入户访谈的 16 位村民中,有 13 位村民认为国家关于社会主义新农村建设的决议意义重大,大多数村民表示"上头(中央)的政策好得不得了";同样有 13 位村民认为我国关于社会主义新农村建设的决议的颁布正合时宜;所有访谈到的村民都赞同希望国家长久持续地搞新农村建设,并对该政策能够长期执行下去充满

---

① 按照迈克尔·希尔的说法,政策缺乏清晰度是由于两方面原因造成的:第一,政策制定者自己都不清楚自己要做什么,这类政策更多是出自某种政治幻想的哗众取宠的承诺;第二,人们对政策的理解不一致(迈克尔·希尔,2003:120)。

信心。所以,新农村建设过程中出现的政策微效现象不是由于政策本身的原因导致的,更多的是由于政策实施过程中的问题所导致的。

新农村建设从调查点实践情况来看,新农村建设过程可以归结为:选点(实际是由上级直接确定)→确定项目→招标(邀标)→具体实施等阶段。在这一过程中,政府起着主导作用,村民只是部分参与到其中。也就是说,真正作为新农村建设主体和直接受益者的村民却在一定程度上扮演着旁观者的角色,这与新农村建设的真实意思存在差距。

因而,从农村的现实情况出发,需要在新农村建设中处理好以下几个问题:

一是新农村建设的主体是谁? 这里要明确的是新农村建设的对象是农村,新农村建设的受益者是农民。在新农村建设中,政府的角色是加强引导,村民才是具体实施新农村建设的主角。要努力改变目前一些地区新农村建设中政府介入过多、村民参与度不高的情况。一方面,引导村民转变观念,使村民自觉地认识到新农村建设是"自己的事";另一方面,政府需要引入社会工作的理念,以"助人自助"的理念去指导新农村建设。

二是明确了新农村建设的主体是村民之后,需要把加强社区能力建设作为新农村建设的重点工作之一。所谓社区能力建设是指提升社区居民有效地运用各种资源创造财富的能力,它是从他们的文化特性出发,立足于发掘社区的内在潜力,是社区及个人的"增能"或"充权"的过程(钱宁,2009)。在新农村建设中,要充分认识农村社区的差异性,不搞"一刀切";充分尊重村民意愿,把发言权、分析权、决策权交给当地村民,促使村民加深对自身、社区及其环境条件的理解,与外在力量一道分析评估社区发展存在的问题、制定出合适的发展计划并付诸实施。

三是与加强社区能力建设相对应的是,要大力加强基层干部执政能力建设。基层干部执政能力主要是指基层干部学习理论、理解政策、洞察问题、分析问题、做出决策、制订方案、解决问题等方面的能力,如果不具备这方面的能力,往往会造成工作中教条敷衍、简单粗暴,影响社会政策在基层的落实。这就要求基层干部在学习中不断进步,在与民众的交往中强化服务意识,在实践中不断改进工作方式,在应对复杂局面的过程中提高管理社会事务的能力。

四是加大新农村建设的资金支持力度,并且保证资金及时到位、专款专用。新农村建设是一项长期系统的社会工程,不能急于求成,需要提供长期的政策支持和资金支持。目前新农村建设存在资金来源单一,社会融资比例较小,公共资金分配较为分散等问题,已经影响到新农村建设的正常运行。因而,一方面政府扶持力度要逐步加大,另一方面,要积极引导社会资金投向新农村。

(六)从"试点村"示范效应来看

中国农村社会化进程无疑是一种"后发型"的现代化。试点村的意义就在于成为其他村庄开展新农村建设目标和样板,目标是一种导向、一种标杆、一种激励,没有目标就没有方向。新农村建设作为一个动态的过程,一个渐进的过程,一个完善的过程,归根到底是一个农村社会现代化改造过程。任何远、中、近期目标的提出,都要从能否惠及农民来确定。从目的出发,突出不同特点,确立各自目标,增强可操作性,搞好特色建设。新农村建设试点村要率先发展,当好样板,作出某种可供大家学习的榜样或典范。新农村建设试点村就是新农村建设的榜样、典范、标本。因此,试点村就应表现出示范的热情,试点村就应担当起示范的责任,试点村就应当干出示范的样子,试点村就应当发挥出示范的作用。试点村就应当展现能够学得了、用得上、推得开的经验。然而,从目前的新农村建设试点村的示范效果来看,存在一定程度的失范失效现象。

失范失效是指根据一定标准选择作为"试点"的试点村没有起到示范作用或者示范作用不明显的情况。选点往往是利益博弈的结果,被选择作为试点的试点村能得到国家的资金扶持,而未被选中的非试点村却得不到任何扶持,资源分配存在不公平的现象。试点村利用国家划拨的资金"大兴土木",非试点村却得不到任何改善。更为严重的是,试点村往往自身的基础就比较好,而非试点村却较为贫穷,试点村经过新农村建设得到好的发展机遇,而非试点村原地不前,甚至出现倒退的现象。所以说,经过新农村建设,人为地制造了村庄之间的二元对立,社会公平与公正的发展理念受到挑战。在对村民进行的问卷调查中,有较大比重的村民对新农村建设试点村能否起到示范作用产生了怀疑,在回答该问题的 232 人中,有 32.5% 的人认为"试点村"的示范作用不大,4.3% 的人表示其没有示范作用,而表示有示范作用的占到 59.3%,另有 0.8% 的人认为"试点村"的设立反而引发出新的矛盾来。从试点村村民和非试点村村民对"新农村建设试点村是否具有示范作用"的不同回答看,试点村村民普遍对新农村具有示范作用的认同度明显高于非试点村村民,试点村村民中,有 61.2% 的人认为试点村有示范作用,而非试点村村民中,认为试点村有示范作用的仅有 31.4%。

调查过程中,我们还对中部 J 省的 120 名乡镇基层干部进行了问卷调查,结果显示,39.2% 的人认为试点村有示范作用,而认为示范作用不太大的占到调查总数的 51.8%。

访谈中,部分村民和村干部也表示了对新农村建设示范作用的怀疑和对新农村建设前景的担忧。

> TJS:"新农村建设,国家唱唱是只要一句话,唱出去是容易,但是实际要办成,是个很难的事。因为国家这么大,农村这么多,你要抓到群众搞,不全面调动村民的积极性,是很难办。现在国家对下面的情况也是捉摸不透,国家也是在试点,就是试试看,示范示范。根据我的判断,这个新农村建设,前面搞了的就搞了,以后还是不行,可能马上就要结束。就是地方的干部也搞烦了,一个命令来了,乡里、县里的干部,鞍前马后,跑得忙得不可开交,县里还要有相应的配套资金。2007 年后,如果村里申请搞新农村,就要村民自己先拿出钱来,搞一定数量的集资,把村里配套的钱打到县里指定的账户上。所以,当地很多干部都不希望自己管理这个事。所以说,搞了的村还是好,没有搞的村,现在想搞难度就更大"。

新农村试点村建设示范失效还表现在资金支援不足以致基础设施建设难以全面展开,建设项目较少,且质量得不到保障。而国家资金投入是有限的,如何筹措资金是巩固好新农村建设已有成绩的重要工作。

WWL:"有些其他村的新农村建设,由于资金不足(一般都只有财政统一下拨的10万元)就只搞了一条路。如果全国普遍搞这个新农村建设,要花好多的资金。所以只能是自己搞,上面给一些资金补助。新农村建设要分期分批,不可能一下子就可以完成,就是搞了新农村的地方还有很多的事要做。由于村里外出劳动力多,村里要找人做事也比较难找。"

WSY:"从这种现状看,新农村建设这种模式还是不行,完全取决于国家的扶持力度,靠国家来推动,国家拿多少钱,村里就做多少事。但是,全国这么多的村庄,如果所有的村庄都由国家拿钱来搞,恐怕这个东西很难办。如果说,你把问题向这方面去考虑,我认为中国的这个新农村建设还不合时宜,因为人的思想还不够,还没有到要搞新农村的这种程度。一旦动手搞,就会出现方方面面的问题,而且还是致命的。"

关于新农村建设后期管理需要国家的资金投入,同样需要建立继续巩固和推进新农村建设的长效机制,包括村庄环境卫生管理机制、村民集资机制、村干部激励机制、村民动员机制、民主文明建设机制等。当然,对于农村农民来讲,生产发展和生活宽裕是最实际、最应该完成的目标,因而,想方设法扶助农民发展生产,切实提高农民生活水平,是后续新农村建设的关键内容。

LXM:"开始搞新农村的时候,村民还是比较齐心的,但时间长了事就难做。打天下容易坐天下难,新农村建设的面貌要保持下去,建立长效机制就是一个难事。加上当前村里没有固定的收入,做什么事都要村民集资,都要向村民收钱,这样不管是什么事都是很难办的。要是再过个几年上面没有钱拨下来,村里的事又没有人管,到时又是杂草丛生,垃圾遍地。作为村干部都是种田人,为别人做事,为村里做事,是很容易得罪人的事。村里的理事会成员,生产队长,都是没有报酬的。如果为村里做事,村干部耽搁了工,就按村里投工计算,到年终时处平衡账,村里又没有钱,到时候的误工工资还要向村民去收,很难办。特别是当前的新农村建设过程中,很多工作都要村干部去做,有的时候是左一下、右一下,零碎的事。如果不是一整天的事,又不好记工。但对于家里农业生产来说,如果农活忙的话,耽搁农活就会影响家庭收入。农村不像城里一样什么事都有单位给安排得好,农村不同,集资也难。如村民活动中心,刚建时还好,没有多少时间,现在就是脏得很,烟头满地都是,都没有人管。今年村里的理事会会长都没有人去做。现实一点,只有村里的路还是比较实用的。"

CJG:"上面的领导对新农村建设重视是个好事。关键是后期管理工作长效机制的建设,如果上面不再搞的话(不再有什么投入的话),村里的环境卫生,村庄整治工作都会遇到较大的麻烦。因为这个工作是长期性的,要人力,要劳动投入,而村民并不听话,大多数的时候只有村干部上前做事,如果上面有一笔资金管理费,这倒还差不多。"

MGN:"新农村建设试点村大多选择在县城或中心城区近郊条件相对较好、历史上就是各类典型试点村或"红旗村",这些老典型经济基础好,很多工作已经标准化、模式化,什么工作都可以作为示范,换个名称,加挂一块新农村建设试点村的牌子就行,存在"典型而不示范、示范而不带动"的"强者越强,弱者越弱"的区域经济发展不平衡的"马太效应"。据统计,这类试点村占到了试点村总数的50%,这些村虽然"领导省心,群众省力",但不具备示范、带动功能,相反徒有虚名,在人民群众中造成了不好的影响。选好的村进行新农村示范建设无可厚非,快出成效,快出经验也是一种好的工作方法。但是我国目前大部分的村庄都是些班子凝聚力弱、经济条件差、基础设施薄弱的村,如果我们一味地把示范点放在好的村,这种锦上添花式的典型对整个还脏、乱、穷的农村来说并不具有多少指导和带动意义。"

四、制度堕距的原因

制度堕距包括上向堕距和下向堕距。制度上向堕距主要表现为制度文本与制度目标之间出现差距和错位;制度下向堕距只要表现为制度执行情况与制度文本之间的差距和错位。制度堕距最终导致的结果是新农村建设的制度绩效达不到预期目标。造成制度堕距的原因是多方面的,下面分别对新农村建设中的制度上向堕距和制度下向堕距原因展开分析。

(一)制度上向堕距的原因

新农村建设实践中的制度上向堕距的原因是多方面的,突出地表现在以下几个方面:

1.地方性新农村建设政策文本制定的偏差

对于新农村建设,中央只提出了新农村建设的指导方针,2006 年中央一号文件《中共中央国务院关于推进社会主义新农村建设的若干意见》和2007 年中央一号文件《中共中央国务院关于积极发展现代农业扎实推进社会主义新农村建设的若干意见》都对新农村建设的目标和任务进行了说明。至于各地如何去建设新农村,具体步骤、方法是什么,并没有作出明确的规定,这样给地方政府根据本地区实际情况制定地方性新农村建设政策留下了足够的空间,同时也导致政策文本解读出现多样性。中央政策相比,一些地方根据中央新农村建设指导意见制定的地方性建设方案出现严重偏差,主要表现为重村容整洁、轻发展生产;重外观建设、轻内涵培养;重政府主导、轻村民参与。新农村建设的五大目标和任务被人为地曲解为"村容整洁"一个目标和任务。一号文件虽然提出了新农村建设中的"五要五不要"原则,即要注重实效,不搞形式主义;要量力而行,不盲目攀比;要民主商议,不强迫命令;要突出特色,不强求一律;要引导扶持,不包办代替。但实际操作恰恰与此相反,出现"专搞形式主义,不注重实效;坚决量力攀比,绝不谦让;强迫命令为先,民主商议为后;要模仿照搬,不求有特色;政府全面包办,村民旁观即可"的怪现象。在有些地方,虽然市、县级出台的新农村建设指导意见也基本按照一号文件本意来制定,但是这样的意见传达到乡(镇)以及试点村,就完全变了样。如在 T 村所在的 D 县,县级新农村建设指导意见明确提出了 D 县新农村建设要坚决贯彻落实中央的农村政策,紧紧围绕中央新农村建设指导意见去开展,并明确指出了本县新农村建设的各项任务。然而,在我们调查的 T 村,当地基层干部根据县新农村建设指导意见提出了本村新农村建设工作计划,其中清一色是关于村容村貌改善的内容。2005 年 10 月,中国共产党第十六届五中全会提出建设社会主义新农村的目标和要求,2006 年中央一号文件《中共中央国务院关于推进社会主义新农村建设的若干意见》出台,之后地方性的新农村建设政策文本相继出台。下表分别直观地呈现了中央、省、县、村新农村建设政策文本的主要内容,以此反映新农村建设政策文本从中央到地方的变化。

党的十六届五中全会提出新农村建设的目标和要求	建设社会主义新农村的目标和要求,可以概括为:生产发展、生活宽裕、乡风文明、村容整洁、管理民主。这二十个字,内容丰富,涵义深刻,全面体现了新形势下农村经济、政治、文化和社会发展的要求。建设社会主义新农村,要突出抓好以下几个重点方面:一是推进现代农业建设。加快农业科技进步,调整农业生产结构,加强农业设施建设,提高农业综合生产能力。二是全面深化以农村税费改革为重点的综合改革。加快推进乡镇机构、农村义务教育、县乡财政体制、农村金融和土地征用制度等方面的改革。三是大力发展农村公共事业。加快发展农村文化教育事业,重点普及和巩固农村九年义务教育,加强农村公共卫生和基本医疗服务体系建设,促进农村精神文明建设与和谐社会建设,明显改善广大农村的生产生活条件和整体面貌。四是千方百计增加农民收入。要采取综合措施,广泛开辟农民增收渠道,挖掘农业内部增收潜力,大力发展县域经济,引导富余劳动力向非农产业和城镇有序转移,继续完善现有农业补贴政策,加大扶贫开发力度。必须指出,建设社会主义新农村是一个艰巨和长期的任务,各地要制定科学规划,注重因地制宜,加强分类指导,坚持从实际出发,尊重农民意愿,防止形式主义和强迫命令,扎实稳步地推进。

2006 年中央一号文件提出关于推进社会主义新农村建设的若干意见	一、统筹城乡经济社会发展,扎实推进社会主义新农村建设。 二、推进现代农业建设,强化社会主义新农村建设的产业支撑。大力提高农业科技创新和转化能力;加强农村现代流通体系建设;稳定发展粮食生产;积极推进农业结构调整;发展农业产业化经营;加快发展循环农业。 三、促进农民持续增收,夯实社会主义新农村建设的经济基础。拓宽农民增收渠道;保障务工农民的合法权益;稳定、完善、强化对农业和农民的直接补贴政策;加强扶贫开发工作。 四、加强农村基础设施建设,改善社会主义新农村建设的物质条件。大力加强农田水利、耕地质量和生态建设;加快新农村基础设施建设;加强村庄规划和人居环境治理 五、加快发展农村社会事业,培养推进社会主义新农村建设的新型农民。加快发展农村义务教育;大规模开展农村劳动力技能培训;积极发展农村卫生事业;繁荣农村文化事业;逐步建立农村社会保障制度;倡导健康文明新风尚。 六、全面深化农村改革,健全社会主义新农村建设的体制保障。进一步深化以农村税费改革为主要内容的农村综合改革;加快推进农村金融改革;统筹推进农村其他改革。 七、加强农村民主政治建设,完善建设社会主义新农村的治理机制。不断增强农村基层党组织的战斗力、凝聚力和创造力;切实维护农民的民主权利;培育农村新型社会化服务组织。 八、切实加强领导,动员全党全社会关心、支持和参与社会主义新农村建设。加强对社会主义新农村建设工作的领导;科学制定社会主义新农村建设规划;动员全社会力量关心、支持和参与社会主义新农村建设。
J 省关于推进社会主义新农村建设的实施意见	一、指导思想、基本原则和目标要求。要通过 10~15 年的不懈努力,使广大农村逐步达到"五新一好"目标:发展新产业;形成新机制;建设新村镇;树立新风尚;培育新农民;创建好班子。 二、推进现代农业建设。大力提高农业科技成果转化和创新能力;积极推进农业结构调整;加强农村现代流通体系建设。 三、千方百计增加农民收入。拓宽农民增收渠道;保障务工农民的合法权益;加强扶贫开发工作。 四、加强农村基础设施建设和人居环境治理。加强农村基础设施建设和人居环境治理;加强村镇规划管理;大力改善人居环境。 五、大力发展农村公共事业。加快农村义务教育发展;继续开展农村劳动力技能培训;全面发展农村卫生事业;繁荣农村文化事业;逐步建立农村社会保障制度;积极倡导乡风文明。 六、加强农村民主政治建设。不断增强农村基层党组织的战斗力、凝聚力和创造力;进一步推进村民自治,发挥农民群众的主体作用; 七、全面深化农村改革。进一步深化以农村税费改革为主要内容的农村综合改革;统筹推进农村其他改革。 八、加大对新农村建设的支持力度。加大对农业的政策扶持力度;对自然村基础设施建设适当扶持;统筹安排各种支农资金和项目。 九、切实加强对新农村建设的领导。把新农村建设摆在重中之重的位置;成立社会主义新农村建设领导小组;动员全社会力量关心、支持和参与社会主义新农村建设;抓点带面,逐步推进;求真务实,注重实效;加强调查研究,推动新农村建设健康发展;围绕新农村建设做好农业和农村工作。

D县新农村建设实施意见	一、大力发展现代农业,增强新农村建设的产业支撑。一是要在优化结构中挖掘增收潜力。二是要在工农互动中做大产业规模。三是要在扩大开放中增强农业活力。四是要在政策支持中巩固基础地位。 二、抓好村容村貌整治,加快新农村建设的试点步伐。一是要因地制宜,打造一批精品。二是要抓住关键,搞好村镇规划。三是要求实效,着力环境治理。"三清三改"是新农村建设的一个切入点,"三清三改"抓住了群众最迫切、最愿望,而政府现阶段又能办到的实际事情,能取信于民,使新农村建设顺利地进入千家万户。我们要以"三清三改"即清垃圾、清淤泥、清路障,改路、改水、改厕为突破口,健全农村生产生活的基本功能,实现"走平坦路、喝干净水、上卫生厕、用洁净能、住整洁房"目标。 三、发展农村社会事业,培养新农村建设的新型农民。一是要加快农村义务教育。二是要加大农民培训力度。三是要积极发展农村卫生事业。四是要繁荣农村文化事业。五是要逐步建立农村社会保障制度。
T村新农村建设工作计划	一、环境整治。1.全村动手清除村内杂草、垃圾,责任包干到户,理事会责任督查。8月20日前全面完成验收,按规划建设垃圾池9个,9月底前完成。2.改污水、清淤泥,各户门前屋后由各户自行清理。门口塘、鱼苗塘村里安排包干清理,8月25日前完成,修建公场长约30米排水沟,9月底前完成。3.风景树护栏,村古樟树建立砖砌护栏,承包形式完成,9月5日前完工。4.绿化植树,结合环境清理,私有空闲地由各户自行打洞栽树,公共地段,公路两旁由村统一安排植树,10月底前完成规划和订购苗木,适时完成栽植任务。 二、改水。1.结合改污清淤,整治村中两塘,完善改港工程,即外港砌护和挡水堰、简桥,时间暂未定。2.彻底改善饮水问题,以户为单位建立单户塔式自来水,资金由户出一部分,扶助资金一部分,9月15日前完成。 三、改路。完善村中主要干道,修建村中宽1米长2500米左右道路,进行水泥硬化,改变雨天走泥巴路现状,9月15日前完成。 四、沼气。由村民自愿报名,建立10户以上沼气池,多则不限。 五、改厕。结合改水和沼气,进行改栏、改厕40户以上,改成水冲式蹲位厕所,配套化粪池或沼气池,要求9月15日前与改水同步进行。 六、建立社区活动中心。集资2~3万,争取援助2~3万,改变目前借房现状,资金到位年前即开建。 七、拆除有碍村容建筑,实现房屋墙面崭新。结合环境整治,拆掉公认有碍村容村貌的残垣旧院,破败无人管理的建筑,9月15日前完成,10月底前进行房屋翻新,主要进行刷白。

　　此外,新农村建设政策文本的偏差还表现在政策的不稳定性。作为对社会资源和利益进行权威性分配的方案,政策如果朝令夕改,随意变动,就会导致先参加分配的政策目标群体和后参加分配的政策目标群体处于不同的规则和标准之下,形成同一条件、不同规则、不同结果的不合理状况,进而造成普遍的结构性短期行为,在此基础上演化出致使政策变形走样的投机执行的可能。新农村建设中,这种短期的行为也同样存在。许多地方在制定政策目标时对地方的可持续发展考虑得不够,对当地未来的发展考虑得

不够。① 如新农村建设中的"形象工程"、"政绩工程"、"面子工程"就是这种心态的表现。政策缺乏稳定性会导致政策体系的结构性紊乱,从而造成政策间的摩擦、冲突和断裂。致使政策执行者和目标群体感到无所适从。长此下去,政策的权威性将会下降,进而出现对政策的漠视,政府的新农村建设理念难以得到践行。

2. 新农村建设政策文本传递机制存在缺陷

目前公共政策的信息沟通机制不够通畅,主要表现在两个方面:一是政策内容等指令信息在传递过程中易发生"偏离"。许多中央政策往往只是一些原则规定,各地要结合实际制定实施细则才能真正进入执行过程。一项中央政策或上级政策具体化为地方政策或下级政策的过程往往要经过层层传达、理解、调查与论证、决策等环节。在这个层层传达、层层理解、层层制定更为具体的地方政策过程中,由于诸多主客观条件和因素的限制,政策指令信息也就在层层执行与决策中"偏离"。二是政策执行状态信息渠道单一,导致信息扭曲。在我国,由于公共政策执行指令渠道与执行状态信息渠道的主体合一性,这样自然就形成了近乎单一的且隶属于指令信息渠道的执行状态信息渠道,也就使得公共政策执行状态信息容易受政策制定者与执行者的影响。信息渠道不畅通,信息来源渠道太狭窄,加之地方群众的民主参与意识不强,造成制定者与公众之间缺乏信息交流,公共行政部门所获信息缺乏准确性,这些因素也就导致了公共政策"偏离"更多的不是制度创新,而是政策异化。

3. 目标群体(农民)对新农村建设认识的片面化

农民对新农村建设认识的途径主要是通过各级政府自上而下的传递和宣传。由于新农村建设政策在传递过程中出现失真、扭曲的情况,中央政策传达到基层政府再到农民,经过了一层一层的修改,如果把握不好,到达农

---

① 周东升:《新农村建设中乡(镇)政府政策执行力研究》,湘潭大学硕士学位论文,2009 年 6 月,第 30 页。

民手中的新农村建设政策文本就会和中央的本意基本不一致了。前面呈现的中央、省、县、村新农村建设的政策文本或工作计划很好地说明了这一点，而农民不大关注上级政府对新农村建设的解读，更多关注本村实实在在的新农村建设项目，即如何搞新农村，所以，村级新农村建设计划成为农民理解新农村建设的直接途径。况且基层政府已经把新农村建设本意片面化了，这在农民当中形成了一种"不良示范"。基层政府如何理解新农村建设，村级新农村建设工作计划如何表述，直接影响着农民对新农村建设的认识。基层政府和村干部把新农村建设简单化为"新村庄建设"，其内容是以改善村容村貌为主的基础设施建设，相同的认识就自然而然地传达到农民的头脑中，形成了对新农村建设的错误解读。

（二）制度下向坠距的原因

1. 新农村建设实践机制不完善

新农村建设实践机制不完善主要表现在以下几个方面：一是农民参与机制欠缺。广泛的社会参与是新农村建设有效推进的基础，2006 年中央一号文件也指出，建设社会主义新农村是全社会的事业，需要动员各方面力量广泛参与。作为新农村建设目标群体与核心主体的农民理所当然应成为新农村的主要参与力量。"在现代民主制国家，公民的政策参与都是通过一定的参与机制来实现的。我国现行的公共政策执行参与机制，使政策参与制度化渠道不足的缺陷日益突出"。[①] 原因在于，现行制度使农民与政府部门之间存在权力的极度不对称，在二者的力量对比中，农民权力较弱，政府权力过强。这种二元的力量对比最直接的表现就是农民和权力机关掌握的社会资本（经济资本、政治资本、文化资本、信息资本等）极为不均衡，农民的话语权受到制约。农民参与到某项重大事项的决策成本较高、难度较大，制度化的社会参与机制难以形成。此外，自上而下的社会政策执行机制加剧

---

① 周东升：《新农村建设中乡（镇）政府政策执行力研究》，湘潭大学硕士学位论文，2009 年 6 月，第 30 页。

了农民和政府部门的二元对立形态,农民和政府部门的互动较少,有的地方基本处于停滞状态,直接导致了农民参与的形式大体表现为三种:非制度化参与、被动地制度化参与和不参与。新农村建设中,农民参与热情不高,参与意识不强,出现被动制度化参与和不参与的情况,最根本的原因就在于农民和政府部门之间互动较少,相互信任的基础还未建立。

二是监督控制机制形式化。监督控制贯穿于社会政策制定、执行、评估的始终,是政策目标得以实现的必要保障。通过监督控制可以较为清楚地了解到政策实施的进展情况、面临的问题及社会效果。社会政策行动是一个动态的过程,随着社会环境和人的观念的变化,社会政策行动方案也需要不断做出相应改进。"对公共政策监督控制既可能减少从方案到执行之间存在着许多不确定性,又可能对政策执行出现的新情况和新问题及时采取措施进行调整和补救"。① 人大是政府部门的监督机构,在中国农村的基层,作为乡镇人大的执行机关,乡镇政府必须对乡镇人大负责,接受人大监督。然而,现实情况是,乡镇人大在基层的权力最弱,作用不明显,基本上处于乡镇权力结构的边缘。具体表现在:乡镇人大既不掌握任命干部人事权,也不具有重大社会项目的决策权,更不能对乡镇政府进行有效监督和制约。农民作为政策目标对象,他们缺乏利益表达机制和渠道,欠缺对社会政策行动的参与,不具有对政府部门的制约和实际监督能力。在新农村建设中,政府部门主导着新农村建设的整个过程,出现政府自我决策、自我管理、自我监督的情况,相应的监督控制机制还不完善甚至未建立,即使建立也处于形式化状态中。相应的监督机制监督能力的不足最终导致政策执行难以到位。

三是社会评价机制缺失。传统的发展项目评价方法往往是对项目运行结果的后评价,其目的在于评价某一特定的发展项目是否实现了其总体目

---

① 叶大凤:《公共政策执行过程中的"过度偏离"现象探析》,《广西大学学报》2006 年第 4 期,第 41 页。

标及所希望的结果,或评价是否产生了未所预料的结果。① 而社会评价则是一种在项目设计前就进行的评价,被称为前评价,主要运用于世界银行、联合国开发计划署等组织所资助的农业项目、林业项目、环保项目、社区综合发展项目等领域。社会评价的主体包括专家(社会科学家)、村民、政府机构等,社会评价的内容涉及:农村社区的资源状况、农村社区生产生活状况、农民的发展意愿、项目的接受程度、项目可能带来的负面影响等。社会评价方法的优点在于项目设计的人性化,即通过群众的决策性参与和专家的辅助作用,使群众公平地拥有发展的选择权、参与决策权和受益权。新农村建设的误区就在于对群众意见和参与权的漠视,导致的结果是,新农村建设变成"政府的新农村建设",新农村建设不仅没有达到"生产发展、生活宽裕、乡风文明、村容整洁、管理民主"的目标,反而引发一系列新的社会问题,如农村社会的二元化加剧、形式主义盛行、新农村人际关系的淡漠等。

四是绩效考核机制片面。绩效考核结果是对制度(政策)设计合理性的检验,现代社会需要科学的绩效考核机制对社会政策实践的效果进行评价。在新农村建设中,存在两种情况,要么缺乏绩效考核机制,要么绩效考核机制不健全,出现"政绩化"倾向。目前从事乡(镇)绩效考核工作的人士绝大部分都非"内行人",他们在进行政策执行评估时不可避免地倾向于用主观判断代替客观分析,用定性分析取代定量结论,这就使得绩效考核的结果缺乏客观性和科学性。

另外,农村基层政府官员的任命,在很大程度上由上级主要领导决定,这些任用方式一般以能"完成上级下达的各项指标任务"为标准,完成即可能得到提拔和重用。这种任用和激励方式助长了短期行为和对"政绩"的渴求,阻隔了下层民意的表达的渠道,基层官员很难真正考虑农民是否满意,政策难以贯彻甚至不被贯彻的问题也就在所难免。导致大多地方的绩效考核重政绩不重实效,重眼前利益忽视长远利益,一些基层政府及领导在新农村建设中为创造政绩而脱离实际,不顾农村实际和经济规律,盲目上项

---

① 迈克尔·M.塞尼编著:《把人放在首位——投资项目的社会分析》,王朝刚、张小利译,中国计划出版社 1998 年版,第 12 页。

目,大拆大建,使新农村建设成为"政绩工程"和"面子工程"。

2. 新农村建设实践的资源供给不足

社会政策资源是指维持社会政策行动所需要的各种物质条件和社会条件。[1]

物质条件主要是指资金的投入,这部分工作主要由政府来完成;社会条件主要包括社会网络与社会资本的建构、社会政策运行机构的设置、社会政策执行人员能力的提升等。在新农村建设中,资源的供给不足主要表现在以下几个方面:一是新农村建设的资金投入不足、融资渠道单一、资金分配不公平。新农村建设资金主要来源于政府划拨和农民集资,而社会捐赠的资金只在少部分具有一定社会资源的村庄才会出现。政府资金划拨过程中还存在层层截留的情况,最后到达村庄的资金基本不能满足规划建设的需要。此外,由于大部分农村资源匮乏,开发的潜力不大且周期性较长,对企业投资的吸引力不够,大量的社会资金难以流入农村。此外,新农村建设自己的分配也存在不公平的现象,目前的做法是,试点村有资金扶持,而非试点村却得不到这笔资金,这种资金分配方式人为地制造了农村中穷村和富村的二元形态,加剧了农村中的两极分化。二是农民社会资本和社会网络建构的缺失。社会资本对人们经济和社会活动的能力具有重要影响,农民作为相对弱势的人群在新农村建设中不仅仅需要物质资本和人力资本,而且需要大量的社会资本。在农村,社会资本和社会网络资源主要来源于政府、社区和其他一些社会组织,帮助农民尤其是其中贫困群体建构社会网络,使其能有效利用社会网络去提升自身能力并开展社会行动。然而,农民的社会网络资源是极为匮乏的,他们在乡土社会中过着脸朝黄土背朝天的生活,和外界的交流较少,没有能力参与更广泛的社会行动。就像费孝通先生所说的那样,乡土社会是安土重迁的,是在地方性限制下的生于斯,长于斯,死于斯的社会。[2] 三是新农村建设政策执行资源缺乏。主要表现在政

---

① 关信平主编:《社会政策概论》,高等教育出版社2009年版,第98页。
② 费孝通:《乡土中国·生育制度》,北京大学出版社1998年版,第9页。

策执行机构及人员权威不足、政策执行人员知识能力和职业素质偏低和农村基层组织机构整合能力缺乏三个方面。[①] 新农村建设的执行机构往往是乡（镇）新农村建设办公室，人员是相关部门人员调配组建，这些部门和人员对上只是被动的按照上级政府的意见实施新农村建设，自身不能也没有能力创造性的开展工作，对下欠缺对民意的了解。考核方式"政绩化"的背景下，基层政府官员和工作人员自觉和不自觉地热衷于形象工程建设。

3. 基层政府（官员）在新农村建设实践中的行为失范

这里所讲的行为失范主要是指基层官员由于能力不足、思想素质不高、道德败坏等原因导致其在政策执行过程中出现的行为偏差问题。基层政府（官员）在新农村建设中的行为失范主要表现在以下几个方面：一是在新农村建设中"避重就轻"、"避难就易"。基层官员由于能力和现实条件的限制，对政策缺乏透彻理解力、准确分析力，相应地，对政策的执行力也大打折扣。在新农村建设中，不敢打硬仗，逃避困难，依葫芦画瓢，认为"修修路、刷刷墙"就是新农村建设。二是以新农村建设为名，谋取私利。一些基层官员把新农村建设看成谋私利的大好机会，在工程承包中接受好处费、资金划拨的过程中截留资金，在工程建设中注重外观建设不注重内涵建设，专搞"面子工程"，使得新农村建设的本意完全走样。三是资源分配的人情化现象，包括试点村名额分配的人情化、项目落实的人情化。由于新农村建设中，基层政府拥有较大的决定权，而且这种决定权不受任何制约，也不需要对任何人负责。再加上中国是一个人情社会，在政策执行时，因人立项，因人改变政策执行方式的现象广泛存在。譬如在道路硬化中，因领导人意思而改变方案的情况很普遍，致使政策执行过程中资金和资源的大量损失。四是新农村建设试点村选择的嫌贫爱富。在选择新农村建设的试点村时，基层政府往往倾向于锦上添花，而不是雪中送炭。地方政府在选择建设重点，投资方向，建设时间的先后上，往往先选择那些地理位置好，交通便利的

---

① 王杰敏：《农村政策执行的制约因素及对策探讨》，《北京航空航天大学学报》2005 年第 2 期，第 38 期。

地方,而对那些交通闭塞的地方却很少关心。这样的新农村建设方式在很多方面出现"马太"效应,许多地方实施新农村建设时,常常把重点和关注的焦点都集中在一些经济发达的地区,而对那些急需资金投入和政策关怀的地区,却关注不够,导致"穷则越穷、富则越富"。

4.目标群体(农民)利益表达能力弱和渠道缺失

相对于其他社会群体而言,农民的组织化程度偏低。目前农村组织无论从结构上还是功能上尚处在成长阶段,缺乏维护农民权益和动员农村参与社会公共事务能力。新农村建设涉及各建设主体之间的利益博弈。农民组织化程度低致使农民在利益群体博弈中处于弱势。农民没有能力与政府和其他强势团体展开平等对话,甚至无法参与这一博弈,表达自己的意愿;此外农民以微弱的个体面对强大的组织,单个的个体行为对政府的影响微乎其微,难以引起政府的关注。农民组织弱化对于政策执行力来说有着不利的影响,"原子化"的农村社会结构不但增加了执行时进行沟通协调等方面的成本,而且迟延了政策执行的时间。台湾地区农村建设的经验表明,加强农民的组织建设,可以使农民组织成为"农村建设"的"重要基层执行单位"。①

农民利益表达能力弱和利益表达渠道的缺失是农民地位相对弱势的重要原因之一,也是农民在新农村建设中参与严重不足的主要原因。同时也导致了新农村建设实践过程中出现政策执行不力的现象。在我国,农民的利益表达权利虽然有法律保障,但事实上,农民利益表达能力弱化是还相当严重。不仅没有真正代表农民自身利益的社团组织,就连各级人民代表大会,也不能真正表达农民利益。农民利益表达能力弱还表现在政策过程中的参与不足。系统论认为,政策执行看作是由公共政策执行主体和公共政

---

① 周东升:《新农村建设中乡(镇)政府政策执行力研究》,湘潭大学硕士学位论文 2009 年 6 月,第 35 期。

策对象两个要素构成的相互联系、相互作用的公共政策执行体系。[①] 从社区治理的观点来看,治理是指在一个既定的范围内运用权威维持秩序,以增进公共利益,它是政治国家与公民社会的合作、政府与非政府的合作、公共机构与私人机构的合作、强制与自愿的合作。[②] 社区治理尤其关注社区成员参与公共事务的积极性和能力。在新农村社区治理中,农民应是一个重要的社区治理主体而不仅仅是一个管理的对象,农民的良好参与往往是农村社区良好治理的必要条件。所以,良好的政策执行不是单有政策执行者的努力就行了,还需要政策对象的配合和参与。然而新农村建设中却发现许多地方农民参与不足。农民利益表达能力弱和利益表达能力的缺失,使得本该以农民为主体的新农村建设,农民却难以参与进来,甚至成为新农村建设的旁观者,在有的地方缺乏矛盾缓和机制的情况下,还会出现对新农村建设的抵制行为。

---

①　周东升:《新农村建设中乡(镇)政府政策执行力研究》,湘潭大学硕士学位论文 2009 年 6 月,第 35 期。

②　俞可平:《治理与善治》,社会科学文献出版社 2000 年版,第 5 页。

第七章 中韩新农村建设实践机制
与制度绩效的比较分析*

新农村建设的实践机制的合理与否直接会影响其制度绩效的发挥。本章主要将中国的新农村建设与韩国的新农村建设("新村运动")的实践机制(引导农民、村庄激励、民间资源利用、政府主导、国家宏观支持)和制度绩效(产生的实际制度效果)进行比较分析。

自从国家提出新农村建设以后,国内涌现了很多示范的典型,但是这些典型大多不具有指导意义。于是国内很多的专家、学者和实践者们把目光投向国外很多国家,如美国、加拿大、英国、法国、德国、俄罗斯、印度、日本等,但是仍然发现因国情差别太大,所谓的经验对中国指导意义不大。韩国的新村运动,使韩国在短短的30多年的时间中,由一个落后的农业国家成长为一个现代化国家。就韩国新村运动当时所处的发展阶段、面临的现实问题,以及所具有的自然条件、文化背景和社会政治环境而言,与中国目前的状况都有某种程度上的相似性。在我国"建设社会主义新农村"提法酝酿过程中,中央曾派考察团到韩国考察新村运动。韩国新村运动的实践,让中国的高级智囊们形成了一种认识,在工业化和城市化高速发展的同时是可以避免城乡收入差距拉大、城乡发展差距过大。目前,国内关于韩国新村运动的研究成果很多,如关于农村环境、住宅、设施、道路、电气化、饮用水、农业生产、农民收入、农村金融、农民教育、农民协会等,但是普遍探讨内容比较单一和片面,导致我们不能科学全面地看待韩国新村运动的实践经验

---

* 此文的核心部分作者已经发表在《乡镇经济》2008年第4期。

与教训,要么全面否定,要么盲目崇拜。韩国的新村运动之所以取得了良好的制度绩效。成为世界学习的典范,主要得益于其科学的实践机制。韩国新村运动与我国新农村建设在实践机制与制度绩效方面有哪些不同之处? 韩国的新村运动对我们有哪些可借鉴之处? 本章将对韩国新村运动的实践机制与制度绩效与中国的新农村建设进行比较分析。

一、中韩新农村建设兴起背景与原因的比较

(一)兴起背景比较

就韩国"新村运动"当时所处的发展阶段、面临的现实问题,以及所具有的自然条件、文化背景和社会政治制度环境而言,与中国目前的状况都有某种程度上的可比性。首先,开发的起点相近,即韩国当时的生产力水平与中国目前所具有的水平相当。其次,两国具有类似的自然条件,即综合资源比较贫乏,所谓"人多地少"。第三,两国具有类似的经济模式,即政府主导型经济发展模式,政府宏观调控能力很强。第四,两国具有相近的文化背景。最后,也许是更吸引人的一点,韩国"新村运动"是一场自上而下,由政府发动、组织实施并充当主要出资者的全国性乡村建设运动,而且也是一场物质建设与精神建设并重的运动,并为韩国的现代化进程烙上了深深的"韩国特色"印记,因而更契合重视"中国特色"的发展模式倡导者们的理论追求。

(二)兴起原因比较

1. 经济原因方面

20 世纪 60 年代末 70 年代初,韩国处于工业化和城市化起步阶段,在城市与农村、农业与非农业、大城市与小城镇之间各个方面均存在很大的空间差异,工农业发展严重失衡,农民和城市居民的收入差距扩大。广大农民在农村没有生路,大批农村人口背井离乡,盲目向城市涌去,农业人口占全

国人口的比例急剧下降,从1950年的70%降至1971年的46%。农村劳动力流失、老龄化以及农业机械化水平低下,使农业发展更加缓慢。与此同时,这些人到城市更是生活无门,同时又给城市带来了严重的压力。因此,通过实施"新村运动"的各种项目,一方面可以向农民提供大量工作机会,从而增加家庭收入;另一方面通过改善农村生活和生产环境,可以促进农业和农村经济增长。另外,饥荒是韩国新村运动启动的一个极其重要因素。韩国当时还做不到粮食自给,新农村中普遍存在季节性饥荒。每年的4~6月,许多农民都存在粮食严重短缺问题。因为贫困和克服饥荒的需要,农户在政府强有力的组织动员和支持下集体行动起来,进行基础设施建设,发展生产,增加收入。

在中国,全面建设小康社会最艰巨、最繁重的任务在农村。从中央到地方对农业和农村工作一直以来都非常重视,解决"三农"问题的政策力度也在不断增强。但是,农业依然是经济发展的薄弱环节,投入不足、基础脆弱的状况并没有改变,农村大部分地方面貌依旧且相对落后,农村经济社会发展明显滞后的局面并没有根本改变,城乡发展不协调的矛盾依然突出,农民的综合素质也整体不高。农村中存在的这些诸多问题,不仅制约农村经济增长,而且制约整个国民经济发展,不仅关系到农村社会进步,而且关系到全面建设小康社会目标的实现。开展社会主义新农村建设的决策是破解"三农"问题,创新农村工作的有益探索。

2. 文化原因方面

20世纪初以来,韩国长期处于贫困状态,农村的贫困不仅表现在物质上,而且也体现在精神上。精神低落、不自信、听天由命的思想深深地印在每个人的心中,农民的失望情绪以及对政府不信任情绪也在蔓延着,普遍缺乏勤劳、节俭以及参与的精神。在解决农村贫困问题上,朴正熙总统相信缺少勤劳和自力这两种精神是农村贫困的主要原因。韩国学者和决策者们认为,韩国人多地少国家小,人均耕地少,科技水平相当低。因此,开发人力资源是经济发展的一个重要因素,而把农民从他们的悲观失望的情绪中摆脱出来是韩国人力资本积累的重要因素。他们认为,新材料、新技术从国外引进并不难,但国民的伦理道德水平如勤勉、诚信、节俭、自助、合作等思想、精神是永远无法用金钱和引进获取的,只有以项目为载体,以推进国民精神教育为动力,两者相辅相成、互相推动,才能真正改变农村的落后面貌。

中国农村由于市场经济意识的冲击,农民诚信、互助、合作的意识普遍缺乏,"等、靠、要"的思想也比较严重,科学技术文化素质、思想道德素质总体较低,应对市场经济的能力也比较差,封建迷信、陈规陋习还比较严重。所以,农民也面临着亟待提高整体素质的问题。随着中国新农村推进农民知识化工程,着力培育农民"自力、勤勉、互助、合作"的精神,培育和造就一大批有文化、懂技术、会经营的新型农民成为社会主义新农村建设的重要任务之一。

3. 政治原因方面

韩国政府长期以来实施的城市导向的政策忽略了乡村部门的发展,损害了农民的利益,通过实施"新村运动"调整这种不合理的政策导向,因而具有道义上的"合法性"。目前中国学术界许多倡导乡村建设运动的学者也基本上如此为其主张辩护,认为政府从道义上说应该肩负起乡村建设的义务以解决或缓解日趋严重的农村问题,因为过去几十年间,政府选择了一种牺牲农民利益的经济现代化战略模式,如今国家经济工业化已经基本完成,理应回馈农民,通过"以工哺农"模式支持乡村地区发展,以缩小日益扩大的城乡差距。而且以政府现在的财力和行政动员能力,国家也完全能够做到这一点。而如果任由农村问题恶化下去,则有可能从根本上动摇中国社会的稳定,葬送经济发展的大好局面。在中国,"三农"问题的主要根源也是源自国家长期存在的不公正的城乡二元体制,这是"三农"问题的根源。我国以往的城乡制度的设计上存在严重的重城市轻农村,重工业轻农业,重市民轻农民的倾向,以牺牲"三农"的利益,来获得工业化与城市化的发展。目前,我国已处于工业化的中期发展阶段,国家的政策理应进入"工业反哺农业"、"城市反哺农村"的阶段,政府有这样的能力,也有这样的道义来重新调整我国的工农关系、城乡关系。自 20 世纪 80 年代初期起,国家在农村推行了两大基本制度:一是土地承包责任制,二是村民自治制度。自从 20 世纪 80 年代中期以后,农民负担重、农民增收难等问题就一直困扰着中国农村的发展,到了 20 世纪 90 年代,农村公益事业举办难,农民福利缺乏保障等问题又凸显出来,最终在世纪之交出现了"农村真穷、农民真苦、农业真危险"的"三农"危机。为了应对这一危机,国家近年来先后推行了以税费改革为核心的一系列改革,先是费改税,紧接着又免除了农业税,实行粮食直补,并以乡镇体制改革为其配套改革。改革力度之大,范围之广,为 20 世纪 80 年代以来农村改革之最,被称为农村的"第三次革命"。税费改革这一惠农政策对农村社会的发展带来了重大的影响,税费改革以后的农村也出现了一些新情况和新问题,需要国家政策继续做出相应的调整,这也是党和国家对以前农村政策的反思与调整。

二、中韩新农村建设目标与内容的比较

(一)建设目标比较

韩国新村运动的总目标是教育全体国民自我革新,培养、激发他们勇于开拓、不断进取向上的精神,提高整体素质,发展经济,改善生存环境,实现富裕,创建一个新社会。韩国政府在组织实施"新村运动"的过程中,还制定了具体的阶段性的目标。第一阶段是农村基础建设阶段(1970～1973年),其目标是进行农村基础设施建设,改善农民的居住条件,改变农村的落后面貌。第二阶段是农村全面发展并向城市扩散阶段(1974～1976年),其目标是从改善农村环境与农民居住条件转变为增加农民收入,提高农民生活质量,并开始将范围扩大到城镇,号召各行各业以新的思维和行动来发展经济。第三阶段是充实和提高阶段(1977～1980年),此阶段是以推动新农村文明建设与发展为目标。工作重点是政府扶持、鼓励农民发展畜牧业、农产品加工业和特色农业;提供各种建材,支援农村的文化住宅和农工开发

区建设;推动农村保险业的发展等。第四阶段是国民自我发展运动阶段(1981~1988年),此阶段政府工作转入制定发展规划,做好协调与服务工作,建立和完善全国性新村运动民间组织,将过去由政府承担的人员培训、信息提供、宣传教育等工作转交民间组织承担。在继续提供财政、物质、技术和服务的同时,着重调整农业结构,发展农村金融业、流通业。第五阶段是自我发展阶段(1988年以后),此阶段是新村运动的消退期,政府的工作重点是教育广大农民自觉抵制各种不良社会现象,加强国民道德伦理建设,培养村民的共同体意识,强化农村的民主与法制教育等。中国社会主义新农村建设总目标:按照"生产发展、生活宽裕、乡风文明、村容整洁、管理民主"要求在未来15年左右的时间,使农村的整体面貌大为改观,城乡之间的差距明显缩小,是要把农村建设成为经济繁荣、设施完善、环境优美、文明和谐的社会主义新农村,最终目标是建设全面小康社会。与韩国相比,由于中国地域广大,地区差异性强,所以,国家没有制定统一的分阶段目标,而各级地区根据自己本地的情况,制定了一些阶段目标。

(二)建设内容比较

韩国新村运动的内容很宽,涉及到农村社会、经济和文化各个层面,概括地讲,主要包括三项任务:第一项任务是通过"农村启蒙",使农民的精神面貌发生变化。第二项任务是"社会发展"。社会发展的最终目标是改善农民的居住环境、缩小城乡差别,具体地讲包括三方面内容:①改善生活环境②改善住房条件③增加公共建设投资。第三项任务是"经济发展"。主要通过增加农业生产基础设施,增加农户收入,来实现农村经济发展。中国的新农村建设是一个承前启后的综合概念,它不但涵盖了以往国家在处理城乡关系、解决"三农"问题方面的政策内容,而且还赋予其新时期的建设内涵。社会主义新农村建设体现了经济建设、政治建设、文化建设、社会建设四位一体,是一个综合概念。总之,中韩两国关于乡村建设的提法上,寓意深刻,各不相同,但都是期望建设一个新社会。

三、中韩新农村建设实践机制的比较

新农村建设主要依靠三方面的力量:农民、政府和民间,这里将从农民引导机制、政府主导机制、民间资源利用机制三个方面对韩国新村运动的实践机制和中国的新农村建设的实践机制进行比较研究。

(一)引导农民机制

在韩国新村运动中,为了让农民自己办事、自己管事,进一步发挥自己的主动性和积极性,每个村庄由村民自主选举产生一个由 5 ~ 10 人组成的村庄发展委员会,来共同决定援助物资应该用于村中哪些地方。另外,还各选出一名男性和女性的村庄领导人,独立于现存的作为正式代表的村长(里长)。政府的意图很简单,只是现在具有准公务员性质的村长(里长)是要村民为他的公共服务支付报酬,而付报酬的领导人在引导全村村民参与新村项目中是有局限性的。对村民失去示范性,不能充分发挥村民参与的积极性。让农民选出"指导者",自己的事情自己办。对村里的"指导者",尽管他们不拿报酬,但政府给予精神和其他方面的物质奖励,如发勋章、有权随时面见行政官员、优先选拔做国家公务员、坐火车、汽车票价便宜 50%等。子女在初高中考试排在前 50 名以内的免学费或发奖学金等。[1] 上什么项目,完全由农民自己选择。允许推进进度有快有慢,不搞齐步走。政府大力倡导、支持新村运动,但具体上什么项目,完全由农民自己选择。每个村选出的新村建设指导者,负责组织大家的行动,里长(即村长)只管服务。总之,韩国在引导农民自愿参与的积极性方面,采取很多微小具体而务实的手段。"一个微小的行动总比说大话要好"。"一个人保持自家门口的清洁卫生比只顾讲爱国重要得多。"[2]从开展新村运动的第二年开始,各地农村纷纷兴建村民会馆。大多数村里的项目会议在会堂里进行。通过村民大

---

① 韩国"新村运动"考察团:《韩国"新村运动"考察报告》,《政策》2006 年第 2 期,第 58 页。

② 朴振焕:《韩国新村运动——20 世纪 70 年代韩国农村现代化之路》,潘伟光、郑靖吉、魏蔚等译,中国农业出版社 2005 年版,第 47 页。

会,村民不是通过书本而是通过参与创造更美好社会的活动学会民主。几千年来,种地的农民没有这种经验。而且,村庄里的会堂还为村民提供了一个了解他们村子经济发展的场所。[①] 1978 年村会堂的数量基本与全国村级单位的数量相同。农民有了自己的会馆以后,不仅用来召开各种会议,给村里领导人办公和老人休息,还用来举办各种农业技术培训班和交流会。村庄会堂为进一步激励农民的参与热情提供了场所。中国政府也把能否调动起农民群众的积极性和创造性,充分尊重他们的主体地位,看成是新农村建设成败的关键。目前是"农村文件一大筐,基层干部喊破嗓",但是"农民兄弟懒洋洋"的状况。之所以会出现这种尴尬局面,其深层原因在于只是把农民当作被动的受体,被拯救的对象,农民的主体力量没有启动。社会主义新农村建设必须走出这种尴尬困局,使农民的主体力量得到充分发挥。总之,韩国在引导农民自愿参与的积极性方面,采取很多微小具体而务实的手段。"一个微小的行动总比说大话要好"。中国在这方面,更多停留在舆论宣传和口头说教上,缺乏务实的具体的引导措施。

(二)激励村庄机制

为了激励民众的参与行为,在韩国新村运动项目开始,选择改善居住环境而不是生产基础设施建设。在制定具体的开发项目方面,政府把看得见、摸得着的、与村民生活息息相关的建设工程列为重点项目,农民通过自身参与,亲眼看到了勤勉、自助、协同精神和劳动所带来的丰硕成果,更增强了信心,鼓起了干劲。在第二年,政府只援助那些村民能够在第一年积极参与的村庄,而对那些村民不积极参与的村庄不提供援助,这种差别性的援助目的是促进原先不积极参与的村庄积极参与这项活动。"村庄之间竞争的出现节约了农业现代化的财政资金"。"'我们要把我们的村子建成这一带最好的'成为'新村运动'早期村民的口号。"[②]同时,在项目的第三年,为了促进

---

① 康庄:《韩国"新村运动"30 年》,《环境保护》2007/1A:98。
② 朴振焕:《韩国新村运动——20 世纪 70 年代韩国农村现代化之路》,潘伟光、郑靖吉、魏蔚等译,中国农业出版社 2005 年版,第 91 页。

村子之间的竞争,并没有采取平均分配的政策,而是通过划分自立、自助、基础三级的方式,奖励先进,鼓励竞争。这种划分,对政府分类指导、支援提供了科学的依据,在运动初期,成功地激励农民投身于家乡建设,并取得了显著的社会效益。政府根据参与程度把全国的村子划分为 3 个等级:自立村子(高级别的村子)、自助村子(中等级别的村子)、基础村子(底级别的村子)。① 参与程度由乡镇(面)政府派出的工作人员根据掌握的村民参与的活跃信息对每个村子进行测量。另外,政府鼓励自立村庄的村民继续提高并且帮助那些基础村子改善他们的状况。当地政府鼓励自立村子在村子的角落道路通过的地方建立石头纪念碑,把全村人的名字刻上去,使经过的人们能够认识到他们的村子是新村项目骄傲的参与者。自立村庄骄傲的村民们在石头纪念碑的旁边树立两个旗杆,在白天升起国旗和新村的旗帜。通过这种奖勤罚懒的措施,调动了全国农村的村民积极性,自发建设美好家园。干得好的,多给物资和资金。干出成效的,即使再偏远,政府架设电力线路时也予以优先考虑,相反即使距离近也不管。随着中国新农村建设的全面展开,"千村示范工程"和"百村示范工程",如雨后春笋竞相出笼。试点村一般选择交通发达的村或乡政府周边的村,或经济基础本身就比较好的村。很难到恰恰迫切需要帮助的偏远村和贫困村。面对新农村建设的"甘露",许许多多贫困村庄和贫困农民在嗷嗷等待"反哺"。总之,韩国的做法简单实用,充分激励村民的村庄共同体的集体主义荣誉感,促使他们团结互助,充分发挥自己的主观能动性。

(三)民间资源利用机制

1.利用传统乡土资源优势

根据曼瑟尔·奥尔森的集体行动的键逻辑,在小集团与大集团之间:小集团能够做到为自己提供集体物品。集团越大,就越不可能增进它的共同

---

① 周民良、赵敏鉴:《韩国的新村运动与农村发展》,《经济研究参考》2005 年第 70 期,第 40 页。

利益。这原因是"由于他们对其余人的影响微小,因而不容易被察觉,或者由于无法发现这些不合作行为,因而不会受到惩罚,或者采取合作行为的人惩罚不合作行为者成本太高,因而不去惩罚之。因此相对于大型社会而言,在小规模的社会中,更可能出现自愿遵循行为约束或自愿提供公共物品的情形。在韩国,如果把大范围的村民组织起来,实施某一项目的开发与治理,也许便会遭遇奥尔森所认为的集体行动的困境。所以,在新村运动中,行动单位以自然村庄为单位。另外,在东亚传统文化模式下的村落往往不是一个经济体而是依靠血缘或亲缘而形成的自然村落,在这种较"原始"的社会组织模式下,"亲属关系主导了社会结构,不依靠亲属关系就能参加进去的具体结构几乎不存在"。因此这种具有亲缘或血缘关系的集团,或熟人集团,在追求共同利益时,往往能更好地达成一致的诉求,节约谈判成本①。韩国政府正是抓住了这样的村落关系特点,把以血缘关系为核心的村民调动起来,并把它运用到新村运动中去。总之,中国与韩国在农村的经营管理方式及村落文化上有许多相似之处,我们在新农村建设各地也充分利用了中国传统农村的乡土特征,充分挖掘自然村落中的传统乡土资源,来支持新农村建设,这是一条切合实际而廉价有效的手段。

2. 发挥现代民间组织作用

在"新村运动"中,农民自发组织起来的,如邻里会议及新村妇女、新村青年、新村领袖等协会之类的组织形式,在"新村运动"中却起到了正式组织所起不到的作用。韩国不仅成立民间的村庄发展委员会、成立民间的妇女协会等各种组织。最重要的是成立民间的农协合作组织。农协合作组织不仅免费给农民提供农业生产的技术服务、培训,传递政府的政策信息和农民的心声等;还平价给农民提供化肥和农药,农资、建材、家电等物质资料。农民合作协会还成立了农协银行。传统韩国农民没有储蓄的习惯,但自20世纪70年代以来,越来越多的农民开始到农协银行储蓄,而且储蓄额不断

---

① 张青:《农村公共产品供给的国际经验借鉴——以韩国新村运动为例》,《社会主义研究》2005 年第 5 期,第 77 页。

增大。农协银行在农村金融业中占据重要的位置。随着农村经济的快速发展,农协的规模也迅速得到扩大。农协银行为韩国新村运动提供了重要的资金支持。总之,韩国的农协合作组织在新村运动中,扮演了很重要的角色,弥补了政府很多职能的空缺。在中国农村,目前国家提倡的民间组织是经济类行业类组织,现有的地方也陆续成立一些处理社会事物性的组织,如"五老协会"、"红白事理事会"、"妇女协会"、邻里会议、"经济合作组织"等,但基本流于形式。农民合作的经济或金融类组织,目前还没有政策支持,农民贷款难,一时难以解决。新农村建设的巨大资金来源也主要靠政府拨款。总之,韩国的农协合作组织在新村运动中,扮演了很重要的角色,弥补了政府很多职能的空缺。我国要很好地学习韩国的经验,给农民各类合作组织以合法地位,充分发挥其在新农村建设中的作用,特别是金融合作组织。

(四)政府主导作用机制

韩国整个新村运动过程中,韩国政府在政策目标的确立、政策推进的组织领导、资金的筹措与安排、技术的开发等方面都发挥着积极的主导作用。韩国政府不仅是新村运动的倡导者、发动者,而且是直接参与者、强有力的组织者和推动者。在政策制定方面,20世纪70年代以来,韩国政府开展新村运动,执行"工农业均衡发展"的政策,给农业以极大的保护和支持。仅1971~1978年财政预算中的农村开发项目费就增加7.8倍,中央和地方财政投资合计增加82倍,到1974年政府和民间投资额高达110万亿韩元(约1100亿元人民币)。1994年政府制定《农渔村发展战略》,在财政预算中确定投资42万亿韩元(约420亿元人民币),并增设农渔村特别税,从1994~2004年共收取农渔村特别税15万亿韩元(约150亿元人民币),两项合计5700亿元人民币,主要用于开发有竞争力的农渔产品、改善农村生活环境和建设农村福利事业。另外,政府的主导机制主要体现在人财物支援方面,在制定具体开发项目方面,在具体操作方面等。中国的新农村治理也需要政府的主导作用。在中国有9亿农民,城市吸纳大量农村人口尚需时日的情况下,如何让农民也可以分享到现代化的好处,就成为中国能否实现现代化的一个关键。在这个意义上讲,新农村建设,就是要在城市化和市场化以外,通过强有力的国家力量(包括财政转移支付,但不仅是财政转移支付)介入农村建设,以使9亿农民所依托生存的农村成为中国现代化的蓄水池和稳定器,使农村成为助推中国现代化的力量。总之,韩国的新村运动启动的背景原因与中国基本相似,所以,发挥政府在新农村建设中主导地位成为两国的共识。不过韩国在发挥政府的主导地位方面,体现在政策的制定及实施的各个方面,工作全面而细致。

(五)国家宏观支持机制

1. 组织领导机制

当时,韩国政府和学者们认识到,在新村运动中,为提高农村开发事业的效率,防止扯皮、推诿、内耗、重复及散乱差的弊端,为了保证新村运动顺利、有效地开展下去,防止"一阵风",必须从中央政府到地方各级政府建立系统的组织机构和工作程序,这一设想很快得到落实。政府设立全国新村运动领导机构:新村运动协议会。下属6个会员团体,有调查研修团、新闻社、新村研修院、新村青少年中央联合会、新村图书中央会和新村体育会。总统直管内务部,内务部直管中央协议会。中央协议会以下又下设道、直辖市新村运动协议会;市、郡新村运动协议会;面(邑)新村运动促进委员会。各级协议会分工负责,人员由各级相关机构抽调人员组成。除了新村运动协议会系列的组织机构外,内务部、农林水产部、商工部、教工部等设有分管新村工作的处(室)。道、市、郡、面(邑)政府也设有相应的课、股或由专人负责。①

从中央到地方的各级政府首席负责人承担制定新村工作计划阶段的全部责任,第二负责人全面负责计划的实施和执行,避免了相互扯皮、推诿和

① 周娴:《政府主导下的韩国新村运动》,http://www.ccrs.org.cn,2007-10-28。

职能重复的矛盾。新村运动实行目标管理制,在人事方面,晋职升薪与每个公务员在新村工作中的政绩、水平有关。中国建设社会主义新农村,是党中央国务院向全党、全国人民发出的号召,是党和国家的战略部署。新农村建设是9亿农民自己的事业,无疑也是政府各部门工作的中心任务。为此,各地也成立了诸如"新农村建设领导小组"一类的机构,但只是虚设机构,真正起作用的还是各级党委政府。总之,韩国的专门领导机构,保证了新村运动的高效率发展,防止了扯皮、推诿的现象,彼此明确各自的职责。

中国没有统一成立这样的专门机构,主要靠各级党委政府把中央的有关方针、政策落到实处,成立的类似机构,基本有名无实。

2. 监督检查机制

韩国政府在新村运动中,制定出一系列科学的监督制度,对监督对象、内容、方法、信息分析、组织和反馈体系等都做出明确详实的规定。村级监督。每年2~3月,各村开展有计划的新村工作。由村总会研究决定具体项目的内容、规模、实施范围、预期目标等,村开发委员会研究制定具体实施操作计划,如资金分配、劳动力安排、工作日程等。对这些工作监督所投放的物质要素是否合格与准时到位,还要记录每天或每周的工作进度,并依此制订相关的措施,如动员村民补充劳动力,向政府通报信息,求得人财物支援和对策分析等,以保障新村开发项目按时完成。面级监督。每年3~4月,政府负责新村工作的公务员,为及时准确地进行指导和协调,几乎每天到村里去调查研究村里的情况,并向面长报告。郡级监督。郡级监督的目的和任务无非是,及时发现农村基层组织的有关情况,检查监督中央分配下达的支援物质是否及时、准确地送到面、村并合理使用,以及效益如何等,以动员更多的居民参与,提高农村社会团体组织与面政府的工作效率等。郡守要及时听取面长的报告,同时又派郡政府的有关课室人员到面、村调查分析,以双向反馈体系,及时矫正各项工作计划与方法。中央、道政府的监督目的是及时掌握郡、面、村的实际情况,及时制定或调整有关政策措施,加以矫正或推进。各道的副知事负责及时收集和分析各郡守提出的报告和道有关厅局经过调查研究提出的报告,全面负责"新村运动"具体实施和按期完成。①

　　中国的新农村建设,国家不允许搞各种缺乏详细的监督检查制度。但是,各地方政府,会对试点村各项硬件指标的检查,与政绩挂钩。另外,会通过很多变相的手法来对各级政府官员进行监督、激励与考核。例如中国新农村的典型模式"赣州模式"中就有"赣州市新农村建设工作考核办法",坚持实事求是、分类考核、公平公正、科学合理的考评原则,并将新农村建设工作列入县(市、区)、市直单位领导班子和领导干部年度考核的重要内容,作为衡量和评价干部政绩的重要依据。明确各县(市、区)、市新农村建设工作领导小组成员单位及以包乡扶村任务的市直、驻市单位为考核的对象范围,明确以市委、市《关于加强新农村建设工作的决定》和《以新农村建设为总抓手的农村经济社会发展工作方案》为考核的主要内容,对"建设新村镇、发展新产业、培育新农民、塑造新风貌、创建好班子"又制定了具体的《考核细则》。考核的方式是采取平时督查考核与年度考核相结合的办法进行,并对"五新一好"先进县(市、区)和若干个单位工作表现突出的给予表彰奖励,对贡献突出的市领导小组成员单位和包乡扶村单位给予表彰和奖励;对未履行好年度新农村建设工作职责、考评结果较差的县(市、区)、乡、村和市直单位,将公开曝光,并予以通报批评。目前,赣州已初步建立起一套既包括社会层面的,也包括政府层面的评议评价机制,既能充分反映新农村建设的成果,又能及时发现和纠正问题,使新农村建设始终沿着正确方向前进。

3. 制度保障机制

　　1967年1月16日,韩国政府便正式颁布了相当于农业宪法的《农业基本法》(1970年1月1日修订,共7章30条),这成为政府改善农产品生产价格和流通结构,实现农民与其他产业人员收入平衡的基本政策大纲。《农业基本法》同时还起到规范政府实现农业经营现代化、发展农业生产力基本

---

① 周娴:《政府主导下的韩国新村运动》,http://www.ccrs.org.cn,2007 – 10 – 28。

政策方向、谋求改善生产结构的作用。在此基础上韩国政府还颁布了立足农业发展的专门性、综合性法律,如《农村振兴法》、《农村现代化法》、《农业机械化促进法》、《农民协同组织法》、《农产品价格维持法》、《农水产品流通及价格稳定法》、《农地改革法》、《农地保护和利用法》、《粮食管理法》、《农业教育法》等 100 多部相关农业的法律,形成了较为完善的农业法律体系,撑起了农业发展的法律之伞,确保了农业生产各方面、各环节都有法可依,真正走了依法治农、兴农、利农的道路。1980 年 12 月,韩国国会通过《新村运动组织育成法》;1981 年,韩国以"总统令"的形式公布了《新村运动组织育成法执行令》,育成法和执行令对新村运动的性质、组织关系和资金来源等作了详细规定。积 30 多年建设新农村的经验,目前韩国政府计划制订《城乡交流促进法》,就是想通过法律制度去保证"一社一村"运动的开展[1]。中国目前的建设新农村都是通过中央文件的形式来推动的,还没有上升到国家法律的层面。可以考虑借鉴韩国的立法经验和做法,争取在较短时间内通过有关我国新农村建设的法律,把新农村建设纳入法制轨道。

4. 教育培训机制

韩国政府为配合日益高涨的"新村运动",培养大批"新村运动"的骨干指导员,教育国民树立勤勉、自助、协同、奉献的新村精神和民主市民意识,于 1972 年成立了研究院(1990 年改名为韩国新村运动中央研修院)。培训的内容主要是:强调"勤勉、自助、合作精神"培养;请成功者介绍经验;政府官员进行政策说明;实地考察;研究讨论;制定计划、听成功事例报告等。催人泪下、感人肺腑的农民兄弟在生存与发展过程中的辛酸苦辣和成功事例,这些最普通人的遭遇、情感世界和处境变化,感动了在场的所有人。那些高层人士对普通人生存的艰难和社会对革除时弊、社会变迁的需要与呼唤,有了更深的切身理解,成为反思自己、改进工作、诚信待人、互相帮助、和谐发展的共鸣和内在动力。具体培训教育形式:官民一体。在新村中央研修院

---

① 韩研、金瑛:《韩国农业机械化促进法》,《世界农业》2000 年第 10 期,第 23 页。

一报到,首先领取学员统一的服装,接受同等待遇和培训,不分将军、部长、教授、医生、法官、记者、农民还是工人,不管身份、职业、年龄、学历和职务、职称,吃住在同一宿舍,没有房间门锁,一起感悟、感动、讨论和体验,另外,把参与相关工作的公务员也派到研修院,与"指导员"结对子,同吃同住、同培训。培训期间从早晨 6 点到晚上 11 点都安排活动,①时间安排十分严谨,早晨 6 点集体到操场,面向国旗唱国歌、做早操、跑步锻炼。学院规定,学员在培训期间不能参加宴请、会友、打牌、舞会、外宿等活动。中央研修院十分强调生活就是纪律。这是消除经济发展初期带来的诸多人身差异和怨恨,追寻共同的目标和价值,并一同生活与实践的很好方式。总之,韩国的新村运动的培训,不仅要全体国民认识到新村运动的重要性,主要目的是达到"勤勉、自助、合作"精神的塑造。为新村运动的发展,提供精神动力的支持。相比而言,中国建设社会主义新农村过程中,也意识到对各级干部的培训教育的作用。另外也意识到对农民培训教育的重要意义。只不过在培训形式、目的、内容效果等方面,与韩国有较大差别。如下图:

	对象	方式	目的	内容	效果
韩国	官民	官民一体,培训内容、形式等相同。	培养国民"勤勉、自助、合作"精神。	精神启蒙、参与式讨论、考察、事例报告等。	达到了全体国民精神启蒙教育作用。
中国	官民	官民分类培训,内容、形式等不同。	官:掌握、理解国家相关政策;民:新型农民。	官:政策讲解、参与讨论、实地参观等;民:以农业技术培训为主。	干部培训有收获;农民培训则效果不佳。

总之,韩国的新村运动的培训,不仅要全体国民认识到新村运动的重要性,主要目的是达到"勤勉、自助、合作"精神的塑造。为新村运动的发展,提供精神动力的支持。而中国目前在新农村建设中所进行的教育培训,主要针对省部级、县一级主要领导干部,主要涉及新农村建设的重大意义,国家政策内涵进行分析。目前,没有考虑到对国民精神塑造方面。国家认识

---

① 郑新立:《借鉴韩国"新村运动"经验加快我国新农村建设》,《宁波通讯》2006 年第 2 期,第 14 页。

到对农民培训的重要性,但培训的效果不佳,很多流于形式。韩国的培训教育方式,有些方面值得学习。

四、中韩新农村建设制度绩效比较

制度绩效是衡量制度效果的重要指标,也是制度的结果,与制度有着不可分割的、直接的关系①。20 世纪 60 年代,韩国工业化、城镇化步伐明显加快,但农村经济发展缓慢,农民生活水平低下,农村萧条,城乡差距明显加大,严重障碍了韩国社会的经济发展。支援农业,稳定农村,致富农民,缩小城乡、工农和区域之间的差距,成为当时韩国政治、经济和社会发展的必须面对的重要问题之一。20 世纪 70 年代发起的韩国新村运动,韩国政府遵循着事物的客观规律和运行原理,有效发挥了引导、整合、组织、推动和保障作用,韩国人民用自己的梦想和努力,使韩国农村发了翻天覆地的变化另外。农户的年均收入从 1971 年的 35.6 万韩元增加到 1982 年的 446.5 万韩元,1971 年时农户的年均收入只有城市劳动者的 78.8%,而到了 1982 年,农户的年均收入已经超过了城市劳动者,为城市劳动者平均收入的 103.2%。农村居民的生活环境和生产条件也有了根本的改善。具体来说,从下表中我们可以清楚地了解韩国新村运动中所推行的各项事业的具体成果②。

各项事业名称	单位	总目标	实绩(1971—1982)	进度(%)
文化福利设施				
新农村幼儿园	所	4581	1871	40.8
简易供水设施	处	39302	31 264	79.5
偏僻地区路线开发	线路	1225	1062	86.7
小河川整治	km	27885	21562	77.3

① 邱钰斌:《制度、制度绩效与社会资本的内在联系》,中共四川省委党校学报 2009 年第 4 期,第 64 页。
② 图表资料来源于韩国农村经济研究院《韩国农政 50 年史》,韩国农林部,第 2095 页。

山林绿化				
村内育苗	百万盆	1818	1091	60.0
村子沙防	ha	6400	1719	26.9
电力通讯				
自然村落单位通信网	条线	15543	2043	13.1
移动通信网	处	37146	37146	100.0
农渔村电话	千部	2834	2777	98.0
农渔民后继者培养	名	52033	39600	76.1
新农村指导者教育	千名	184		

（续表）

各项事业名称	单位	总目标	实绩（1971—1982）	进度（%）
文化福利设施				
新农村幼儿园	所	4581	1871	40.8
简易供水设施	处	39302	31264	79.5
偏僻地区路线开发	线路	1225	1062	86.7
小河川整治	km	27885	21562	77.3
山林绿化				
村内育苗	百万盆	1818	1091	60.0
村子沙防	ha	6400	1719	26.9
电力通讯				
自然村落单位通信网	条线	15543	2043	13.1
移动通信网	处	37146	37146	100.0
农渔村电话	千部	2834	2777	98.0
农渔民后继者培养	名	52033	39600	76.1
新农村指导者教育	千名	184		

　　30多年来，韩国实现了一个发展中国家农村的跨越式、超常规发展，实现了国家物质、精神文明和城乡、区域经济的协调发展及城乡居民收入的同步提高。韩国开展新村运动所取得的成就和经验，得到联合国有关组织的关注和肯定，得到发展中国家的重视，先后有130多个国家派出12000多人

参观、学习和取经,有些国家的总统、各部部长亲自带领考察团组学习、考察。韩国新村运动,是世界公认的解决"三农"问题的成功典范。

制度绩效的影响因素是多方面的,但是主要的两个方面是制度设计的合理性和制度实践机制的合理性。自从中国提出新农村建设以来,从中央到地方出台了一系列的相关政策措施,新农村的建设实践也取得了一定的成效。但是中国的农村地域广阔,中东西部的农村发展参差不齐,各地的具体实践方法也各不相同,所以,产生的制度绩效也各不相同,离国家新农村制度设计目标还有一定的距离。笔者认为,中国新农村建设的制度设计是符合中国农村和农民的实际,但是制度的实践机制方面还存在很多方面的不足,在实践机制方面要能充分地借鉴韩国新村运动的经验。中国和韩国新农村建设制度绩效的差距主要是实践机制的差异。所以,对韩国新村运动的学习,主要是学习它实践机制的实事求是,与时俱进的精髓。

五、中韩新农村建设实践机制与制度绩效比较的思考

通过比较我们可以看出,韩国新村运动取得很好的制度绩效,除了实施切合本国实际的实践机制外,还有一些其他方面的客观原因。比如,韩国的国土面积小、人口少、农村的同质性比较高、民族单一,这也是韩国政府公共政策得以推广,新村运动取得胜利的原因之一。中国区域广大,国土面积是韩国的 100 倍,东、中、西部地区差别大,且多民族汇聚。尽管我国东部发达省份与韩国存在一些相似的地方,例如地域、人口、新村运动启动时的经济社会发展程度。但是东、中、西部等发展程度不同的地区,又有各自不同的状况。这可能使得我们借鉴韩国做法与经验的可行性大打折扣。一些作法、经验在韩国行得通,对中国的个别地区可能具有借鉴意义,但对整个中国而言,就不可能具有普遍意义。所以,在借鉴韩国经验问题上,中央政府切不可"一刀切"。中央政府应该鼓励各地方在建设新农村问题上的创造性和主动性,让他们自己去寻找那些适合于本地、有益于本地的国际经验。

韩国开展新村运动在实践机制方面取得了不少的成功的经验,但在具

体实践中也存在一些失败的教训值得我们深入地反思。比如新村运动初期只限于运动,依靠政府的强力推进,没有完全依照经济规律办事,造成表面上显眼的政绩多,对农民没有多大帮助的工程项目也不少,这在一定程度上浪费了国家十分宝贵的人财物资源。另外,以中央政府为主导的推进方式,不可避免地产生不顾地方的特殊情况和地区差异而强求一律的推进方式。更重要的是,由于运动过程中不能保障农民的自愿,许多自愿的工作也变成了官办,造成了农民和地方政府对中央政府的过分依赖;新村运动推动农村现代化、城市化,追求美好的物质生活,农民不得不改造自己的房子或屋顶,他们不得不承担严重的负债;是在以村落为基础之上而开展起来的,这种小集团式的开发运动往往只能搞一些低水平的建设,很难开展一些大型的工程建设,新村运动并没有阻止农民向城市流动,并且由于大规模的"农民进城"导致了许多村庄成为"空壳村",造成了资源的浪费;新村运动受到这项运动自身定位的制约,只在帮助农民摆脱贫穷方面发挥作用,而无法找到一条致富之路。韩国农民收入的提高和城乡收入差距缩小的功劳,主要是韩国政府对农业实行大量补贴、高价收购农产品的结果。所有这些,在建设社会主义新农村建设中,都对我们具有重要的启示意义。

第八章 多重思维视角下的新农村建设

新农村建设能否取得实际绩效,不仅取决于制度设计、制度的被认知、制度的实践机制状况。但是关键的前提条件还取决于制度设计者和制度实践者的思维、思路。思维决定思路,思路决定出路,所以,新农村建设需要多重思维视角。本章主要从价值理念、社会工作的优势视角、参与式发展、社会资本和社会评价等角度对如何进行新农村建设提出理性思考。

一、以人为本:新农村建设的价值理念

以人为本,已经成为多数政府执政的核心理念之一,渗透在各项社会事务具体实践的过程之中。它意味着各项工作都应该站在人的立场上,以人的需要为出发点,并鼓励人参与到与自身发展有关的项目制定、实施、评估的过程中来。十七大报告对以人为本有深刻论述,以人为本就是"要始终把实现好、维护好、发展好最广大人民的根本利益作为党和国家一切工作的出发点和落脚点,尊重人民主体地位,发挥人民首创精神,保障人民各项权益,走共同富裕道路,促进人的全面发展,做到发展为了人民,发展依靠人民,发展成果由人民共享"。①

以人为本可以分为两种类型:消极的以人为本和积极的以人为本。消极的以人为本是指社会对个人需要的满足,这种满足不是以个人对社会承担某种责任为前提的。而积极的以人为本是指社会在满足个人需要的过程

---

① 胡锦涛在中国共产党第十七次全国代表大会上的报告(2007 年 10 月 15 日)。

中扮演着支持者、辅助者、赋予者的角色,需要的最终满足和问题的解决主要依靠个人自身。在社会服务领域,以人为本"就是要突出社会服务对人的服务,不仅仅是针对服务对象具体存在的困难或问题,给予具体的援助的过程及效果,而且是一种帮助有问题的或陷入困境的人发现并发展其人生价值,恢复其生活信念与能力的过程①"。在发展项目运作的领域,"人是而且应当是每一项发展活动的出发点、中心和最终目的。(以人为本)并非人是一种意识形态的呼唤,它意味着发展政策和项目对社会组织给予明确的关注,并围绕发展项目所在地区人民的生产方式、文化模式、需求和潜力来建设发展项目②。"在《把人放在首位——投资项目社会分析》一书的英文版第二版前言中,塞尼进一步指出,要坚决反对在发展工作中存在各种技术官僚和经济官僚式的偏见,如对社会和文化因素的忽视;在工程设计中僵化的纸上谈兵意识;无视农民的知识;对人民基层组织机构十分淡漠。这些偏见的结果是,任何不承认社会行动走在发展项目中的中心地位的干预做法都必然会与社会经济过程的天然活力发生冲突而不是与之相适应。

新农村建设作为国家针对现阶段农村发展进行的制度设计,以人为本意味着以农民为新农村建设的出发点、中心和最终目的,建设要紧紧围绕所在地区农民的生产方式、生活习惯、文化特征来进行,充分尊重农民在新农村建设过程中的参与权和决策权,并通过生产、生活技能的培训对农民赋能。如此,新农村建设的伟大实践才能转变成广大农民群众具有主体意识的自觉行动,新农村建设制度设计的本意才能得到彰显,新农村建设的目标才能得到实现。调查中我们发现,新农村建设中存在政府主导过度的问题,出现"政府出钱、政府规划、政府招标建设、村民旁观"的怪现象。新农村变成了"政府的新农村","村长家的新农村"。而对村民而言,发展的想法得不到倾听,发展的意愿得不到尊重,发展的项目得不到支持。在中央大量扶

---

① 钱宁:《"社区照顾"的社会福利政策导向及其"以人为本"的价值取向》,《思想战线》2004年第6期,第70页。

② 迈克尔·M.塞尼编著:《把人放在首位——投资项目的社会分析》,王朝刚、张小利译,中国计划出版社1998年版,第559页。

持农村发展的政策出台之后,农民依然没有从这些好政策中得到实惠,很多人还在为自己的致富理想得不到应有支持而感到困惑,他们只能依靠自己单薄的力量与实践自己致富理想过程中遇到的种种困难进行斗争,他们的生活艰辛而可敬。

WHM:"我最喜欢养殖,主要养猪,还养火鸡、鸭子、土鸡。现在还养着五六十头猪。问题是猪得病了(口蹄疫),这种病传染得很厉害,现在几乎(每头猪)都有病,能治好,关键是药水太贵。打一次要80元的打针费,加上手续费,一共要160元。为了省钱,我学着自己给猪打针,现在一天全是围着猪转,晚上给猪打针一直要到两点左右,还要一头一头地去看是否正常,这种病传染很快,发现一个过天就能全部传开,一两个小时就能传染开,有时候要到后半夜才能睡觉。猪喂的是菜叶子,一周要两百块钱,平时的饲料主要是拉宾馆的泔水,7200元一年。现在把饲料放在菜叶子上,还要加些水,不然喂不起,原来菜是2毛钱一斤,现在6毛钱一斤。卖的那几头猪刚好够买针水。现在没有办法了,只能硬着头皮整。那天畜牧局的一个姓杨的答应给一点钱,他们说他们没有资金,让我们从民政上要,民政上我们问了,最多就给一两百块钱,那就是完成任务地给点,不给点他们也不好说话。

今年养猪我们家亏死了。原来在家养猪,闭着眼也能挣钱。今年把前两年挣的盖房子的钱都投进去了。我们家还会烤酒,烤酒的酒糟也可以喂猪,问题是没有资金。养猪已经向信用社贷了3万元。现在贷不到了,即使贷得到也不敢贷,利息太高。无息贷款我们贷不到,都被有关系的贷走了。我去乡里问了,他们说没办法。国家政策那么好,为什么到了他们这就没办法。我今年怎么那么吃亏!就看政府能不能帮点忙,如果政府支持,成规模地养。因为我不识字,如果做生意什么的,我记不住,所以我对养殖业最感兴趣,也是最现实的。经常看着它(牲畜),喂猪、打针,我都愿意干。但是就是没人愿意帮助我们。"

二、从缺乏到优势：新农村建设的思维转向

（一）缺乏视角

缺乏视角（lack perspective）是指看问题总是关注不足和缺陷①。在缺乏视角下，农村社会存在的问题本身成为关注的焦点，习惯于就问题谈问题，就问题提出解决问题的策略。这种"以问题为本的思维方式和行动策略理所当然地将'贫困'视为农村和农民的本质问题，工作者要么将农村'贫困'的原因归结为发展条件的滞后，要么将农民的'贫困'说成是他们'懒惰'、'不思进取'、'愚昧无知'所致，救济式扶贫、开发式扶贫和智力扶贫等自上而下的帮扶模式便成为解决'贫困'问题的重要对策②"。如在梳理关于新农村建设实践问题的相关文献的过程中，笔者发现，有很大比例的论文都提出了新农村建设存在以下问题：绝大部分落后地区的农村交通不便、信息闭塞；农民的文化知识和农业科技水平低下；自给自足的小农思想仍很严重；农村基层组织战斗力不强；偏远贫困地区的农村社会治安形势仍然十分严峻；部分农民存在着严重的封建思想意识；农村生态环境不断恶化等（鲍宏礼，2006；麻锡寿，2006；秦国英，2006；唐新明，2006；周宗，2007等）。

针对上述种种问题，对缺乏视角提出了相应的对策，如通过加强基础设施建设来改善交通不便的问题；通过增加教育投入来改善农民文化水平低的问题；通过加强现代公民教育来缓解去除自给自足的小农思想、通过守法教育来改善社会治安不稳定的形势；通过增加环境治理投入来改善不断恶化的环境等等。总之，缺乏视角以自上而下"输血式"的帮扶模式来解决农村的贫困问题，在这一过程中，"作为主体的农民被客体化了，他们的主体

---

① 张和清、杨锡聪、古学斌：《优势视角下的农村社会工作——以能力建设和资产建立为核心的农村社会工作实践模式》，《社会学研究》2008年第6期，第176页。
② 张和清、杨锡聪、古学斌：《优势视角下的农村社会工作——以能力建设和资产建立为核心的农村社会工作实践模式》，《社会学研究》2008年第6期，第178页。

性、优势、能力和资产等被忽视了①。"

农民只是被动的接受帮助者,在接受帮助的较短时间内,问题得到暂时的缓解和解决。但是,当外界给予的资源没有被转化为自己的资源或者资源被耗尽的时候,农民又陷入贫穷当中,造成了"贫穷的循环",其过程如下:

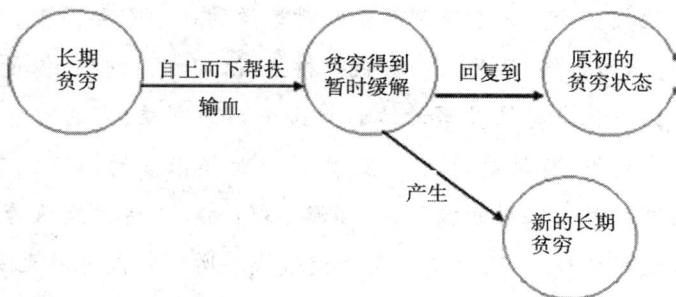

在调查的过程中,政府官员、村干部的视角就属于缺乏视角,他们大多把新农村建设中遇到的问题归因为农民自身的问题,即农民素质低、集体观念淡漠。

> FLS:"因为一个村里不同村民家庭环境不同,富裕程度不同,在筹集项目建设资金的时候就会产生少数人因为家庭经济困难没有能力集资,也有一部分村民不愿集。因为,农村公共物品投入,基础建设集资时,村民的想法是不同的。从人的本性来说每个人都是自私的,他们都会从对自己利弊、爱好出发,去权衡自己对项目建设的热情。比如说,修村庄的道路,或是一条水泥路,因为,村民家离路的远近是不同的,加上以前的村庄房屋建筑基本上是杂乱无章的,同样一条村中的水泥路或是村中的环村路,对每户村民的受益程度是不一样的,如果完全是由国家投资建设,这样即使受益不大的村民也没有什么意见,但如果说是要村民自己筹集资金,

---

① 张和清、杨锡聪、古学斌:《优势视角下的农村社会工作——以能力建设和资产建立为核心的农村社会工作实践模式》,《社会学研究》2008 年第 6 期,第 178 页。

受益少的村民就不愿意。"

TZH:"现在国家有很多的补助资金,如粮食、林业、水利、民政等有二三十项。相对来说国家要求的义务比以前少得多了。所以,现在的老百姓只知道权利,并不知道他的义务。只知道要国家的,但不知道为国家分忧。该要的他就要,但是该要出的,要承担的义务他就不管。这也是制约新农村建设的一个重要因素。搞新农村,开始的时候,认为上面有钱给村里,他们都愿意搞,但是慢慢地在实施过程中有很多事牵涉到村民个人的利益,有的时候要村民做一点让步,有时要村民集点资,这个时候很多的问题就来了。因为国家用对新农村的投资,修了路、改了水,之后村民认为现在可能就是这个样子,国家不可能长期给钱。所以村民也就无所谓,做事就没有刚开始的时候那么积极。反而会给村里的组织人为难。"

对基层官员问卷调查的结果也反映了缺乏视角的思维方式,当问到"'村容整洁'的目标主要依靠什么"的问题时,在调查的 120 名基层官员中,有 48.3% 的人认为主要靠农民自身素质的提高,而认为"村容整洁"的目标主要依靠"政府统一规划"、"投入资金"的分别在调查总数的 22.3% 和 13.4%。

表1　对"村容整洁"主要依靠的认知

	"村容整洁"的主要依靠(n = 120)				
	统一规划	提高农民素质	资金投入	说不清	缺省
人数	27	58	16	15	4
%	22.3	48.2	13.4	12.5	3.6

更为严重的是,村民对于自身主体地位的认识也不明确,在问卷调查的391 位村民中,有30.2% 的人将政府当作新农村建设的主体,22.8% 的人觉得农民是主体,把民间组织看作主体的占 5.6%,而有 41.4% 的人认为新农

村建设的主体应当是"三者结合"。认为政府是新农村建设主体的人明显多于认为自己才是新农村建设主体的人。

（二）从缺乏视角转向优势视角

缺乏视角以问题为本,忽视了人具有改变自我的潜能。而优势视角认为,每个人都具有改变贫穷状态的能力,因而解决农村贫穷问题的关键不是关注问题本身,而是如何提升村民自我提升、自我发展的能力,最终达到社会工作所倡导的"助人自助"目的。

优势视角具有以下四个核心理念:一是增权(empowerment),也被称为"赋权"、"增能"、"充权"、"促能",是指提升权力[①]的目的和过程,即个人、小组、家庭和社区获得权力、接近资源,以及控制他们自己生活的过程。二是成员资格(membership),每个人都和我们一样,都是社会的一份子,都有他与生俱来的价值与尊严,都具有能力与动机去求得美满的生活,社会必须提供机会让每个人发挥潜能,满足其物质和精神各方面的需求。成为成员和市民,享有参与权和责任,保障和安全等特征是赋权的第一步。三是抗逆性(resilience),人们在遭遇严重麻烦时会反弹,个人和社区可以超越和克服严重麻烦的负面事件。它是一种面对磨难而抗争的能力。四是治愈和整合(dialogue and cooperation),也被翻译为对话与合作。治愈意味着整合和调动身体与心灵的机制,去面对障碍、疾病和断裂。治愈也需要个人与更大的社会与物理环境之间的良性关系,即建立对话并展开合作。通过对话,我们确认别人的重要并开始弥合个人、他人和制度之间的裂缝。基于以上核心理念,塞勒伯提出了五个伦理原则:首先,每个个人、团体、家庭、社区都有自身的优势,关注其优势是开展工作的前提;其次,个人面临"危机事件"(如创伤、疾病、虐待等)和为生活而抗争时具有抗逆力,即使在痛苦之中,他们

---

① 权力是指人们所拥有的能力。但值得注意的是,这种能力不仅表现为一种客观的存在,而且表现为人们的一种主观感受,亦即权力感。正是这种权力感可以增进人们的自我概念、自尊、尊严感、福祉感及重要感。参见陈树强:《增权:社会工作理论与实践的新视角》,《社会学研究》2003年第5期,第71页。

也期待取得成就；第三，与案主平等地合作，才能更好地为案主服务，我们应该抛弃专家和专业人员的身份，与案主建立一种"伙伴"关系；第四，所有的环境都充满资源。无论环境如何艰巨，它怎样来测试居民的勇气，都可以被理解为是一种潜在资源；最后，注重关怀、照顾和脉络。通过关怀、照顾来树立希望，并在社会互动中来加强希望。①

新农村建设仍然没有摆脱传统的自上而下扶贫模式和以问题为本的思维模式，没有真正实现"以问题为本"向"以人为本"的转变。在新农村建设实践过程中，农民主体地位没有得到尊重，农民的主体作用没有得到发挥，农民的心声没有得到倾听，农民的利益没有得到诉求，农民的潜力没有得到挖掘，农民的生活水平没有得到应有的改善，新农村建设制度文本和实践效果之间出现了差距，造成制度堕距。从现实的农村状况来看，自上而下的扶持模式难以对农村社会的发展产生持续性的影响，难以满足新农村建设制度设计的初衷，甚至引发了一些新的问题，如社会公平与公正、乡民关系的倒退等。因而，从缺乏视角向优势视角的转化已经刻不容缓。

首先，在理念层面，认识到农民在新农村建设中处于主体地位，专注于农民和农村的优势和资源，而不是其不足和缺陷。农民有改变自身现状的潜力，外界力量主要是激发其潜力，形成能力，以此面对发展过程中可能遇到的种种困境，实现"以问题为本"向"以人为本"的转化。听听农民的心声，尊重农民的意愿和想法，和农民进行广泛的交流与对话，在此基础上，和农民一道提出发展方案。激发和引导农民参与农村社区事务，要充分尊重、信任农民，赋予他们自我表达、自我行动、自我决定的权利。农民更清楚自己的生存状况及现实需求，不尊重农民主体的意见，发展往往会陷入困境。农民的社区参与不仅是实施农村社区发展项目的手段，农民参与本身就是目的，通过参与提高农民的民主意识、权利意识、主人翁意识等等。农民社区参与的直接目标是实现农村社区发展，终极目标是实现农民的全面发展。农民作为农村社区的居民，是农村社区的利益主体，也应是农村社区发展参

---

① 参见塞勒伯：《优势视角——社会工作实践的新模式》，李亚文、杜立婕译，华东理工大学出版社 2004 年版，第 14—24 页。

与的核心主体。然而,自家庭承包制以来,政府及其相关部门、村两委干部反而成为农村社区发展中重要的实质性参与主体,农民的参与热情不高,多为被动地完成下达的任务,其主体地位被日益淡化。这种局面背后的逻辑是农民素质低下,没有决策能力,自主办不了"大事",因此需要政府及其相关部门、村两委干部等进行决策、安排和理性指导,农民配合执行即可。可是,多年的实践证明,所谓的"理性"安排导致的往往是非理性后果,与当地实际背道而驰。①

其次,在制度设计层面,一是要改变传统自上而下的政策传达机制,减少政策传递过程中出现的信息失真问题,实现中央政策与政策对象的良好对接;二是要坚持制度设计的科学性原则,所谓科学性,意味着制度设计是在广泛调研、多方论证的基础上根据农民意愿完成的。三是要坚持制度设计的开放性原则,在中央政策核心理念的指引下,各地各村可以根据自身的实际情况创造性地开展新农村建设,改变过去很多地方单一模式的做法,有村民认为,"新农村建设很难达到实际的效果,我们乡里的干部也只是为了跟着上面走,县里是怎么安排,我们就怎么做,其实很多事都做不到,我们没有多少自主权(TXF)";四是要坚持制度设计的可操作性原则,主要是增强制度文本表述的清晰度和可接受性,让农民能听懂、能理解,使制度设计真正面向农民,而非像过去那样面向政府。五是建立科学的制度绩效评估与反馈机制,新农村制度设计经过具体实践达到了什么样的效果,需要通过建立完备、准确的制度评价指标体系来进行评估,并在评估主体上引入村民为主、政府和专业人员为辅的做法,改变过去政府单一评估的做法。此外,制度设计不是一成不变的,它要根据社会情境的变化而做出调整,调整的依据是什么呢? 除了政府、专家或一些专业机构之外,更应该关注农民对新农村建设成效的反馈,因为农民经历了新农村建设的整个过程,真正见识了新农村建设的成效和存在的问题,是新农村建设中最有发言权的群体。

第三,从实践层面,改变过去问题为本的帮扶模式,立足于透彻的社会

---

① 杜云素、萧洪恩:《优势视角下农民的社区参与》,《调研世界》2007 年第 11 期。

分析和农民自身的优势,最大限度地发挥农民的主体性(主人翁精神)和潜能(聪明才智),强调以农村可持续生计和农民能力建设为主线,从个人、群体、社区、社会政策等多层面整合地思考社会工作的介入策略,充分体现'以人为本'的基本理念。当意识到应该从社区层面介入时,就动员社区、举办社区活动、开展社区教育等;当意识到应该从小组层面分享和交流时,就及时开小组会,推动小组动力形成,使组员在互动中成长起来;当意识到应该跟进个人,交流谈心时,就不失时机地开展个案工作。①

三、参与式发展:新农村建设的现实路径

参与式发展是兴起于 20 世纪 70 年代的关于发展的新思想,是针对传统复制式发展模式引发一系列社会危机而提出的新的发展理论。参与式发展将发展看作一个过程,在这个过程中使受益者真正地参与到发展项目的决策、评估、选择、实施、管理等每一个环节中。参与式发展走的是一条以人为本、文化优先、弱势群体为重点、全员参与、自下而上的新的发展路子,而不是以政为本、经济优先、部分参与、自上而下的传统的发展路子。20 世纪 90 年代初,世界银行等援助机构在对外援助过程中,开始将其援助重心和发展重点向促进参与式发展方面实行全面转移,参与式发展方式在全世界范围内就真正蓬勃兴旺起来。10 多年来,世界银行、联合国开发计划署、联合国人口基金会、世界自然基金会、亚洲银行、福特基金会等组织在中国所资助的农业项目、林业项目、环保项目、社区综合发展项目等通过参与式发展也取得了较好的成效。②

参与式发展强调发展的参与性与优势视角、增权理论的核心理念表达了相似的发展逻辑,那就是,受益者不是被动的接受救助,而是通过能力提

---

① 张和清、杨锡聪、古学斌:《优势视角下的农村社会工作——以能力建设和资产建立为核心的农村社会工作实践模式》,《社会学研究》2008 年第 6 期,第 192 页。
② 周大鸣、秦红增:《参与式社会评估:在倾听中求得决策》,中山大学出版社 2005 年版,第 26—27 页。

升主动参与发展的全过程,并对发展项目具有当仁不让的决策权。"参与实质是个决策的民主化过程,即从资金、权力等资源拥有者(传统决策者)那里分权,或赋权给其他相关群体,以便在多方倾听中求得决策的公正与科学①","参与也是参与式治理的核心概念,是对贫困社区民主空间的深化……包括公共政策的形成、商议通过和实施……在印度,所有成年居民参与的村民会议被赋予权力不仅包括发展规划,而且在许多情况下还能对自然资源和地方公共机构及其功能进行控制②。"还有一些国家已经通过法律制定来保证少数民族、土著民族、弱势群体在知情状况下参与到决策过程当中,并且要充分尊重他们对项目的选择。

与参与式发展理论相对应的是,一种新的研究方法——参与式农村评估方法 PRA(Participatory Rural Appraisal)被广泛运用于农村发展项目中。通过 PRA,能在较短时间内(相对于传统田野调查)了解村庄资源状况、发展现状、农民意愿,并评估其发展优势及发展途径。

参与式发展在农村发展中的运用被称为参与式新农村发展,"之所以叫'新农村发展'而非'扶贫',是因为'参与'本身即是一种价值观,它通过注重发展过程中每一个环节的村民参与实质,从而达到赋权农民、增加农民满足自身基本权利(如可持续生计、基本服务与保障、平等参与新农村社区事务等)的能力,通过农民的各种能力提升达到农村发展的可持续性。事实上,参与式新农村发展包含了除经济外,还有社会、社区、新农村权力结构等方面的全面发展与改善,这就使得其与'扶贫'是有着本质的区别③。"

在此,我们可以把参与式发展在新农村建设中的运用称为参与式新农村建设,强调农民在新农村建设过程中的参与性,通过对农民赋能,提升他们满足需要、获得发展的能力。按照新农村建设"生产发展、生活宽裕、乡风文明、村容整洁、管理民主"五大方面的总目标和总要求来看,参与式新

---

① 周大鸣、秦红增:《参与式社会评估:在倾听中求得决策》,中山大学出版社 2005 年版,第 43 页。

② Harsh Mander;Mohammed Asif. 国际行动援助中国办公室编译:《善治:以民众为中心的治理》,知识产权出版社 2007 年版,第 117—118 页。

③ 毛刚强:《参与式与新农村建设》,三农中国 http://www.snzg.cn,2007 - 1 - 5。

农村建设就是要让农民参与到农村的经济建设、社会建设、政治建设、文化建设、基层民主建设当中来,通过能力提升,逐渐取代政府单一主导的模式,成为新农村建设的主力军。推进参与式新农村建设过程中要明确以下几点。

(一)坚持农民主体的核心地位

关于新农村建设主体是谁的问题,目前存在理论界定与实践操作的错位。从理论层面看,无论是新农村建设的政策制定者,还是研究新农村建设学者,大多赞同新农村建设主体是由农民、政府和民间组织构成的,同时,他们也强调了农民在多元主体中的核心地位,即农民既是新农村建设的受益者,又是新农村建设当仁不让的核心力量。从实践操作层面看,新农村建设又存在政府主导过多,农民参与不足的问题,政府成为新农村建设的主体力量,农民却成为新农村建设的被动接受者甚至是旁观者。调查过程中,村民普遍反映,新农村不是他们的新农村,自己在新农村建设中没起多少作用,建设项目被承包出去,如果是村外面的人承包,都免得他们出工出力。新农村就是村干部在领着搞,具体情况只有他们知道,我们什么也不清楚,钱怎么花,花了多少,还剩多少,村民都不知情。"从现状看,新农村建设这种模式完全取决于国家的扶持力度,靠国家来推动,国家拿多少钱,村里就做多少事。但是,全国这么多的村庄,如果所有的村庄都由国家拿钱来搞,恐怕这个东西很难办(ZHF)。"另外,民间组织在农村还比较少,已有的民间组织也没有太多发言权,只是充当了新农村建设的宣传员,难以起到政府和村民之间的中间者的角色。参与式农村发展必须改变目前政府单一主导的模式,还权予民,赋权予民。政府、专家、民间组织、村民共同参与调查、一起讨论、共同制定项目,最后由村民做出决策。总之,新农村建设项目制定的前提是,必须要保障绝大多数村民在知情状况下的参与和能够明显地接受主要的决策结果,当外在力量的介入影响到村民正常的生产生活的时候,一切行事的原则是:"以他们自由的、优先的和明确的赞同为指导①。"

(二)应重视农民的地方性知识

由于不同地区所处的环境和对环境资源的认识、利用不一样,因此,谋生的方法和手段自然也就不同,反映出来的乡土知识更不一样。如村庄管理中的乡土知识、农业种植中的乡土知识、牲畜饲养中的乡土知识、水和森林资源利用和管理中的乡土知识等。这些乡土知识是农民在长期生产生活实践中的经验总结,因此也可称其为乡土经验。具有以下四个特征:一是文化性,与当地文化紧密相关;二是严密性,形成了一套严密的操作规程;三是科学性,在长期的生产生活实践中得到检验;四是内化性,已经内化为人们的行为习惯。在新农村建设的项目设计过程中,要充分考虑地方性知识对发展的积极作用,把其看成农民的优势之一。外在的技术和乡土知识的有机结合,能有效避免技术失效的问题,提高项目运作的效率。

(三)多用农民参与的 PRA 方法

在方法上,PRA 的使用要灵活变通,不能局限于固定的程序,盲目照搬。PRA 工具包括访谈类、图示类、排序类、记录类、展示类、分析类、会议类和角色扮演与直接观察等八类②。其中以访谈类、图示类、排序类运用最为广泛。访谈类一般以集体访谈(座谈会)的形式进行,可以弥补个人访谈时间较长、观点单一的缺点。画图类主要有社区资源图、村庄社区图、日常生活图等,由村民自己绘制,能快速了解社区的人口分布、资源分布、文化特征、农户生计状况及日常生活状况。画图法要根据调查主题和调查点具体情况创造性地使用。排序法主要指村民就"村庄发展存在的问题"、"农户的发展意愿"等内容进行的排序,"不仅仅是了解、分析、识别问题与机会的有效

---

① Harsh Mander;Mohammed Asif. 国际行动援助中国办公室编译:《善治:以民众为中心的治理》,知识产权出版社 2007 年版,第 119 页。

② 周大鸣、秦红增:《参与式社会评估:在倾听中求得决策》,中山大学出版社 2005 年版,第 44 页。

工具,同时也是被调查者自我评估与学习的过程,被调查者会觉得从中得到了鼓励和尊重,从而促进调查者与被调查者之间伙伴关系的建立①。"PRA方法得出的资料是在当地人的参与下获得的,无论是画图、排序还是座谈会,以及其他的工具,得出的资料都具有非常好的直观性。

PRA方法强调共同参与、尊重当地人和互相分享知识的工作态度,是对当地状况和群体意见的综合提取的过程,解决了传统调查方法获取信息往往只是研究人员单方面的事情。在新农村建设中,通过PRA方法有助于增强了村民对发展项目自信心和参与意识,用当地多数人的标准来评判发展项目的优势和劣势,增加了项目制定的科学性和可行性。

(四)农民参与的制度化②

治理理论的主要创始人罗西缩认为,治理"是一种由共同的目标支持的活动,这些管理活动的主体未必是政府,也无须国家的强制力来实现"。库伊曼也认为,"它所要创造的结构或秩序不能由外部来强加,它之所以要发挥作用,是要依靠多种进行统治的以及互相发生影响的行为者互动"。③由此可以看出治理的其核心理念是对过去单纯强调政府管理理念的一种突破,主张政府、公民以及其他组织共同来参与对社会的管理,尤其强调参与主体间的协调、沟通与交流。治理本质在于公民参与。"地方治理发展与公民参与推进是紧密联系在一起的。公民参与程度是检验地方治理发展水平的重要标志。"④缺少公民广泛参与的治理就不能算是真正意义上的治理。公民参与是为维护和达成自身利益,对那些关系他们生活质量的公共政策直接或间接地施加影响的基本途径,"地方治理是最贴近社会和公民生活、直接向公民提供公共服务、与公民日常生活最密切相关的智力层次,所以,

---

① 周大鸣、秦红增:《参与式社会评估:在倾听中求得决策》,中山大学出版社2005年版,第54页。

② 此节的内容作者已经发表在《安徽职业警官学院学报》2010年第4期。

③ 转引自叶林林、王翌、刘晋科:《论社区治理中公民参与的制度创新》,《技术与市场》2007年第5期,第47页。

④ 孙柏瑛:《当代地方治理》,人民大学出版社2004年版,第213页。

她被人们认为是事实分权化治理和民主治理的场所,是公民围绕地方具体的公共问题,参与地方公共政策过程,实行自主自治管理的实验和训练场……忽视了地方和社区层次,我们就难以把握当代治理的真谛。"①所以,近年来,国内外学者们开始将治理理论运用于与公民生活最贴近的社区研究。

美国著名政治学者塞缪尔·P.亨廷顿曾指出"在现代化中的国家,政治参与扩大一个主要转折点是农村民众开始介入国家政治"②。自从我国提出建设以农民为主体的社会主义新农村之后,如何有效地促进农民参与农村社区治理的问题日益凸显出来。针对"农村自然村落是农村社会的基本单元,村落居民以地缘、亲缘、血缘为纽带连接在一起,有着共同的生产生活环境和方式,认同感和归属感较强"③的特点,很多地方政府就开始利用传统村落的地缘和血缘关系的特点,建设和谐农村社区,但是农村社区治理的主体没有发生变化,村民仍然是被动地被政府动员起来参与社区建设。"但是随着我国社会转型,原有的社会利益格局分化,多元利益主体形成,公民参与公共政策过程和社区事务的诉求必然更加强烈。这就不仅需要明确公民在社区治理中的角色定位,更需要消除公民参与社区治理的各种障碍,探索社区治理中的公民参与和制度创新。"④当前新农村建设过程中发生了诸多群体性事件等社会矛盾和冲突,不仅仅是因为政府与民争利的原因,由于资源分配的不公正而引发的矛盾和冲突日益处于上升趋势,这也充分凸现出了我国农村社区惯有的以政府为主导的治理方式的缺陷。"社区治理既是政府及非政府组织介入社区发展的过程、方式和手段,更是社区公民参加社区发展计划、项目等各类公共事物与公益活动的行为及其过程,体现了公民对社区发展责任的分担和对社区发展成果的分享"⑤。所以,农村社区治理也需要村民积极主动地参与。

---

① 孙柏瑛:《当代地方治理》,人民大学出版社2004年版,第1页。
② 塞缪尔·P.亨廷顿:《变革社会中的政治秩序》,上海译文出版社1989年版,第74页。
③ 姜晓萍、衡霞:《社区治理中的公民参与》,《湖南社会科学》2007年第1期,第24页。
④ 转引自沈君彬:《社区建设中参与主体角色问题的反思》,《哈尔滨学院学报》2005年第6期,第13页。
⑤ 乔琳琳、高一琴:《农村群体性事件的成因及解决对策》,《企业家天地(理论版)》2008年第5期,第200页。

1. 社区治理中农民参与问题的表现

（1）公共决策参与边缘化

科恩指出："民主过程的本质就是参与决策。"①对公共政策制定的参与是公民政策参与的核心，因为"制定政策是政治过程的决定性阶段"。公共政策是政府对一个社会进行的权威性价值分配，它直接关系到公众的切身利益，因而公共政策的制定必然会引起公民的广泛参与。但若没有高度制度化和规范化的参与方式将动员起来的公民参与纳入秩序的轨道，往往会造成"集体困境"，出现所谓的"参与危机"。以修路为例，道路修建的决定、道路修建的走向、如何修建等决策，各利益相关的村民全部游离之外，直接以地方政府为主体的决策出现偏颇，村民无法接受，所以，引发了后面诸多的非制度性参与。

（2）利益表达形式非制度化

公民参与的实质是公民借助已有的社会资源和知识库存，采取各种策略使利益分配的天平朝自己倾斜的过程，是公民参与利益博弈的主要手段。公民参与的成功与否取决于其能否有效地表达利益诉求，取决于他们与其他利益主体进行竞争和博弈的能力和策略，以及政府对其利益诉求的认可和吸纳程度。农民通过制度化的政治参与，把自己的利益诉求、意愿、见解和主张切实反映到政策制定、执行的过程当中，可以有效避免政策制定过程中可能出现的偏颇。不仅如此，农民通过参与政治还能有效地监督政策的执行，防止出现偏差，即使出现偏差也能及时采取措施予以纠正，从而优化政策执行效果，增强政策的执行效能。在有的地方，农民在争取利益的方式上经常表现出"非合法"特征：冲击镇政府、围攻新农村干部、越级上访、阻断交通等。非法的参与手段，不仅不能使自己的正当利益得到保障，而且还触犯了法律（一村民遭拘留），使事件的矛盾不断激化、事态的发展影响甚坏。这种非制度化的"问题化"处理方式并未取得预期效果，反而处处掣肘

---

① 卡尔·科恩：《论民主》，商务印书馆1988年版，第219页。

了政府权力的行使①,使问题的矛盾进一步激化,自己的利益受到更大的损害。我国在现实生活中,公民对涉及自己切身利益的意识十分强烈,但是,制度化参与意识和行为严重不足。

(3)利益协调机制不完善

农民政治参与的动因主要源于自己的切身利益,与己利益越紧密,参与的积极性越高。随着市场经济的建立和发展,农民的民主观念和平等意识不断增强,逐渐产生了政治参与的渴望和要求。农民在享受平等参与政治权利的同时受经济利益的驱动,热情关注自己的切身利益,关注社区事务管理,关注干部的行为,涉及到自身利益的事情会大胆地在政治上予以诉求。所以,当前的农村社区中利益的冲突十分突出。在村庄重大事件决策过程中,哪些村民参与,如何参与、怎样参与,在什么地方参与均没有规矩可依,村民和政府的心里都没有一个谱。作为基层政府在重大事件引发的矛盾中不能有效地平衡利益,解决矛盾,制止事态的发展,反而成了好心办坏事、出力不讨好、利益双方攻击的对象。除了工作方式方法的不足之外,很重要的原因是缺乏一个制度化的利益协商机制。

2.农村社区村民参与制度化路径思考

农民的非制度化政治参与本身并不可怕,可怕的是决定这些行为产生的背后的制度性缺陷。我们要消除的恰恰是这些制度性缺陷,而非针对农民的非制度化政治参与行为本身。如果我们完善了这些制度建设,农民的非制度化政治参与行为也就自然被规范化了。②

(1)积极引导,提高制度化参与意识

利益的追求是参与的根本动力,有序的参与是实现利益的根本保证。从当前众多的农村群体事件我们可以看出,当前农民的维权意识在不断地增强,参与的意识也在不断增强,但是有序的公民参与意识却不强。在公民

①　应星:《大河移民上访的故事——从讨个说法到摆平理顺》,生活·读书·新知三联书店2001年版,第317—320页。
②　张望:《农民非制度化政治参与现状及原因初探》,《黑河学刊》2007年第6期,第77页。

社会背景下,农民的维权意识和参与意识逐步增强,但是缺乏的却是有序的制度化参与,农民的参与没有按照一定制度化的程序或方式,结果并没有很好地表达自己的利益需求,维护自己的权益。一些地方出现公共事件引发冲突的时候,农民不是寻找制度化的渠道去解决,而是采用冲击镇政府、围攻新农村干部、越级上访、阻断交通等行为,而且丝毫没有意识到自己的行为有"任何过错"。最后,村民非制度化参与行为取得了"圆满的结果",更加强化了他们的非制度化参与意识。这种恶性循环的结果,给社区治理绩效造成严重的影响。但是农民的有序参与意识的提高不是靠"以农民为主体"的空洞说教,而是要与农民的切身利益需求密切结合起来,并且要与实实在在的工程项目建设联系起来,让农民在项目工程的建设中自我决策、自我管理、自我监督,让农民在以具体的工程项目建设工地为场地,以项目工程的建设流程为程序,以实现切身的利益为动力,以规范的行为方式为要求的过程中,逐步地提高自己的规范有序的参与意识。笔者认为,在新农村的建设项目的过程中培养农民的有序参与意识,远比空洞的流于形式的村民选举好得多。

(2)加强规范,完善决策参与机制

完善农民决策参与机制必须以一系列可操作的规则和程序来保障。要培育民主政治的社会基础就要求建立保证村民参与重大问题决策的机制,以便在实施可持续发展战略的进程和以后的村庄管理中形成合理的民主机制,切实保障村民利益。笔者认为有必要在农村建设中引入工程项目社会评价。项目社会评价是指应用社会学、人类学、项目评价学的理论和方法,通过系统地调查、收集与项目相关的各种社会信息和社会数据,分析影响项目的社会因素和项目实施过程中可能出现的各种社会问题,提出尽量减少或避免项目负面社会影响和扩大正面社会效果的措施和方案,评价项目的社会可行性,以保证项目顺利实施并使项目效果持续实现。项目社会评价目前在大型项目的建设中与经济评价、环境评价地位同等,特别是国外项目建设程序中不可获或缺的前提条件。A社区的道路修建,如果在立项之前委托第三方进行社会评价,然后结合报告,组织一个社区多方利益者的决策会议,这样不仅可以充分地保证决策的科学性,还能有效地避免道路建设所带来的负面效应。

(3)畅通渠道,健全利益表达机制

建立民意反映、沟通制度,以完善民众利益表达机制。农民利益表达机制的完善,实质上也是农民决策参与机制完善的一个有机组成部分。一个完整的利益表达机制应该包括三部分组成:一个简单稳固的方式,一个稳固的倾诉对象,一个及时有效的反馈机制。所以,一方面,引导村民成立稳定或临时的组织,形成了一种委托—代理关系。普通村民们可以将自身的利益充分表达(可以是书面的形式,也可以是口头表达的形式)给组织的代表成员,由代表成员负责将这些表达的利益进行整合、集中。另一方面,可以组织一个由与项目建设相关的利益群体代表组织一个临时的项目民意交流中心,交流中心随时收集来自各组织代表收集的意见和建议,然后定期组织召开多方面村民代表参加的信息交流通报会,加强社区不同利益公民间的沟通,积极地引导公民理性、合法、合理地表达利益。以制度化方式调整和规范公民的利益表达方式,支持合法、正当、富有建设性的制度性利益表达,疏导非制度性利益表达,防止和化解暴力性利益表达。有效地落实农民利益表达机制。

(4)注重公平,完善利益协商机制

利益协商机制的完善,也是决策参与机制完善的有机环节。因为理性的协商才能做出理性的决策。在农村社区的利益协商中,协商的民众组织的自治度和协商程序的民主化是整个协商机制的关键所在。所以,从制度层面完善社区利益协调机制的规则,具体应该包括遇到社区矛盾和冲突时,应该由谁来充当第三方组织利益冲突方中的哪些人参与协商,在什么地方协商、怎样协商等。这样才能避免该社区出现的协商无序的情况。利益协商机制可以将各利益方的表达的利益,充分地经过不断地争论、讨论、妥协、达成共识。这样可以充分地利用有限的和平的方式将矛盾化解,促进社区的和睦,社会的发展。

四、社会资本：新农村建设的崭新视角①

经济学家洛瑞（G. Loury）于 1977 年首次提出社会资本的概念，之后的一些学者相继对社会资本这一概念进行了界定，普特南是其中的代表。普特南认为社会资本"是指社会组织的特征，诸如信任、规范以及网络，它们能够通过促进合作行为来提高社会的效率。"②如今社会学家普遍认为，社会资本是物质资本、人力资本之外的一种重要的社会资本，但是社会资本不同于人力资本、物质资本，它是关系性的、社会性的。社会资本更多地着眼于一种社会关系，一种文化环境，表示的是公众的参与网络，互惠的行为准则与人际信任所具有的那些能够降低协调与合作成本，增加社会生产能力的特征。社会资本在社会发展中具有重要的作用。肯尼斯纽顿认为通过互惠和信任，社会资本把个人从缺乏社会良心和社会责任感的、自利的和自我中心主义的算计者转变成为具有共同利益的、对社会关系有共同假设和共同利益的共同体的一员，从而构成了将社会聚合在一起的粘合剂。③"在一个拥有大量社会资本存量的共同体中，生活是比较顺心的。公民参与的网络孕育了一般性交流的牢固准则，促进社会信任的产生。这种网络有利于协调和交流，扩大声誉，因而也有利于解决集体行动的困境。"④而且"公民参与网络增加了人们在任何单独交易中进行欺骗的潜在成本；公民参与网络培育了强大的互惠规范；公民参与网络促进了交往，促进了有关个人平衡的信息之流通；公民参与网络体现的是以往合作的成功，可以把它作为一种具有文化内涵的模板，未来的合作在此之上进行。"⑤农民能否分享到国家

---

① 本节的核心内容作者已经发表在《求实》2007 年第 10 期。
② 罗伯特·普特南：《使民主运转起来》，王列、赖海榕译，江西人民出版社 2001 年版，第 195 页。
③ 罗伯特·普特南：《繁荣的社群——社会资本与公共生活》，杨蓉编译，李惠斌、杨雪冬主编：《社会资本与社会发展》，社会科学文献出版社 2000 年版，第 155—156 页。
④ 罗伯特·普特南：《独自打保龄球：美国下降的社会资本》，李惠斌、杨雪冬主编：《社会资本与社会发展》，社会科学文献出版社 2000 年版，第 167 页。
⑤ 罗伯特·普特南：《使民主运转起来》，江西人民出版社 2001 年版，第 203—205 页。

经济发展的成果,关系到他们对新农村建设投入的热情和参与程度,从社会资本的视角上看,农民拥有多少社会资本直接影响到他们对新农村建设的参与方式和参与热情,进而影响农村发展的可持续性。

(一)自然村①是新农村建设的基本单位。

新农村建设制度的落实重在建设,以什么为建设基本单位,直接关系到新农村制度的成效如何。目前,我国的很多农村治理行动,均以行政村为行动单位。因为行政村是国家农村行政治理的最小单位,他具有准政府的性质,便于国家政策的贯彻实施。然而对于如何落实社会主义新农村建设,北京大学的林毅夫教授认为,从农业生产的特点来看,不管是在人少地多的美国、加拿大、澳大利亚的大农场,还是在人多地少的东亚日本、韩国以及我国的台湾省的小农场,以农业生产为主业的农村居民都会选择居住在自己耕地附近。所以,我国社会主义新农村建设应该以已经形成的、在耕地附近的自然村为建设对象,而不是拆并自然村,建设远离耕地的新村。新农村建设的对象应是自然村。② 目前中国大多数地区的新农村建设试点村都是以自然村为基本建设单位,即以自然村为单位进行新农村建设,如修路、架桥、维修水利、改善居住环境、维护社会安全等。引起全国关注的江西省的新农村建设典型:赣州模式就是以自然村为单位进行建设的。江西省委关于新农村建设的决议中明确提出"要以自然村为单位"建设新农村。

笔者认为无论国内国外的新农村建设,普遍以自然村为建设单位,不仅因为具有诸如离耕地近等多种自然因素外,而且从社会资本的角度来看,具有重要的理论与现实的合理性。从当前新农村建设面临的主要问题来看,不仅仅是物质资本与人力资本的缺乏,农村社区社会资本存量也是其中重要的因素。在社会主义新农村建设过程中,国家加大对广大的农村建设的

---

① 中国农村的自然村与行政村的关系大致有三种,第一种是自然村大于行政村,一个自然村包括不止一个行政村。第二种是自然村等同于行政村,一个自然村就是一个行政村。第三种是自然村比行政村小,几个自然村组成一个行政村。本文所指的自然村,主要是指第三种。中国农村的自然村以第三种居多。

② 摘自《中国改革报》2006 年 8 月 28 日。

人力、物力投资，但能否实现新农村建设"五个目标"，还取决于农村社会所具有的社会资本存量多少。有些地方的农村社区建设过程中虽然获得了大量的物质资本，也不乏人力资本的支持，但仍然不能获得很好发展，并且造成人力资本和物质资本的极大浪费，这主要是因为社区内部社会资本的缺乏，导致社区内部村民相互之间缺乏彼此的信任、共同的互惠规则以及公共参与网络。新农村建设真正依靠力量不是来自外界的施舍，而是来自农村内部的自我合作与发展，这才是新农村建设的真正内源性力量。"生产发展、生活宽裕、乡风文明、村容整洁、管理民主"的新农村建设目标，没有村民的广泛的认同、信任、合作、参与是不可能的。梁漱溟当年在山东搞农村建设试验时就曾说："农村建设之所求，就在培养起农村力量，更无其他。力量一在人的知能，二在物质，而作用的显现要在组织。凡可以启发知能，增值物质，促进组织者，都是我们所要做的。"①梁漱溟先生的论断正回答了新农村建设不仅需要物质资本、人力资本，而且需要社会资本（因为社会资本就是社会组织中蕴涵的能够促进人们互惠合作的信任、规范、网络等特征）。

中国农村的自然村是村民聚居的一个基本单元，是村民在以共同拥有土地的基础上一起生产、生活而形成的拥有共同的利益和价值观念的一种群体。这种形成过程具有自然和历史的特征，并非是一个人为地、机械地结合在一起的分散的团体，它的这种特征经历了几千年历史的考验和熏陶。自然村落历来都是自然村社会的治理单位。乡土中国的基本研究单位是村落……村落是血缘、地缘关系结成的一个相对独立的社会生活圈子，是一个各种形式的社会活动组成的群体，而且是一个人们公认的事实上的社会单位。②

（二）自然村蕴涵的社会资本

自然村的社会结构中蕴涵着丰富的社会资本，主要表现在以下方面：

---

① 《梁漱溟全集》第二卷，山东人民出版社 1990 年版，第 303 页。
② 科尔曼：《社会理论的基础》，邓方译，社会科学文献出版社 1999 年版。

1. 自然村的熟人信任:相互合作的基础

信任不仅是社会资本的重要组成部分或指标,而且还被认为是社会资本产生的前提条件:"社会资本是一种从社会或社会的一部分中的普遍信任产生的能力。"[①]科尔曼认为,"信任的源泉是理性选择理论的核心问题"。[②]它是在较稳定的社会网络中经过较长期的互动和联系形成文化或价值观念的认同之后产生的。"当人们共享诚实和互惠标准而因此能够与他人合作的时候,信任就产生了。"信任作用中最重要的两个方面是:可预见性和社会关心。"可预见性是指人们可以预期在社会中和我们人际关系中存在着稳定性,而且变化也是可以处理的"。[③]信任的原始基础是熟悉的特征和过去的记忆。[④]一方面,在信任关系的形成机制中,熟悉为信任这一重要的社会资本提供了肥沃的土壤和生存空间。在农村自然村落社区中常常被称为是"熟人社会",人与人之间的交往往往是重复性博弈而非一次性博弈,因而使人不会轻率地发生欺骗行为,从而增强了合作者的相互信任。另一方面,"过去记忆"也是社会资本形成的另一种重要机制。在熟悉的世界中,过去胜过现在和未来。由于"过去记忆"的作用,现在的"复杂性"一开始就得到简化。"熟悉的世界将一往如故,值得信任者将再次经受考验,熟悉的世界将延续到未来。"[⑤]"过去记忆"为人们提供了一种既定镜像,在农村自然村落的面对面的空间中,大众对"过去经历"的记忆便顺理成章地发展成为对合作对象判断的第一手资料。费孝通先生曾对自然村社会性质做过分析:"乡土社会在地方性的限制下成了生于斯、死于斯的社会。常态的生活是终老是乡。假如一个村子的人都是这样的话,在人人的关系上也就发生了一种特色,每个孩子都是在人家眼中看着长大的,在孩子眼里周围的人也

① 李培林:《村落的终结—羊城村的故事》,商务印书馆 2004 年版,第 235—236 页。
② 托马斯·雅诺斯基:《公民与文明社会》,辽宁教育出版社 2000 年版,第 110 页。
③ 弗兰·汤克斯:《信任、社会资本与经济》,《马克思主义与现实》2002 年第 5 期,第 42—49 页。
④ 郑也夫:《信任论》,中国广播电视出版社 2001 年版,第 108 页。
⑤ 尼克拉斯·卢曼:《信任》,瞿铁鹏、李强译,上海人民出版社 2005 年版,第 26 页。

是从小看惯的。这是一个熟悉的社会,没有陌生人的社会。"①所以费孝通先生认为自然村是一个熟人社会。在熟人社会,"我们大家是熟人,打个招呼就是了,还用得着多说什么?""乡土社会里从熟悉得到信任。""乡土社会的信用并不是对契约的重视,而是发生于对一种行为的规矩熟悉到不假思索时的可靠性。"②所以,自然村的熟人信任,可以促进社区的有机整合,提高集体行动的能力,提高社区治理的绩效。

2. 自然村的关系网络:互惠效益的来源

社会关系网络指的是镶嵌于社会结构之中的人与人、群体与群体等之间的关系构成的复杂网络。它能够把处于社会结构中不同地位的主体联系起来,形成道德观或文化观的共识。社会本身就是一个由无数网络交汇而成的错综复杂的网络大系统。社会网络的存在促进了不同主体之间的交往与合作,促进了信息的流通,培育了强大的互惠规范,降低了交易成本,为网络中的成员提供了所需的资源和种种便利,有助于社会行动和社会事务的高效、迅速运转。"互惠"(reciprocity)是指在对称性社会群体结构中各相互关系之间的"经济"互动。马林诺夫斯基认为,互惠往往依赖于对称性的社会基本组织形式。波兰尼认为,在一个较大的社区中,可能会产生某种对称,在这种的对称性中,社区的各个组成部分存在互惠关系网络,社区成员越是感到彼此间的亲近感,越是可能发展出互惠性的态度。自然村落一向具有互惠功能。在自然村落中,村民之间长期固定的地缘关系,再加上日常生活中所形成的复杂血缘关系,就构筑成了村民群体间互惠的关系网络。就自然村落而言,村民在长期的互动交往中形成一个"恩惠风水轮流转"的稳定的村落关系网络。这种关系网络其实就是一种利益的社会性网络收益。当个体为他人提供便利时并不是希望立即并且以对方曾经受益的方式得到报答,但信任使人们相信在将来必要的时候,不固定的时间被一个不固定的人报以好处。在自然村落社会中,无论在村民的日常生活中,如生老病

---

① 费孝通:《乡土中国 生育制度》,北京大学出版社 1998 年版。
② 费孝通:《乡土中国 生育制度》,北京大学出版社 1998 年版。

死、日常借贷、田间劳作等方面,还是在公共产品建设,如修路、架桥、兴修水利、公共治安维护等方面,长期互动所形成的互惠关系网络都发挥着重要的作用。

3. 自然村的行为规范:彼此认同的价值

与社会网络联系在一起的,是规范或者称为制度。"规范是人类致力于建立秩序和增加社会结果的可预测性的努力的结果。"[1]社会制度是关于人类社会行为和社会关系的规范体系,在规范人类行动、实现社会的进步以及秩序的维持方面,起着核心的作用。社会规范的存在能够组织和协调社会网络的参与者,使他们更加有效地共同行动以保证既定目标的实现。规范具有社会控制作用。社会控制是指社会群体中共同遵守、认同的行为的标准,这种标准能导致个人间思想和行为的趋同和协调,有利于增强群体中团结。规范最显著的特点是制约性。自然村落中的相处通常是以诚相待,不敢稍有相欺,因为他们在当地有共同的利益。当村落之间的交往十分频繁,彼此之间存在很深的感情时,人们会产生对公共空间的强烈要求。就自然村落而言,村民彼此认同的规范包括两大部分。一是正式的制度规则。在村落中,由于居住邻近,田地相连,共用共同的道路、池塘等公共产品,形成了关于耕地和耕作的规则、用水规则等共同体规则,并在此基础上确立起来的生活和社会规则,村落生活得以有序地进行。二是彼此的村庄认同意识。在村落生活中,村民之间形成了共同的文化信仰,形成了超越个别利益的生命意义上的认同,彼此之间有一种"我们"感。这些社会关系在村庄整体上的效果就是整个村庄居民的认同感、一体化、个人对村庄的归属感等。这种社会道德规范的形成依赖于村民长期的日常生活的横向交流,是村民在自然村社会网络内平行交流的民主合作的氛围中形成的,它是建立在村民互相之间的默认一致、建立在一系列村规民约和共同的思想价值理念之上的,具有较强的自我约束力。在这种村民共同认可的规范的约束下,村民们可

---

① 周红云:《社会资本理论述评》,《马克思主义与现实》2002 年第 5 期,第 29—41 页。

以避免集体行动的"搭便车"现象，共同去进行公共产品的建设与维护，共同维护村落社会和谐有序的生活。

（三）社会资本视角下的新农村建设

社会资本是一种公共物品或公共资源，它产生的基础在于人与人之间的持续互动。持续的互动形成普遍的参与网络。参与网络是社会资本的外显载体，信任是参与网络形成的基础，规范是维护参与网络持久的重要条件，三者之间是相互联系的，也是相互促进和加强的。普遍的互惠合作规范可以有效地减少机会主义的行为，将导致那些经历重复互惠合作的人之间的信任水平增加，而紧密的社会互动网络将增加游戏理论中所说的关系的重复和联系，从而也将增加社会信任水平。信任水平的提高和信任度的加强则有利于互惠规范的顺利实现和参与网络的稳定发展。社会资本中的信任、规范与网络的相互间的不断促进和加强，不断地促使集体行动的形成。自然村落中村民们在长期的生产与生活的过程中形成了密切的互动关系网络、互惠规范以及彼此的信任。当交易在密集的社会互动网络中进行时，导致机会主义和胡作非为的激励因素就减少了。密集的社会联系容易产生公共舆论和其他有助于培养声誉的方式，这些是在一个复杂的社会中建立信任的必要基础。一方面，村民与村民之间彼此了解，谁的才干如何，品质如何，大家都了然于心。另一方面，因为大家彼此熟悉，而自然而然发生信用及规矩，村民之间建立起了强大的舆论力量，违背村民集体意愿的行为大都会受到加倍的惩罚。强大的舆论力量不仅塑造了村民的一般品格，而且为形成熟人社会中的规矩和信用提供了保障。

尽管随着社会流动的加快和市场经济理念的冲击，自然村落社会资本的存量发生了一些变化，但是对于大多数的中西部地区的农村而言，大多数的农村自然村的性质并没有发生多大的变化，自然村不仅是村民的居住地，而且仍然是重要的日常生活共同体。村民与村民的交往与互动，如日常生活的互惠合作、土地的调整、仪式性互动等基本上发生在自然村的范围内。相对而言，行政村只是由于国家管理的需要而设置的行政单位，只是村民政治生活的空间,自然村以外的村民与村民之间没有多少实质性的交往互动关系,顶多只是个半熟人社会。特别是在目前村村合并的过程中,行政村的规模迅速扩大,从外部来看这些合并的村民属于同一个整体,但村民的主要活动范围仍然局限于原来的自然村的范围,并没有随着村落合并而扩大,因而笔者认为从社会资本的存量角度来看,农村自然村的社会资本要远远高于行政村的社会资本,即村民间的互动网络、规范和信任等没有自然村丰富。在新农村建设过程中,特别是涉及到农村公共产品建设时,自然村更容易形成集体行动,从而达到减少交易成本,提高工作效率的目的。所以,新农村建设的过程中以自然村为基本的行动单位,从社会资本的视角来看,不仅具有理论的合理性,实际的可操作性,而且可以达到充分地利用乡土熟人社会的资源,节约国家大量的政策执行过程中的大量额外行政费用,充分提高新农村建设绩效的目的。

五、社会评价:新农村建设的必然选择[①]

(一)发展项目中的社会评价引入

社会评价方法是社会学和人类学理论和方法在社会发展项目中的运用,是对过去经济学主导的发展项目对"人"的忽视的一种回应。20 世纪 70 年代中期,人们关于发展改革的概念发生了变化,即由"滴漏理论[②]"转向通过(帮助贫困地区)发展来减少贫困,从而开始改变了对第三世界国家进行援助的方式。[③] 在发展理念发生转变的过程中,社会学家和人类学家起着极其重要的作用,他们为发展项目的效果最优化做出了重大贡献。从

---

① 此部分主要内容由课题组成员保跃平执笔。
② 也被称为"涓滴效应",指在经济发展过程中并不给予贫困阶层、弱势群体或贫困地区特别的优待,而是由优先发展起来的群体或地区通过消费、就业等方面惠及贫困阶层或地区,带动其发展和富裕。简单讲就是"让富人更富,财富会滴漏到穷人身上"。
③ 迈克尔·M.塞尼编著:《把人放在首位——投资项目的社会分析》,王朝刚、张小利译,中国计划出版社 1998 年版,第 1 页。

此,发展项目中开始重视环境保护、公民参与、可持续发展等要素,逐步实现了由"以经济、技术为中心"向"以人为中心"的转变。20世纪80年代以来,亚洲发展银行、泛美开发银行、世界开发银行等在国际经济组织纷纷建立了社会发展部门,专门负责项目的社会评价。项目评价从单一的经济评价,发展到经济、技术、环境和社会等方面的评价。随着社会发展观从"以经济增长为中心"到"以人为中心"再到20世纪90年代的"以人为中心的可持续发展",项目社会评价与经济评价、环境评价一样越来越为国际社会所重视,至今初步形成了理论与方法体系。①

社会评价也被看作是对传统"社会影响评价(后评价)"的检讨,所谓社会影响评价是指人们一直以来习惯了的对发展结果的评价,"要求社会学家们评价某一特定项目是否实现了其中提出目标及所希望的结果,或评价是都产生了未曾预料的结果"②。通过这种后评价的方式获得的经验教训,貌似会对后续项目的改进产生影响,事实却不是这样,"他们观看着没有社会学投入的新项目再次由经济主导者们进行设计,而忘却了以前的发现并重复相同的错误③"。因此,社会科学家有必要从项目准备阶段就开始介入,即进行项目的"前评价",把"人"放在首位,对项目可能产生的正面和负面影响进行详细深入的分析,以此弥补经济学家在项目设计中对目标群体参与性的忽视。由此,一种新的评价方法,项目社会评价综合了前评价和社会影响评价(后评价),成为发展项目中必不可少的任务之一。当然,这里需要强调的是,社会学家和人类学家的介入并不是要否定技术和经济专家的工作,社会科学家的工作和其他专业人员的工作并不矛盾,而是互补的。社会科学家提出的问题促使专业人员做出回应并找出解决办法,专业人员的"专业"知识可以拓展社会科学家的视野和对问题理解的深度。

---

① 胡竹枝、李大胜:《农业技术项目的社会评价:一个新视角》,《科学管理研究》2005年第4期,第82页。

② 迈克尔·M.塞尼编著:《把人放在首位——投资项目的社会分析》,王朝刚、张小利译,中国计划出版社1998年版,第12页。

③ 迈克尔·M.塞尼编著:《把人放在首位——投资项目的社会分析》,王朝刚、张小利译,中国计划出版社1998年版,第13页。

那么,到底什么是社会评价,目前没有统一的界定,众说纷纭。然而这些不同的表述包含着相同的内涵,那就是:社会评价引入了社会学、人类学的一些理论和方法,通过系统地调查、收集与项目相关的各种社会因素和社会数据,分析项目实施过程中可能出现的各种社会问题,提出尽量减少或避免项目负面社会影响的建议和措施,以保证项目顺利实施并使项目效果持续发挥。项目的社会评价主要回答以下几个问题:项目涉及的目标群体是谁? 项目可能对他们产生的正面和负面影响有哪些? 目标群体对项目有何感受? 有何不满? 有何诉求? 如何规避项目风险? 基于上述问题的回答,社会评价要达到以下目的:识别、监测和评估投资项目的各种社会影响;促进利益相关者对项目投资活动的有效参与;优化项目建设实施方案;形成规避投资项目社会风险的具体方法。社会评价方法在国际组织援助项目及市场经济国家公共投资项目的投资决策、方案规划和项目实施中得到广泛应用。作为一种分析工具,社会评价提供了一个研究框架,将社会问题分析和利益相关者参与结合到项目设计中,试图解决不可"货币化"的问题,体现了"以人为中心"的可持续发展理念。[①] 社会评价要在项目的方案设计和实施中充分考虑目标群体的期待和诉求,采取一系列的方法和手段保证目标群体在项目中的参与。建立相对完善的社会参与机制是项目评价的核心任务。

对任何一个发展项目而言,其运行周期大体包括四个阶段,即项目识别阶段、项目准备与设计阶段、项目实施阶段、项目后评价阶段。社会评价贯穿于项目运行周期的各个阶段,但各个阶段的社会评价有不同的方法和侧重点。项目识别阶段是确定发展项目初步轮廓的阶段,这一阶段的社会评价内容包括:确定项目可能影响的利益群体(收益人员和受损人员);尽可能收集和评价与项目地区和项目活动相关的社会数据(一手资料和二手资料);判断项目可能带来的社会风险;明确下一阶段(项目准备阶段)进行详细社会分析的必要性和内容。项目准备与设计阶段是确保项目质量的关键

---

① 王朝刚、李开孟:《中国开展投资项目社会评价的必要性》,《中国工程咨询》2004 年第 1 期,第 43 页。

环节,这一阶段侧重于对以下内容进行详细的社会分析:利益群体受项目影响的程度以及他们对项目的影响力;项目在文化上的可接受性;机构制度和社会组织问题;利益群体的社会资本和社会网络。在此基础上,这一阶段还要完成以下工作任务:制定项目参与机制和参与框架(信息分享机制、协商机制和参与机制);执行详细的负面影响减缓计划;确定评价指标并完成基线调查。项目实施阶段"为社会科学活动开辟了一个新的领域——事实上是社会学家和人类学家能够和应当工作的领域。他们能够用他们的知识影响项目的组织、交流及管理,影响解决具体问题的项目方法的形式,影响动员参与,影响日常问题的解决[1]。"这一阶段要做好项目的社会监测和评估工作,主要是对"无项目情况"进行估计(见表1),通过利用比较群体或控

表 1　项目中进行社会评价的益处/不进行社会评价的风险[2]

进行社会评价的益处	不进行社会评价的风险
将项目的经济目标与社会目标结合起来,促进社会经济的协调发展。	过分强调经济效益、社会目标缺失。
将项目的短期目标和长远目标结合起来,促进项目的持续性。	注重短期效益、忽视长远目标
项目运行过程得到有效的监督和控制	缺乏有效的监督和控制
促进利益相关者平等对话,促进项目的社会公平。	弱势群体(贫困、妇女、少数民族等)被项目排斥,造成社会不公
利于相关者充分参与到项目运行中	利益相关者参与得不到保障
优化项目设计,促进项目目标实现	项目设计不完善,无法实现项目设计目标
预测项目潜在风险,促进项目顺利实施以及可持续性	项目实施过程中受阻,项目不可持续

制群体,即不参与项目,不从中受益的群体,与那些目标受益人群进行一系列对比分析就能掌握这方面的信息。控制群体是从参与项目的人群中随机

---

① 迈克尔·M. 塞尼编著:《把人放在首位——投资项目的社会分析》,王朝刚、张小利译,中国计划出版社1998年版,第21页。
② 参见:《亚洲开发银行资助项目社会评价培训手册》2010年3月,第25页,本文引用时有所调整。

抽样而选定的,而比较群体则是完全不参与项目活动的人群。[①] 项目后评价阶段要对项目的决策、准备、实施及运营进行的全面的评价,同时以项目后评价报告形式将评价的成果进行反馈。本阶段社会评价的侧重点包括:项目影响分析;项目与社会的相互适应性分析;项目可持续性分析;项目的经验教训等。

(二)社会评价实践在中国的现状

在国际上,社会评价早已在一些援助项目和发展项目中得到广泛运用,援助项目中的运用如世行对于项目区存在少数民族或少数民族集体依附于项目区的项目必须进行社会评价;亚洲开发银行将"社会评价"视为与项目技术分析、财务分析、环境评价同等重要,是项目评估与决策的必备文件之一。发展项目中的运用则更为广泛,已经涉及水利灌溉项目、移民项目、畜牧项目、渔业项目、林业项目、农村公路项目等。

在中国,项目社会评价还是一个新兴领域。20 世纪 90 年代以来,随着中国改革开放的进一步深入,许多国际组织开始介入中国的发展进程,中国政府对于合理的介入基本上是持肯定态度。[②] 同时,相关的研究文献和制度文本相继问世,1991 年,天津大学的季云教授、水利水电设计总院的吴恒安教授和华北水院的谢安周教授先后发表了《水利水电项目社会评价研究》、《水利建设项目社会评价探讨》和《水利建设项目的社会评价》等论文,揭开了水利水电工程社会评价研究的序幕。水利部规划计划司和中国水利经济研究会共同组织有关专家于 1999 年完成了《水利建设项目社会评价指南》,这是中国第一本具有行业性质的建设项目社会评价指南,是中国水利行业开展水利建设项目社会评价的重要指导性文件。1999 年底,中国民航总局发布了《民用机场建设项目评价方法》,明确提出了对民用航空项目开展投资项目社会评价的具体要求。2001 年,铁道部第四勘测设计院和国家

---

① 王朝刚、李开孟:《社会评价的范围和内容》,《中国工程咨询》2004 年第 6 期,第 49 页。
② 周大鸣、秦红增:《参与式社会评估:在倾听中求得决策》,中山大学出版社 2005 年版,第 3 页。

发改委投资研究所共同参与制定了《铁路建设项目社会评价办法》,要求应从宏观和微观两个层次进行铁路建设项目的社会评价。2002 年国家发展与改革委员会组织编写的《投资项目可行性研究指南》中明确指出,必须对社会影响因素复杂、项目投资的社会影响久远、社会效益显著、社会矛盾突出、社会风险较大的投资项目进行社会评价。2007 年国家发展改革委在《关于发布项目申请报告通用文本的通知》中,明确规定,"对于因征地拆迁等可能产生重要社会影响的项目,以及扶贫、区域综合开发、文化教育、公共卫生等具有明显社会发展目标的项目,应从维护公共利益、构建和谐社会、落实以人为本的科学发展观等角度,进行社会影响分析评价。"①

目前,随着科学发展观和以人为本理念的深入人心,社会评价实践在中国已经基本得到学界和政府的认同,其应用的领域也非常广泛,涉及到了农业、林业、移民、环保、社区综合发展、扶贫开发、卫生保健、妇女辅助、教育援助和一些基础设施建设项目。自世界银行、亚洲开发银行、福特基金会等国际经济和民间组织在中国贷款项目进行社会评价以来,诸多工程师、学者、科研人员开展了大量而有效的工作并致力于推动中国投资项目的社会评价能力建设。

(三)新农村建设应引入社会评价

社会评价虽然在各种投资项目中得到应用,但在中国,主要还是应用于国际组织资助的农村发展援助(扶贫)项目中。社会评价中强调目标群体的能动性和积极参与对项目获得成功的核心作用,强调在发展项目的各个阶段把"人的因素"放在首位。然而,在新农村建设中,政府主导着新农村建设,作为新农村建设目标群体和建设主体的农民却难以真正参与到建设过程当中,农民参与不足主要表现在以下几个方面:首先,农民的知情权没有得到保证,农民对新农村建设没有较高的社会认知,即新农村建设不是一个众所周知的社会发展项目;其次,在新农村建设项目设计前,没有把农民

---

① 转引自:《亚洲开发银行资助项目社会评价培训手册》2010 年 3 月,第 23 页。

作为利益群体进行分析,新农村建设主导者没有也不愿意去了解农民对项目有何期望、项目能给他们带来什么益处、会对他们产生什么不利影响等等;再次,项目必须是文化上可接受的,文化上的"参与"才是农民的真正参与,这是新农村建设被农民理解、认同、支持的前提,然而新农村建设中存在对项目文化适应性的漠视,即项目没有充分考虑农民的价值观、风俗习惯、信仰和感知需要。第四,缺少社会评价的新农村建设将农民"视为一个集体,而不是视为由活跃的拥有自己的战略、组织模式、信仰、需求观念和动机并希望帮助计划和实施对他们自己的生活及后代有影响的变革的个人组成的有机群体"①。也就是说,新农村建设中农民的能动性没有得到重视,农民的潜力没有得到激发,农民朴素而有效的乡土知识没有得到关注。

新农村建设中社会评价的缺失还引发了行动失范和制度堕距等方面的问题。其中,行动失范表现为"试点"选择的失范、行动主体的失范、建设内容的失范(物质化、政绩化、趋同化倾向)、资源分配的失范(二元化)、绩效考核的失范。而制度堕距则表现为政策文本、政策目标、政策执行之间的错位,新农村建设五大目标中只有"村容整洁"目标实现较好,其他四个目标实现效果不佳甚至没有效果,出现政策微效的现象。无论是行动失范还是制度堕距,其原因都在于缺乏对新农村建设项目设计合理性的科学评估、对项目实施的监督以及对项目社会影响的评价。

新农村建设中引入社会评价意味着要赋予农村发展项目社会学和人类学特征,强调新农村建设中的以人为本。新农村建设社会评价试图利用社会学和人类学的基本理论与方法来分析新农村建设项目中存在社会分化、民主缺失问题、行为失范问题、制度堕距等问题,将农民的意愿和需求纳入社会评价之中,以提高新农村建设的适应性和持续性。具体来讲,新农村建设中的社会评价需要完成以下任务:

一是分析新农村建设的利益相关者,建立合适的参与机制。利益相关

---

① 迈克尔·M.塞尼编著:《把人放在首位——投资项目的社会分析》,王朝刚、张小利译,中国计划出版社 1998 年版,第 445 页。

者,也称利益群体,是指与项目设计、建设、运营有利害关系的群体或者机构。[①] 新农村建设中利益相关者主要包括农民、政府部门、农村民间组织、建设项目的承包商等。其中农民是新农村建设的目标群体和主要利益相关者,是新农村建设的受益人或可能的受损者。在新农村建设中,利益相关者分析还要关注以下问题:农民对新农村建设了解多少? 有何评价有何期待? 新农村建设对农民的正面影响是什么? 可能带来的负面影响有哪些? 农民拥有的资源有哪些? 他们是否愿意动用这些资源支持新农村建设? 同时,还要分析政府部门和农民对新农村建设所处的位置,进而明确他们在新农村建设中应当扮演的角色。新农村建设的利益相关者分析的目的在于制定适当的参与机制使农民参与项目的方案选择、设计、实施、监测和评估,尤其要为贫困人口、老人、妇女、少数民族等弱势群体的参与制定恰当的机制。恰当的参与机制包括信息分享、协商和实际参与三个层次,新农村建设中,信息分享要解决新农村建设的政策文本的真实意思能否真实传达给农民的问题;协商是指农民和政府之间的信息交流,通过协商使双方都能明白对方想法和意愿,进而增加彼此信任;实际参与意味着农民真正作为新农村建设的主力军参与到新农村建设的整个过程,而不再是旁观者。

　　二是通过参与式方法,收集农村社区资源、经济、人口等方面的数据,以及在当地社会生活中对新农村建设具有直接和潜在影响的传统文化、风俗习惯、宗教信仰、民间组织、社会资本和社会网络,目的在于分析影响新农村建设各种社会因素,评估新农村建设可能带来的社会问题,为制定新农村建设的具体方案提供必要的准备。

　　三是具体分析新农村建设的社会影响及社会风险,提出规避风险的对策。"生产发展、生活宽裕、乡风文明、村容整洁、管理民主"是新农村建设的五大目标,也是新农村建设的总要求。"生产发展"的做法涉及水利灌溉项目、农田改造项目,和农业发展项目(如林业、果业、渔业、种植业、畜牧业等)等,这些项目大多还是采用传统自上而下的运作方式,即政府制定方

---

① 《亚洲开发银行资助项目社会评价培训手册》2010 年 3 月,第 41 页。

案,提供技术,以命令的方式要求农民参与到这些项目中,导致很多项目热闹开场、冷清收场,不仅没有给农民带来好处,还加重了它们的负担。因而,在这些项目中引入社会评价已经刻不容缓。以牲畜饲养项目为例,其社会评价的内容包括:项目成本是多少? 农户的承受力有多大? 有多少融资渠道? 预期效益如何? 农户对项目的态度如何? 通过哪些渠道给农民赋能? 在此基础上,和农民一道制定社区发展计划,对参与项目的家庭(尤其是妇女)进行培训,为农民提供必要资源获取渠道,进而制定减缓和避免可能出现的各种社会风险和负面影响的对策措施。"生活宽裕"和"生产发展"是相互关联的,"生活宽裕"的实现也需要对农民的意愿、需求和项目当地的文化适应性进行社会评价。"村容整洁"目标在新农村建设中实现得相对最好,但也存在很多问题。目前农村实现"村容整洁"目标的方法无非是修路、刷墙、建公厕和垃圾池。这些基础设施建设项目的开展同样要引入社会评价,需要在村民充分参与的情况下分析这些项目的好处和可能带来的问题,尤其是项目的资金筹集方式会不会加重农民负担,项目能否使绝大多数村民获益。"乡风文明"和"管理民主"的实现的关键就是农民参与机制的建立。

总之,在新农村建设中引入社会评价,是新农村建设的思维转向,更是新农村建设的现实选择。

参考文献

1. Amy Qiaoming Lin, Terry Besser, 2003. "Social Capital and Participation in Improvement Activities by Elderly Towns and Rural Crrrnnrurrities Community", Rural Sociology, Vol. 68, No. 3.

2. Bar, D. M. , 1981, Citizen Participation in American Community: Strategies for Success. Iowa: K&H.

3. Brion J. Bishop, 2002, "Defining the nature of participation in rural Australian communities: a qualitative approach", Journal of Community Psychology, Vol. 30. No. 6, 635 – 646.

4. Coleman, James S. , 1988, "Social Capital in the Creation of Human Capital. " American Journal of Sociology 94: 95 – 120.

5. Francks, Penelope. 2006. Rural economic development in Japan: from the nineteenth century to the Pacific War. New York, N. Y. ; London: Routiedge.

6. Fei, Xiaotong. 1998. Earthbound China: a study of rural economy in Yunnan. London: Routledge.

7. Gittell&Vidal, 1998, Community Organizing: Building Social Capital as a Development Strategy, Sage Publication.

8. Howard white, 2002, "Civic Responsibility and Collective Action: Game Theory Models of Community Participation in Development Projects", Oxford Development Studies, Vol. 31, No. 2.

9. Itzhaky, Haya, York, Alan S. , 2000, "Empowerment and community partic-

ipation: does gender make a difference?", Social Work Research.

10. Nturibi, D. N. 1982, "Training of community development agents for popular participation", Community Development Journal. Vol. 17, No. 2.

11. 包先康、辛秋水:《社会政策与社会主义新农村建设》,《高等农业教育》2007 年第 11 期。

12. 陈朝宗:《论制度设计的科学性与完美性——兼谈我国制度设计的缺陷》,《中国行政管理》2007 年第 4 期。

13. 彼得·罗西等:《项目评估:方法与技术》第 6 版,邱泽奇等译,华夏出版社 2002 年版。

14. 程玲:《社会认知理论及其在社会工作中的运用》,《长沙民政职业技术学院学报》2007 年第 3 期。

15. 崔建良:《社会主义新农村文化建设存在的问题及对策》,《安徽农业科学》2007 年第 5 期。

16. 陈树强:《增权:社会工作理论与实践的新视角》,《社会学研究》2003 年第 5 期。

17. 陈晓虹:《走出公民参与对政策制定的悖论危机——基于集体困境理论的分析》,《成都行政学院学报》2001 年第 1 期。

18. 道格拉斯·C. 诺思:《经济史中的结构与变迁》,陈郁等译,上海三联书店,上海人民出版社 1994 年版。

19. 杜云素、萧洪恩:《优势视角下农民的社区参与》,《调研世界》2007 年第 11 期。

20. 费孝通:《乡土中国·生育制度》,北京大学出版社 1998 年版。

21. 冯海发、黎雨:《中国农业结构调整研究与实践》,人民日报出版社 2000 年版。

22. 关信平主编:《社会政策概论》,高等教育出版社 2009 年版。

23. 关信平:《改革开放 30 年中国社会政策的改革与发展》,《甘肃社会科学》2008 年第 5 期。

24. 盖伊·彼得斯:《政府未来的治理模式》,中国人民大学出版社 2001 年版。

25. 贺雪峰:《新农村建设中的六个问题》,三农中国(http://www.snzg.cn),2006 - 10 - 30。

26. 龚震:《新农村建设要避免"五重五轻"》,三农中国 (http://www.snzg.cn),2007 - 12 - 17。

27. 韩研、金瑛:《韩国农业机械化促进法》,世界农业,2000(10)。

28. 胡竹枝、李大胜:《农业技术项目的社会评价:一个新视角》,《科学管理研究》2005 年第 4 期。

29. 韩长赋:《中国现代化进程中"三农"问题》,中国农业出版社 2004 年版。

30. 姜晓萍、衡霞:《社区治理中的公民参与》,《湖南社会科学》2007 年第 1 期。

31. 康庄:《韩国"新村运动"30 年》,《环境保护》2007 年第 1A 期。

32. 科尔曼:《社会理论的基础》,邓方译,社会科学文献出版社 1999 年版。

33. 刘岚:《制度设计与制度绩效》,复旦大学硕士论文,2009

34. 刘少杰:《现代西方社会学理论》,吉林大学出版社 1998 年版。

35. 刘建平、刘文高:《农村公共产品的项目式供给:基于社会资本的视角》,《中国行政管理》2007 年第 1 期。

36. 罗伯特·普特南:《使民主运转起来》,王列、赖海榕译,江西人民出版社 2001 年版。

37. 罗尔斯:《正义论》,中国社会科学出版社 1988 年版。

38. 李培林:《村落的终结—羊城村的故事》,商务印书馆 2004 年版。

39. 陆学艺等:《中国农村现代化道路研究》,广西人民出版社 2001 年版。

40. 陆学艺:《"三农论"——当代中国农业、农村、农民研究》,社会科学文献出版社 2002 年版。

41. 李剑阁:《中国新农村建设调查》,上海远东出版社 2007 年版。

42. 李惠斌、杨雪冬:《社会资本与社会发展》,社会科学文献出版社 2000 年版。

43. 李莹:《制度堕距与集体行为——对企业职工集体上访事件的分析》,

《青年研究》2007 年第 3 期。

44. 迈克尔·M.塞尼编著:《把人放在首位——投资项目的社会分析》,王朝刚、张小利译,中国计划出版社 1998 年版。

45. 迈克尔·希尔:《理解社会政策》,商务印书馆 2003 年版。

46. 宁骚:《公共政策学》,高等教育出版社 2003 年版。

47. 农业部调研组:《社会主义新农村建设百村调研汇集》,中国农业出版社 2006 年版。

48. 欧阳景根、李社增:《社会转型期的制度设计理论与原则》,《浙江社会科学》2007 年第 1 期。

49. 朴振焕:《韩国新村运动——20 世纪 70 年代韩国农村现代化之路》,潘伟光、郑靖吉、魏蔚等译,中国农业出版社 2005 年版。

50. 潘盛洲:《中国农业保护问题研究》,中国农业出版社 1999 年版。

51. 潘维、贺雪峰:《社会主义新农村建设的理论与实践》,中国经济出版社 2006 年版。

52. 乔琳琳、高一琴:《农村群体性事件的成因及解决对策》,《企业家天地(理论版)》2008 年第 5 期。

53. 邱钰斌:《制度、制度绩效与社会资本的内在关联》,《公共问题研究》2009 年第 4 期。

54. 钱宁:《农村发展中的新贫困与社区能力建设:社会工作的视角》,《思想战线》2007 年第 1 期。

55. 任国庆:《我国社会主义新农村建设政策框架研究》,河北农业大学博士学位毕业论文,2007。

56. 塞勒伯:《优势视角——社会工作实践的新模式》李亚文、杜立婕译,华东理工大学出版社 2004 年版。

57. 塞缪尔·P.亨廷顿:《变革社会中的政治秩序》,上海译文出版社 1989 年版。

58. 孙柏瑛:《当代地方治理》,中国人民大学出版社 2004 年版。

59. 孙君、王佛全主编:《专家观点:社会主义新农村建设权威解读》,人民出版社 2006 年版。

60. 沈君彬:《社区建设中参与主体角色问题的反思》,《哈尔滨学院学报》
    2005 年第 6 期。

61. 沙莲香主编:《社会心理学》,中国人民大学出版社 2006 年版。

62. 斯科特:《国家的视角:那些试图改善人类状况的项目是如何失败的》,
    社会科学文献出版社 2004 年版。

63. 宋玉军:《构建新农村建设多元主体协同机制的思考》,《北京农业职业
    学院学报》2010 年第 1 期。

64. 田永胜:《中国之重——权威人士谈新农村建设》,红旗出版社 2006 年
    版。

65. 《投资项目可行性研究指南》编写组:《投资项目可行性研究指南》,中国
    电力出版社 2002 年版。

66. 巫俏冰:《社会政策研究的过程视角——以北京市农村社会养老保险制
    度为例》,《社会学研究》2002 年第 1 期。

67. 王杰敏:《农村政策执行的制约因素及对策探讨》,《北京航空航天大学
    学报》2005 年第 2 期。

68. 王朝刚、李开孟:《中国开展投资项目社会评价的必要性》,《中国工程咨
    询》2004 年第 1 期。

69. 王铁:《浪激村潮——中国新农村建设十大问题探究》,河南人民出版社
    2006 年版。

70. 温铁军:《三农问题与世纪反思》,三联书店 2005 年版。

71. 温铁军:《新农村建设理论探讨》,文津出版社 2006 年版。

72. 威廉·奥格本:《社会变迁:关于文化和先天的本质》,浙江人民出版社
    1989 年版。

73. 徐勇:《国家整合与社会主义新农村建设》,三农中国 http://www.snzg.
    cn,2007 - 10 - 19。

74. 薛建良:《四川社会主义新农村建设评价研究》,四川农业大学硕士论
    文,2009 - 6。

75. 辛秋水等:《制度堕距与制度改进——对安徽省五县十二村村民自治问卷调查的研究报告》,《福建论坛》2004 年。

76. 项英辉、李荣彬:《利用农村贫困地区人力资源建设社会主义新农村》,《农业经济》2007 年。

77. 叶大凤:《公共政策执行过程中的"过度偏离"现象探析》,《广西大学学报》2006 年第 4 期。

78. 叶敬忠:《农民视角的新农村建设:导言》,社会科学文献出版社 2006 年版。

79. 叶林林、王翌、刘晋科:《论社区治理中公民参与的制度创新》,《技术与市场》2007 年第 5 期。

80. 俞可平:《治理与善治》,社会科学文献出版社 2000 年版。

81. 尹建丽:《论新农村建设中的农村民间组织》,《甘肃农业》2009 年第 1 期。

82. 应星:《大河移民上访的故事——从讨个说法到摆平理顺》,生活·读书·新知三联书店 2001 年版。

83. 郑杭生等主编:《社会学概论新修》,中国人民大学出版社 2002 年版。

84. 钟长城:《"新农村"内涵的界定与前景研究》,《江汉大学学报》2003 年。

85. 周大鸣、秦红增:《参与式社会评估:在倾听中求得决策》,中山大学出版社 2005 年版。

86. 周东升:《新农村建设中乡(镇)政府政策执行力研究》,湘潭大学硕士学位论文,2009 年。

87. 周民良、赵敏鉴:《韩国的新村运动与农村发展》,《经济研究参考》2005 年第 70 期。

88. 郑新立:《借鉴韩国"新村运动"经验 加快我国新农村建设》,《宁波通讯》2006 年第 2 期。

89. 张青:《农村公共产品供给的国际经验借鉴——以韩国新村运动为例》,《社会主义研究》2005 年第 5 期。

90. 张和清、杨锡聪、古学斌:《优势视角下的农村社会工作——以能力建设

和资产建立为核心的农村社会工作实践模式》,《社会学研究》2008 年第
6 期。

91. 张望:《农民非制度化政治参与现状及原因初探》,《黑河学刊》2007 年。

92. 赵泉民、李怡:《关系网络与中国新农村社会的合作经济——基于社会资
本视角》,《农业经济问题》2007 年第 8 期。

93. 瞿振元等主编:《中国社会主义新农村建设研究》,社会科学文献出版社
2006 年版。

94. 郑传贵:《"项目场域"利益相关者的心态、行为及角色定位——对 G 县 J
水电项目的调查与思考》,《安徽警官职业学院学报》2010 年第 1 期。

95. 郑传贵:《村民参与与农村社区治理》,《安徽警官职业学院学报》2010
年第 3 期。

96. 郑传贵:《三农问题与社会和谐》,西北农林科技大学出版社 2006 年版。

97. 郑传贵:《社会资本与农村社区发展》,学林出版社 2007 年版。

98. 郑传贵:《社会资本在社会发展中的作用——兼论韩国新村运动提高社
会资本的措施及启示》,《学术交流》2006 年第 11 期。人大复印资料
《社会学》(2007 年 2 期)复印转载。

99. 郑传贵:《社会资本与社区发展》,《求实》2007 年第 10 期。

100. 郑传贵:《韩国新村运动实践机制诠释与启示》,《乡镇经济》2008 年第
4 期。

101. 郑传贵:《培育新农民　建设新农村》,《江西日报》2008 - 10 - 20,B3。

附录1　关于新农村建设及示范(试点)村认知的问卷调查

　　朋友您好！新农村建设在全国实施已经一年多了,为了进一步掌握新农村建设发展的最新状况与发展动向,更好地促进其良性运行与发展,实现党中央提出的"生产发展、生活富裕、乡风文明、村容整洁、管理民主"的二十字方针。我们调查组特在中、东、西部选取若干调查点,希望调查能得到您的支持与配合。此问卷是无记名,所调查的点在研究中也作学名处理,所以,不会对您及您的工作带来任何麻烦,真诚地希望您能给予我们最真实的想法。题后没有注明多选的,只选择一个选项,直接用"√"画出选项或在"___"上填出选项的序号,多谢!

新农村建设调查研究组

2007. 10. 8

一、基本状况

A1. 您的性别是_____

　　①男性　②女性

A2. 您是_____

　　①示范(试点)村的普通村民　②非示范(试点)村的普通村民　③示范(试点)村的组长　④非示范(试点)村的组长

A3. 总体来说,您家的经济状况在当地算_____

　　①一般　②中等　③富裕

A4. 您所在的自然村在当地经济发展水平算_____

①一般　②中等　③富裕

A5. 您所在的行政村在当地经济发展水平算_____

①一般　②中等　③富裕

A6. 您所在的乡镇在当地经济发展水平算_____

①一般　②中等　③富裕

A7. 您所在的自然村生产方式主要以_____

①农业为主　②工业为主　③商业为主

二、对新农村建设举措的认知

B8. 您认为我国关于社会主义新农村建设的决议_____

1. 意义重大　2. 意义一般　3. 没有特别意义　4. 说不清

B9. 您认为我国关于社会主义新农村建设的决议的颁布_____

1. 有点晚　2. 正合适宜　3. 为时过早　4. 说不清

B10. 社会主义新农村建设能改变农村落后面貌吗?

1. 能　2. 不能　3. 也许能　4. 说不清

B11. 您赞同国家建设社会主义新农村的举措吗?

1. 完全赞同　2. 不太赞同　3. 赞同　4. 说不清

B12. 您希望我国新农村建设长久持续下去吗?

1. 希望　2. 不太希望　3. 不希望　4. 说不清

B13. 您觉得国家有关社会主义新农村建设的政策能够长期执行下去吗?

1. 一定能够　2. 很担心　3. 有点担心　4. 说不清

三、对新农村建设目标及内容认知

(一)对总目标认知

C14. 您觉得社会主义新农村建设"生产发展、生活富裕、乡风文明、村容整洁、管理民主"的目标_____

1. 很全面　2. 比较全面　3. 不太全面　4. 说不清

C15. 您觉得"生产发展、生活富裕、乡风文明、村容整洁、管理民主"的目标内容中,相比较而言,哪个最重要?

1. 生产发展　2. 生活富裕　3. 乡风文明　4. 村容整洁　5. 管理民主

（二）对分目标认知

C16. 您觉得要"发展生产"最关键的是_____

　　1. 资金投入　2. 产业培育　3. 提高农民素质　4. 说不清

C17. 您觉得"生活富裕"主要体现在_____

　　1. 收入提高　2. 心里感觉　3. "生、老、病、死、住、吃"不用愁　4. 说不清

C18. 您觉得现在的农村"乡风文明"要大力建设吗？

　　1. 一定要　2. 不一定要　3. 不需要　4. 说不清

C19. 您觉得"村容整洁"主要依靠_____

　　1. 统一规划　2. 提高农民素质　3. 资金投入　4. 说不清

C20. 您觉得在农村实行"民主管理"_____

　　1. 为时过早　2. 十分必要　3. 可有可无　4. 说不清

四、对新农村建设实践的认知

（一）对实践中困难的认知（非示范村的村民不用回答 D21 – D22）

D21. 您觉得在具体实践中，按国家关于新农村建设的要求去做困难吗？

　　1. 很困难　2. 不太困难　3. 困难　4. 说不清

D21.1. 如果您觉得困难，主要原因在_____

　　1. 农民想法与政府做法不一致　2. 建设目标要求与现实的差距　3. 前面两种情况都有

D22. 您觉得如果要按中央的政策去做，具体实践中最困难的事是_____

　　1. 缺乏资金　2. 农民积极性不高　3. 政府包办的太多　4. 上面考核验收太严　5. 说不清

（二）对政府责任认知

D23. 您觉得在新农村建设中，哪级政府责任最大？

1.乡镇政府 2.县级政府 3.省级政府 4.中央政府

D24.您觉得基层政府在新农村建设中的作用_____

1.很大 2.不太大 3.不大 4.说不清

D24.1 您觉得基层政府在新农村建设中做的事情_____

1.太多了 2.不多不少 3.太少了 4.说不清

（四）对建设主体认知

D25.您觉得新农村建设的主体应该是_____

1.政府 2.农民 3.民间组织 4.三者结合

（五）对农民组织认知

D26.]您觉得在具体实践中有必要成立农民合作组织吗？

1.很有必要 2.不一定要 3.不需要

D27.您觉得新农村建设中农民组织的建立主要取决哪个方面？（可多选）

1.农民参与意愿 2.政府的引导 3.农民中的领头人物 4.外部资金扶持

（六）对示范村的态度

D28.您所在的自然村被选为新农村建设示范（试点）村吗？回答_____

①是（若选此，不用回答下面 D28.3—D28.6） ②否（若选此，不用回答下面 D28.1—D28.2.2）

D28.1.您认为您的村庄被选为试点（示范）村主要因为_____（可多选）

①经济条件好 ②地理位置好 ③村里人心齐 ④上面有关系 ⑤运气好被选上

D28.2.您为自己村庄被选为试点村高兴吗？_____

①高兴 ②不高兴 ③无所谓 ④说不清

D28.2.1.如果您选②不高兴,主要是因为_____（可多选）

①还要老百姓出钱 ②要花费很多的时间去做 ③政府的

做法与我们想的不一样 ④觉得没意义,都是在搞形式

D28.2.2. 如果您选了①高兴,主要是因为_____(可多选)

①国家拨给村里很多钱 ②村庄面貌发生了大变化 ③家里的生活水平提高了 ④干群关系融洽了

D28.3. 您的村庄没有被选为新农村示范(试点)村,您的态度____

①不高兴 ②高兴 ③无所谓 ④说不清

D28.4. 您认为您的村庄没有被选为示范(试点)村的主要原因_____(可多选)

①太穷 ②位置偏 ③村里人心不齐 ④上面没有关系 ⑤运气不好没被选上

D28.5. 您认为,那些被选为示范(试点)村的村庄主要原因是_____(可多选)

①经济条件好 ②地理位置好 ③村里人心齐 ④上面有关系 ⑤运气好被选上

D28.6 您羡慕那些被选为示范(试点)村的村民吗?回答_____

①羡慕 ②不羡慕 ③无所谓 ④说不清

D29. 您认为当前新农村建设中的"示范村"有示范作用吗?

1. 有示范作用 2.示范作用不太大 3.没示范作用 4.反而引发新问题

D30. 您希望自己的村庄成为"示范村"吗?

1. 希望 2.不太希望 3.不希望 4.说不清

D30.1. 如果示范村没有示范效应,您认为主要原因是什么?

1. 只是个案,缺乏普遍性 2.其他村民无所谓,靠等要思想严重 3.政府缺乏宣传

D31. 您觉得在具体"示范村"实践中,"五个目标"哪个该优先?_____

1.生产发展 2.生活富裕 3.乡风文明 4.村容整洁 5.管理民主

D32. 在具体的"示范村"的建设中,现在最先做的是哪一步?

1.生产发展 2.生活富裕 3.乡风文明 4.村容整洁 5.民主管理

五、对国家政策与实践绩效认知

E33.您觉得社会主义新农村建设要想取得实践成功,最关键是_____(可多选)

1. 政府要主导 2.农民要积极参与 3.发展农民合作组织 4.政策不能变

E34.您觉得目前基层新农村建设实践与国家政策要求一致吗?

1. 一致 2.不太一致 3.不一致 4.说不清

E35.您觉得目前新农村建设的实践有成效吗?

1. 有很大成效 2.成效不大 3.没有成效 4.说不清

E36.您觉得按照国家有关社会主义新农村建设政策实施新农村能建设成功吗?

1. 肯定成功 2. 不一定 3. 成功不了 4. 说不清

E37.您对建设好社会主义新农村有信心吗?

1.有 2.信心不足 3.没有 4.说不清

E38.您对新农村建设有哪些建议与要求?(空格不够写在反面)

_____

_____

_____

附录2 新农村建设文献和访谈资料收集提纲

一、文献资料收集

1.调查点所在县(区)的基本概况。包括:交通区位、地形地貌、资源状况、风土人情(主要查找当地的地方志)、人口(数量、性别比例、计划生育、教育水平、职业状况、家族状况、外出或外来人口等)、经济(经济状况、支柱产业、人均收入水平)、社会(教育、医疗等)、新农村建设总体概况(政府的主要做法、点的数量、总投资、目前状况等)、地图资料、图片资料(包括自拍)。

2.调查点所在乡镇(街道)基本概况。包括:交通区位、地形地貌、资源状况、风土人情(主要查找当地的地方志)、人口(数量、性别比例、计划生育、教育水平、职业状况、家族状况、外出或外来人口等)、经济(经济状况、支柱产业、人均收入水平等)、社会(教育、医疗等)、新农村建设总体概况(政府的主要做法、点的数量、总投资、目前状况等)、地图资料、图片资料(包括自拍)。

3.调查点的基本概况。包括:交通区位、地形地貌、资源状况、风土人情(主要查找当地的地方志)、人口(数量、性别比例、计划生育、教育水平、职业状况、家族状况、外出或外来人口等)、经济(经济状况、支柱产业、人均收入水平等)、社会(教育、医疗等)、新农村建设总体概况(主要做法、总投资、目前状况等)、地图资料、图片资料(包括自拍)。

4、省、市、县、乡、村等颁发的有关新农村建设的所有文件等。

二、访谈资料收集

(一)村民的访谈调查

1. 试点村村民的访谈调查

1) 被访者的基本状况(年龄、性别、学历、家庭基本状况)。

2) 试点村村民对国家新农村建设的态度。

3) 对本村被选为试点村的态度。

4) 对本村新农村建设具体做法的态度。

5) 对当地行政村和乡镇(街道)在新农村建设中表现的看法。

6) 对新农村建设采取干部挂点做法和对挂点干部的看法。

7) 对非试点村(村民)的反映的看法。

8) 试点村村民参与新农村建设的积极性。

9) 是否成立中间组织? 参与中间组织的积极性如何?

10) 新农村建设实践中感到最困难的事是什么?

11) 对国家和本村新农村建设远景的看法如何?

2. 非试点村村民的访谈调查

1) 被访者的基本状况(年龄、性别、学历、家庭基本状况)。

2) 非试点村村民对国家新农村建设的态度如何?

3) 对本村没被选为试点村的态度如何?

4) 对试点村新农村建设具体做法的态度如何?

5) 对当地行政村和乡镇(街道)在新农村建设中表现的看法如何?

6) 对新农村建设采取干部挂点做法和挂点干部的看法如何?

7) 对试点村(村民)的看法如何?

8) 自己是否愿意积极行动争取成为试点村?

9) 对国家和本村未来新农村建设前景的看法如何?

(三)重点人物

1) 被访者的基本状况(年龄、性别、学历、家庭基本状况)。

2) 对国家新农村建设的态度。

3) 选择试点村的具体程序。

4) 对选取试点村程序的态度。

5) 对试点村具体实践的态度。

6）对试点村和非试点村村民面对新农村建设心态和行为的看法。

7）对干部挂点做法的态度。

8）对自己从事新农村工作的评价。

9）对本地和国家新农村建设远景的看法。

（四）典型项目或事件的调查。

1）试点村在进行新农村建设具体实践中的典型项目工程如何选择？

2）如何决策？

3）如何立项？

4）如何建设？

5）村民对项目的意见？

6）资金的来源？

7）如何施工？

8）如何管理？

9）如何监督？

10）建设远景如何？

11）目前存在哪些问题？

附录 3　主要访谈资料(节选)

访谈一

访谈对象: HLH

访谈地点: 村委会办公室

访谈时间: 2008 年 5 月 8 日,中午

访谈内容:

HLH,男,30 岁,大专,林校专业,蔡镇干部,具有 7 年的乡镇工作经历,挂点干部,蔡镇派驻 T 村新农村建设指导员,父母是某林场职工,退休在家,母亲还在上班。

也有些政策下来并不一定适合当前农村的实情。以前要交土地税,村民都不愿拥有土地,现在不要交税,而且还有补助,村民都争着要地。每一项政策出来都会遇到新的问题。新农村的政策出来,设想是很好的,但在具体的操作中也会出现各种各样的问题,按照现在这样搞也不是个好办法,国家要重新拿出新的办法来。

我觉得国家建设新农村还是要注重生产发展。新农村建设的 20 字的方针,整个方针是不错,但是在整个的操作过程中,还是有很多问题,很难切合实际。还是要针对不同的地区给不同的政策,不能全部是一个模式去搞。为什么说硬要一碗水端平? 在一些经济发达的地方,经济好的地方和我们这些不发达的落后地区,在政策上应该有所区别。针对不同的地区要有不同的政策,发达与不发达的地区,国家要有不同的政策,要有专家进行指导,

不同的地方要用不同的模式,每个地方,哪怕是同一个省,各个县区情况都不同。对于新农村建设来说,生产发展是最重要的。但是在如何去发展这个问题上,老百姓只知道赚钱就好,但是一块地应该种什么,搞什么经济好,村民并不清楚,这是影响生产发展的一个难点。

村里的各项建设都要资金,还要有劳动力,现在好多村的村民都外出打工去,劳动力都是很紧张的。有的时候要请专业工作队进村去做。村里开始是搞建设项目投工、出工平衡,但后来大多都难以兑现。为什么呢?因为,村里的干部上门去收钱,有些村民不自觉,有的村民确实又没有钱,村干部也很难去扯下面皮,说到底这是公家的事不是哪个私人的事。比如说T村,理事会的人都是为公家的事,耽误自己的工夫去做事。有时候还要请专业队,比如说上面要来检查,但由于某些原因或是天气还是其他的原因,使得村里的一些建设项目或是工程不能如期完工,而上面过几天就要来检查,如果只是靠村民的力量,一是村民外出多,真正可以做事的人少,或是村民的做事不如专业人做得更好。这个专业队,实际也是一些从外村请来的较好劳动力,是乡里就出面到外村或是到有关的专业部门去请人来做这个事。所以,只有采取这个方法。做这些事要在村建设项目中挤出一些资金来,但是这个事要在限定的时间里做好。如果说是村民自己去做,也许头齐脚不齐,难以组织足够的劳力在规定的时间里完成某些项目,这个事就没有办法做好。当然,专业人员也有本村的人,实际是为在规定时间完成某些项目建设,在新农村建设项目中拿出专项的资金,也有的是由村里自己拿出资金,比如T村卖了树有钱,做了事当时就把这个工钱发下去。也有一些专业性的工作,比如做村民房屋的瓦头,墙面的粉刷,护河的石头等,只有请专业人去做。乡里出面去请,组织一定劳动力实施,当突击队。说到底,不管这个钱是从哪里开支,实际上是叫羊毛出在羊身上,在整个新农村建设资金上开支。所以说,搞新农村建设就是要有钱,T村搞得这个样子,主要也是上面给了不少的钱,说到底还是有个靠山,是市财政局挂点帮扶村。

再说新农村建设搞检查,你说,村民哪里有这么多的时间?特别是在农忙的时候,村民都要做事,哪里还有心思去做这个事(打扫卫生、整理环境等）。当然，这里也有村民长期形成的不好的私有观念、没有组织、没有集体意识，在很短的时间要改变也难。再者村民存在着较大的贫富差距。有些村民根本顾不上什么面子，也不考虑什么道德，他们最看重的是个人的经济利益。现在的物价上涨得这么多，人没有钱就活不下去。

村里的指导员，有乡指导员、村委会干部也派一名指导员。他们的具体工作，一是做到上传下达，上面说要做什么事，乡里开了会，就安排村里做什么，指导员就会到村里来，找到村里的理事会长，村里的牵头人，说要做什么，这段时间要做什么事，进行指导。比如说要做路，这个路要怎么改，这个路怎么走，选择什么老板，资金怎么使用等。二是对村里会存在什么纠纷，要做哪些工作，向村民作解释。三是村里反映了什么情况，存在什么问题，把它向上带到领导那里去。总体来说，一者是进行沟通，二者是督导。关于村里项目的设计，农工部请了专门设计人员进行。他们负责拿出村庄建设规划的图纸方案等。乡指导员，在具体的村庄改造过程中也有些指导，比如建化粪池，什么叫三格式化粪池，改水等，如何达到上面检查的标准，要向村民进行比较详细的交待。主要是按县有关部门领导提出的要求，围绕上面的任务，为完成上面下达的各项指标进行指导，引导村民如何去做。此外，就是对中央的有关政策进行宣传。

访谈二

访谈对象：ZJC

访谈地点：ZJC 家

访谈时间：2009 年 1 月 20 日，下午

访谈内容：

关于选点：

选点县上是开过会的，因为新农村建设要选个点，要有特色，我们九乡分到一个。当时是德马、九乡、铁厂、明月、小河等八个村委会选一个点，全

县我们这只给了一个名额,县上几级领导来看看,开会讨论。有这么几个部门:人大、农机局、土地局、交通局、柴石滩发电公司,以及九乡的相关对口单位,大家在一起讨论,讨论之后把点定在大拉德。

这个村子属于民族村,民族文化底蕴比较好,周围的植被比较好,同时,离九乡风景区比较近,想通过搞这个点,把这里的自然风光、有特点的地方,作为九乡的一个示范,来带动其他地方搞。

因为全乡只有一个点,别处还是考虑了几处,一个是乐利,还有明月,那两个村看完之后,条件都不如大拉德,人家投资到那里,效果不能明显。因此把点直接定到大拉德,这就是大概的一个过程。

小马嘶没被选是这样的原因,前提是一个乡只给一个村,要从67个自然村当中选一个,从小马嘶的情况看,第一,民族文化特点没有,虽然是回族;第二,群众本身的素质跟不上;另外,就是资源缺乏。也就是基本条件不好,干部、群众的思想素质也不够。因为不管干什么事,基本条件必须达到,干部、群众思想素质很关键。如果不好,虽然有项目,有好事情,把这个项目落在这个地方,也会出现问题。

干部和群众的思想素质,首先,最起码上面来的政策要能够理解;二一个,他要认为,这是个好事情,要把好政策贯彻给老百姓,必须要有这个素质。作为群众来讲,群众起码要认得这个事,作为老百姓也要认为这是个好事情,要从思想上支持,从行动上也要支持,该出工出力的也要出。不能说,给你包化肥还要求驶员把扛到家里。简单讲,我认为已经是这两个方面。

具体做法:

点选了以后,项目确定下来,作为我们来讲,首先是党员开会,首先党员这一块要重视这个事,要认得这个项目要干什么,这是第一,必须要清楚。第二就是,召开群众大会,在群众大会上明确这件事具体要干哪样,要搞水还是搞公路,都要开大会来确定,这个项目哪些多少钱,拿这些钱干什么,这些要搞明白。这些明确好之后,然后干哪些项目再在党员和干部大会上明确出来。比如说盖公房,要先提出来,然后发动、贴公告,再招标来盖。

关于招标,大拉德的情况是采取硬干,统一由上面的水务站算出工程的要投入多少，大概一个平方多少钱，算出之后，首先小组干部要认得。在招标上是有点灵活，大老板交押金，要干的每个人交1000块钱。招着的把押金先押着，招不着的把押金退给人家。招标各村有各村的做法，大拉德的我最清楚，比如说，由水务站算了个标底，水务站设标底的时候相对参照了国家政策。和农村的实际情况有点差距，小组干部这块资金少，水务站算出标底之后，原则上采取水务站的标放在那里，然后几个老板来，各投各的标，然后把所有来参加投标的人，给出个标底，各个都要投标，你投一个，我投一个，来几个老板投标我不管你，然后加上水务站的标，比如说来了五家，再把水务站的标也加上，除以6，得到平均值，这几家哪一个接近平均值，哪一个就中标。相对来讲还是公平的，但还是出现一些问题。比如说这些老板完全干低掉，那就死掉，这就存在一定的风险。工程的评估，这项多少钱，那项多少钱，这个工程给谁干还要看这个公司的资质。哪个有点实力，一要看他这一方面资质有，然后村上要采取邀标。现在我们新农村建设大部分采取邀标的形式。先把村里要做的项目资金要多少，要怎么做定下来，然后去邀标。我们的工程有些大有些小，比如说十来万的工程，看着是多，一些大老板还不愿意来做，所以，农村有农村的特点，不像城里盖房子，都是上千万、上亿。

主要的工作：

我们农村主要解决的，第一，是村容村貌，因为现在村子都没有钱，村容村貌相当于搞道路文化，道路文化搞完之后，有条件的村子可以盖点科技文化室，也就是公房，这在农村相当实用，遇到红白喜事，来的人都到公房去，就有地方了，不像以前，你家凑板凳，我家凑桌子。现在村上锅碗瓢盆全部凑齐，哪家要办事，跟小组上说一声，不收钱，电费也是小组上出，这就解决了婚、丧、嫁娶的事情。二一个是，厕所。我们原来的厕所是东一个西一个，很简陋，有些人不小心酒喝多了，会掉下去。大项就是公房、厕所、道路。然后就是人畜饮水工程，主要就是做这些，其次就是垃圾池，还有就是林业局引进种植梨树，扶持生产发展。

存在的问题：

需要改进的多得很,我认为这个政策是好的,但不好的是,扶持力度有点小,一个是资金来源小,还有就是数量少。你比如说,一个乡一年应该整个两、三个,所以指标要多点;二一个资金投入要多,一个村投入十来万,够整哪样! 要把一个地方搞好、搞的有特点,投入要增大,投入不大,根本就不行。

老百姓这一块呢,跟以前在思想文化上有些不一样,作为我的想法,老百姓集体观念有点淡,缺乏发展意识,我说的是我们山区的整体的发展思路没有,市场意识还比较淡漠,长期受农村古典、传统、落后思想的束缚,缺乏开拓创新。

从基层政府来看,基层这一块首先是村委会,作为村委会干部也好,乡镇干部也好,有这个项目之后,要亲历亲为,全身心投入,不能专靠小组来整,乡上和村委 会这块也很重要。要善始善终,协助小组把事情干好,不能只是到村上开开会。

效果:

从效果来看,现在搞得这些老百姓还是喜欢的,以前村里到处是泥巴,厕所也到处都是,粪柴到处乱堆,总体来讲,搞了之后村容村貌得到很大改观,公房也给老百姓带来方便。

但是按照新农村建设的二十字方针,还是有很多地方需要改进,从我们这个地方的情况来看,县上要帮助,该给的资金必须在规定时间到位,要落实好,别过了两三年老板的钱还没拿着,反正从上到下要专款专用,本来资金就少,老百姓出工出力,上级特别要对山区加大扶持,我相信下边这些基层还是有信心的,能够把上面给的资金和项目落到实处,确实让老百姓享受到,从大点说是党中央的惠民政策。

展望:

按照我的理解,新农村建设需要继续推进,比如说整体推进是新农村建设的延续,原来是新农村,现在是新农村建设整体推进,新农村建设和扶贫开发也有一点关系,整村推进是在原有基础上好上加好。

新农村建设的主体应该是农民,是农民自己搞自己受,政府只能是引导,积极参与、投入,老百姓要完全依靠政府,那不得了。

我们这些山区,中间组织很少,无非就是一些企业赞助,老板扶持,然后各级各部门协调,这是不是就叫中间组织,我说的这个也属于非官方的,普通老百姓组织的倒是没有。

总之,新农村不好搞,但是还是要有信心的,我始终是从农村上来的,对农村比较了解,现在关键是县上,乡上没有财政,搞的好与坏是乡镇这一级,搞不搞、怎样搞是上头,看你给的钱多不多,给的多搞得就好,上面一定要扶持,不扶持不行,比如说20万的工程才给了5万,人家还要想办法凑十几万,这个工程就不好做,假如给15万就好做些。

现在还是会搞试点的,指导员继续设置,现在又新农村建设,扶贫开发,还有民族团结示范村,现在项目有点多,我认为如果项目太多,会弄乱了,东整一下西整一下,实际上,应该把新农村、扶贫包括民族团结示范村结合起来搞,资金下来之后要集中起来干重点项目,不要这个村点点眼药,那个村点点眼药,这样效果不太理想,我的想法是干一村要干好一村,三年五年十年八年都起到示范的作用,国家要把这些精力集中在示范村建设上,不能搞平均主义,搞大锅饭,什么大事情也干不了,干就要干出样子,这次钱放在一个村,下次又把钱放在另一个村。

关于教育:

教育这块的主要原因,从这两年读大学的来看,读完大学工作不好找,这是主要原因,第二个原因是,供个大学生出来,所有苦的钱都要拿出来,所有钱都投进去了出来还找不着工作,这个对老百姓的思想压力很大,现在好多都觉得学个技术出来打打工就行了。

这两年,国家对教育基础投入还是比较多的,但是教学资源也存在浪费,几十万盖的楼又不用了,搞什么标准化造成财力物力的严重浪费,盖在村里的楼卖给谁啊?我们这里的学生五年级就要到乡上读书,以后听说全部要到乡上,盖几年好不好的房子就全部当危房削掉了,有些方式方法需要改进。

访谈三

访谈对象:HR

访谈地点:HR 家

访谈时间:2008 年 12 月 13 日,下午

访谈内容:

HR,男,46 岁,外村出生,小时候做了本村人的养子,高中只进了个校门,现任村委会委员。全家 4 口,一子、一女,女儿在南昌读大学,儿子读高中。老婆在镇上开茶馆,去年承包了乡里的食堂,家里没有种什么地,年收入约 3 万。

新农村建设这样的思路是正确的,我们这个村子当前还是可以。通过新农村建设首先是农村的环境发生了很大的变化,家庭环境发生了改变。国家在新农村建设方面的政策好是好,但还是有很多村民不理解。村里开始搞的时候,村民的积极性都比较高,后来时间长了,又不行了。政府的行为都有攀比,搞什么穿衣戴帽工程,都花了不少的钱,但没有什么效果。暂时是少部分村民得利益,绝大部分村民没有得到实际利益,即使得到一些利益大部分村民还是不理解,甚至还有一些埋怨心理。从当前的情况来看,新农村建设要搞出很大的成效也没有。

现在选哪个村搞新农村试点基本上都是乡里定的。不过,我这个村开始搞的时候是由村委会决定的,但乡里和市财政局最后拍板。那是 2005 年,在县里决定要搞示范村庄,全县只有 8 个点,定了我乡里一个点,乡里把这一个点定到我们虎山村委会。当时没有具体定到那个村子,由村委会帮助考虑。经过反复考虑,当然还有上面的领导的意见,才定在 T 村。作为全县 8 个示范村之一,由于市财政局的帮扶,经过一年的示范村建设,整个村里的大的环境现在大为改观。在这个基础上,2006 年全县开始搞新农村建设试点,县里要求又继续把我们这个村作为试点村。2007 年为了迎接全市的社会主义新农村建设试点村的全面检查,T 村又继续得到市财政局的支

持。市、县领导把这个村作为一个亮点，为迎接省市的检查验收。去年县委朱书记、周县长、农工部的万部长等领导经常到这里来指导工作。

当时建设示范村，为什么选我们这个村。

首先考虑到村里要有一个有奉献精神的人愿意牵这个头。忠诚老实，要可以吃得亏。选取了某个村，村中又没有一个合适的领头人去办事这就不行。有的村里，事前还没有动手做事，就说要多少工资、待遇。作为村民的理事会长，首先是要有点文化。二是要有点奉献精神。三是家里的妇女对男人的工作要支持不能阻挡。四是村里还要有一班子人能相互协作。五是挂点的村乡干部要对村里干部支持、要撑腰，碰到难做的事，村委会的干部要做村民理事长的后盾。比如说修路占田，要拆房子，都要上面的干部、政策给予支持。这些事又是容易得罪人的事，作为村干部理事会的成员都是一个村的，有面情观念，有的时候话不好说，事不好做，所以要村委会甚至是乡里的干部支持。村里要办个什么事，理事会的成员要先进行商量，讨论，这个如何去做，再到村民大会上去通过。新农村建设时期，村里经常要在夜里开会，事实上理事会商量好的事拿到村民大会上都没有什么多大的争议。

二个是村民也比较纯朴，人心要齐。谭良村也在路边上，条件也可以，但是村里的人心不好，这个村委会的干部都清楚。有的其他村的村民说是我当了村委会的主任好，定了我这个村，把自己的村里搞得好，其实不是。主要原因还是 T 村的村民人心比较齐，基础好。当时在 2005 年的时候，村支部书记是谭青苟是谭良村人，但是为什么没有定在他的村里呢？他没有把自己的村子定为示范村，主要原因是村里的人心不齐，思想不能统一。我们村里，当时的条件并不是很好，房子建筑，比较乱，也没有什么楼房。是村里的人心比较齐，也很勤劳，加上村庄又坐落在都蔡路的路边，离路只有 3、4 百米远，交通比较方便。

三是我们村里有个果业基地。早在 2002 年的时候，村民利用马路的两边一片荒山搞了一个果业开发。全村共有 200 多亩果园，有橘子、梨，领导来了也有一个可以看的东西。

5)对试点村具体实践的态度。

修路和水港护坡花了不少钱。以前村里这条港,环境不好,又脏又乱,很难看,上面的领导也到这个地方看了。村民和干部都有改造这个水港的强烈要求。在村委会商量这个事,当时定了村里牵头做,村民自己投工、投劳。财政局领导当场拍板,水泥和工程资金由财政局给,施工实行对外招标承包。当时动工就要相当的资金,所以要求村里写个报告,进行预算,再找建工老板。村里乡里把这个信放出去,最后还是由镇建工队进行承包,资金由老板预先垫付,等工程验收后再分期分批结算,由财政局下拨资金。

质量基本上是由村委会、自然村进行监督,村小组每天都要一个人在现场。修路时村里每天都有人在现场进行监督,有多少水泥,多少沙石。有时现场要求施工人员增加水泥,确保路面的质量,而施工人员根本不理,继续施工,出现减料现象。这个和自己家里做东西是完全不一样的,如果说了多次不听,也就不愿意说,所以路的质量存在一些问题。

建设村里的祖堂前(村民活动中心)花了大概8万块钱,市财政局给了5.8万元,村民集资,每户100元,另外是捐资,随各户自愿,最少的一户也有100元,最多的1600元,共计2万多。

最难搞的是村里的沼气池。建沼气池是一项投资、工都比较大的工程。由于受到各种条件的限制,比如说现在的村民养猪少,没有产生沼气的原料。有的要受房屋建筑的结构的限制,有的是旧房子,可以准备过几年或是可能要建新房子再建,有的受到位置的限制,很多村民都没有什么兴趣,所以全村59户只有5户村民建了,实际有用的还只有4户。

对穿衣戴帽工程村民都不是很满意,因为这个东西不实用,只是一种形式,没有实际用途。比如说,穿衣工程,就是对村民的墙进行外粉白,整个村里花费是4万多元,村民的口里是不说但心里不满意。当然他们又反过来想,反正钱是上面给的,也就没有什么办法。

6)对试点村和非试点村村民面对新农村建设心态和行为的看法。

好多事是国家拿钱为村民办实事,但村民老百姓的素质高低不同,有部分村民在新农村建设中由于利益享受不平衡,心里还是有点意见,有点不高兴,认为是村干部有偏心。有的村民没有改厕也得要上面补的钱。只靠上面给钱是不行的,关键是要村民投入去搞。如果不是上面挂点,市财政局算是个好单位,有钱帮扶。从前到后,上面下拨到我们村里的资金总共有52万余元。而其他的试点村每个点上面只给14万,2006、2007年还只有10万。如果只有新农村建设项目的10多万元钱,没有财政局的帮扶,我们村里是不可能搞得这个好样子。有的村民不但拿不出钱来搞新农村建设,就是自己家里的子女读书都有困难。

有很多的村里想搞新农村建设,但村民就是不愿意集资。再一个就是村里难以选出一个愿意负责的领导来。现在村民的心情很复杂,看到搞了新农村的路好,有自来水,自己也想搞,但是说到要集资,又难住了。

7)对新农村干部、村理事会做法的认识、态度。

当前的农村建设,上面都有领导挂点帮扶。就虎山村委会来说,2005年是市财政局单位挂点,县里领导是县长,2007年县里是县委书记挂点,市县领导不时地到村里看看。去年县里为了迎接省市的新农村建设检查验收,对我们村进行重点打造,领导来得比较多。一般情况下上面来了领导干部检查,视察或其他县乡的干部到村里参观,都是由乡里负责接待,都不在村里吃饭。

对挂点的乡干部,黄部长这个人,责任心还是比较强,有什么事都比较主动参与到村里来。如果村里什么事,要召集村民开个会,帮助村里主持大局,有的时候夜里都过来,但从个人的能力上来说,还是不很强。

市领导检查前,乡干部30多个人入村工作十多天,三个人一组进行分户包干,对村民进行督促,是瓦房的要重新做瓦头,墙外要进行外粉刷,下水道的清理,改厕,环境整治。村里还装了健身器材,这个钱是领导另外开口,县农工部出的钱,不包括在新农村建设下拨的资金之内。县领导说了,要不惜一切代价,让领导满意,市领导来村里检查的时候,还请了腰鼓队,是蔡岭社区的。

这次市领导来检查,安排是先到彭泽县再到我们这里。为迎接领导,算好领导到达的准确时间,县领导安排先开一辆车按相同的路线测试一下,算好到这里要花多少时间,再开到县里去要花多少时间。

年关的时候,也就是农历年前,有一些领导到村里来走访,对一些困难户、困难党员,优抚对象,送一些慰问钱物等。去年因为受冰雪灾害,上面来了两次,走访困难户,每户是300元,前年是500元。领导走访一般都是走访路边上的交通方便的村庄,对那些远一些路不好走的村就走得少啦。去年刘书记挂点帮扶蔡岭镇,在虎山村委会帮扶了10名刚考上的贫困大学生,每生资助2000元。

8)对自己从事新农村工作的评价。

2007年7月市委领导带领全市各县主要领导,新农村建设的主管领导等一行200多人,到我们这里来参观,当时得到了市委领导的高度赞扬。我在村委会干点事,平常对村里的建设方面管得也不多,新农村建设与村委会的关系并不大,没有什么直接具体的事要做,基本上都是乡里挂点乡干部管得多,上面有什么事都是村理事会长与乡干部参与,如果要开个什么会村委会帮助主持,有时候在村委会召开。

9)对本地和国家新农村建设远景的看法。

开始搞新农村的时候,村民还是比较齐心的,但时间长了事就难做。打天下容易坐天下难,新农村建设的面貌要保持下去,建立长效机制就是一个难事。加上当前村里没有固定的收入,做什么事都要村民集资,都要向村民收钱,这样不管是什么事都是很难办的。要是再过个几年上面没有钱拨下来,村里的事又没有人管,到时又是杂草丛生,垃圾遍地。作为村干部都是种田人,为别人做事,为村里做事,是很容易得罪人的事。村里的理事会成员,生产队长,都是没有报酬的。如果为村里做事,村干部耽搁了工,就按村里投工计算,到年终时处平衡账,村里又没有钱,到时候的误工工资还要向村民去收,很难办。特别是当前的新农村建设过程中,很多工作都要村干部去做,有的时候是左一下、右一下,零碎的事。如果不是一整天的事,又不好记工。但对于家里农业生产来说,如果农活忙的话,耽搁农活就会影响家庭收入。农村不像城里一样什么事都有单位给安排得好,农村不同,集资也难。如村民活动中心,刚建时还好,没有多少时间,现在就是脏得很,烟头满地都是,都没有人管。今年村里的理事会会长都没有人去做。现实一点,只有村里的路还是比较实用的。

上面的领导对新农村建设重视是个好事。关键是后期管理工作长效机制的建设,如果上面不再搞的话(不再有什么投入的话),村里的环境卫生,村庄整治工作都会遇到较大的麻烦。因为这个工作是长期性的,要人力,要劳动投入,而村民并不听话,大多数的时候只有村干部上前做事,如果上面有一笔资金管理费,这倒还差不多。

访谈四

访谈对象:MYC

访谈地点:MYC 家

访谈时间:2009 年 1 月 12 日,下午

访谈内容:

Q:当时选试点村的时候,具体的程序是什么样的?

A:选的时候没有一套制度,只是当时落实一个新农村试点,直接定了一个大拉德村,是村委会报的。上报之后,县上专门成立一个新农村建设指导组,由县人大主任祁文生牵头。土地局、林业局、农机局、柴石滩电站、人大等相关单位参加。

Q:选择大拉德的原因主要有哪些考虑?

A:主要有这几个原因:首先是离风景区近;二一个是,大拉德是民族村;第三个,它的自然条件、环境好;四是村民的思想素质相对高,积极性高,这是我们村委会的人都清楚的。

Q:申报的时候是由村委会定么?

A:是我们上报,由县上定。

Q:报的时候有没有考虑过其他村子?

A:是直接定大拉德。因为大拉德的基础条件在我们村委会是相对好

的,可以说是最佳的地方。

Q:但是马嘶村离风景区也近?

A:马嘶村条件差,大马嘶坐落不好,在陡坡上,小马嘶基础条件太差,街心狭窄。

Q:有没有些有关新农村建设的文件?

A:没有,我们这从来没有。上面发过一些,但没有存档,乡政府应该是有存档的。

Q:有没有关于这个村委会自然情况、风土人情的一些材料?

A:这个要副主任才能讲清楚,具体的材料也没有。教育方面在我们整个村委会有一个小学设在大马嘶村。医疗上我们村委会有个卫生所,是卫生局安排村委会设的。医生是卫生局公开招考的,是新农村医生,不属于公务员,行医资格只是在新农村这一块。

全村委会总人口有2500多户。

Q:这几年搞新农村建设主要取得哪些成效?

A:当时定新农村建设是人大主任协调,前面说了几个单位,给相应的资金补助,当时考试新农村建设要整体推进,扶持了一些农户搞养殖,养鸡、养猪、养牛,后来祁主任出一点事,这个事就停下来了。后来林业局,引进了一些梨树。

总体来讲搞新农村建设,一方面村内整洁了,另一个是群众的思想素质、文明程度有所提高。

其他就没有什么明显的了。

Q:搞新农村建设具体的做法有哪些?比如说,引进梨树是怎么搞的?

A:当时是规划出一片地,是连片搞,要出规模。规划范围涉及着的地就可以栽,不能东一块、西一块搞,还要看土壤适不适合栽。

种好之后有几家的成活率高,但现在大部分人不重视管理,农村人都喜欢见效快的事情,他们嫌栽树来得慢,栽完了就不管。栽不怎么费事,关键在管理。该剪的要剪剪,该拉枝的要拉枝。

有一年栽过核桃树,我们村好多家都栽,后来被霜给冻死了。

Q：其他还做了些什么事情？

A：帮助他们搞了个水池。是小水库上面的水池子；还有就是道路绿化。

Q：从你的角度来看，还存在哪些需要改进的问题？

A：针对大拉德，它作为新农村建设的试点村，搞到现在这个规模，需要逐步地巩固和完善。作为村委会来讲，大拉德正好在景区周围，逐步要以景区为依托，逐步引进和发展其他产业来带动，目的是促进整个村委会的发展。

这个事说倒好说，做不好做。比如说引进核桃树，大家都嫌麻烦，怕管理。前面栽了一批，管理不当，有四个村都栽了，成活率不高，去年下霜，都冻死了。

大拉德从新农村建设开始到现在，主要是管理难的问题。农村的社会，多年已经形成这种社会，各家门前把着各家的，集体利益抛在脑后，这是社会造成的不良现象。

特别是乱建乱占，得不到控制。

作为宜良，农村建设用地根本没有，我平时爱开玩笑说，指标完全用来搞城市建设，没有分到乡上，城市要发展，农村也要发展，现在人口增加了，房屋不够住，肯定要建。现在没有指标，没有指标也要盖。以前每年都有指标，现在没指标了，更混乱。有指标的时候，小组要审批，就规范一些。

农村管理是个复杂工作，上面的政策如果不适合农村情况，下达到我们这里，我们就很被动。

出现这种情况，也没有相应的措施，小组也好，村委会也好，说了，他也不听，说了白说，这些事本来是违法的，但是我们没有执法权。

（村小组账目要上面批，一次最多1000块，自己先写个条，然后到村委会签字盖章，要说明这个钱用在哪个方面、怎么花，就是有点少，不管做什么事，最多只能批1000。不够自己先垫出来。原则上，这次不够的，下次是不能补的。）

措施还是要靠土地局定，在九乡拆了几家，拆了又盖起来了，主要是没有指标,一个村有一、两家还好办,一多就麻烦,多了就没法控制。现在纯粹管不住,上面不给指标,土地所也不来管,村长、村委会也没有什么权力。

Q:请马主任对自己工作做一个评价。

A:对于我们来讲新农村建设是一个好事情,我们逐步要改善人居环境,引入项目,对下面多给予支持。应该说搞新农村建设是从根本上治理了脏、乱、差。

Q:下一步的新农村建设的政策走向是什么?

A:现在没有什么具体说法,搞了一批之后就没有什么说法。整村推进属于扶贫开发,德马村委会正在搞新农村建设整体推进,以村委会为单位。我们村也搞整体推进,属于扶贫开发,说给80万,去年搞完之后,到现在钱还没有全部拿到手。这个钱是中央财政出的,现在还有20多万没有落实,钱可能已经到财政局,只是没有拨下来。

Q:这60万是怎么使用的?

A:主要是小马嘶的道路修整,一共花了102274元。大马嘶道路修整花了332709.6元。麦田小组的灌溉维修,花了160061.89元。铁厂的人畜饮水,包括灌溉沟维修、改换管道,花了181678.74元。小拉德的人畜饮水,修自来水,花93964元。大山街建了两个公厕,花了25000元。土黑的灌溉沟花了68000元。这个钱就是扶贫开发,整村推进的款。

大拉德在新农村建设中已经讨过钱,这次就没有得到钱。

拨了钱不够,只能小组上想办法,超出的部分,有一事一议的补助,人均集资40元,上头财政再给一些。实际是叫一事一议财政奖补,意思是在群众自愿的原则下,群众如果有积极性,可以得到奖励。

最终这个钱还是不够,比如说大马村,当时给了12万,实际上花了30多万,但他们集体有钱,主要是风景区征地的钱,有100多万。是九石公路盖收费站征的,这个钱原则上要留着集体搞公益事业,比如说人畜饮水建设。村内道路修整,钱没有分,就是留着搞这些事情,以解决群众急需解决的问题,剩一部分再考虑给群众分一些。要是提前分掉的话遇到什么事情就麻烦了。靠上面,根本要不着这么多。

这次征地,小马嘶没征着,大拉德以前征过,但钱早就用完了。

Q:整村推进和新农村建设有什么关系?

A:整村推进属于扶贫项目,没有什么关系。

(毕主任:整个自然村有 665 户,2528 人,在教育上普九基本达到百分之百,已经完全实现,中途辍学的已经很少,大部分都能读完初中,现在父母很上心,实在不行,就送孩子去读职中,以前不读就直接回家了。)

我们这的经济支柱主要是烤烟。目前还没有农户总收入的数字,年人均纯收入约两千七、八。自然资源主要是林木。以前还有铁矿,由于规模小,现在不开采了。在医疗方面,新型合作医疗参保率达到百分之九十八。有些人不愿交,主要观念上不行,认为要不生病就白交了,还有些老年人,认为老了马上就要入土了,没有必要交。

在计生方面,现在还没有出现违反计生政策的情况。

访谈五

访谈对象:TBG

访谈地点:YBG 家

访谈时间:2009 年 1 月 14 日,上午

访谈内容:

男,43 岁,高中文化,具有一定文化修养,为人不错,上门女婿。全家 7 口,91 岁的奶奶,三个女儿,一个儿子。两个大女儿在外打工,一个在读高中,最后一个儿子,今年满 12 周岁,读小学六年级,在镇上的中学里就读。新农村干部考虑到他家里的特殊情况,计划生育问题上还是作为一个特殊考虑。和老婆在家里种了 5 亩地,30 余亩果园,全家年收入约 4 万元。2002 年开始做 T 村村南组的小组长,新农村建设后任村理事会长。

新农村这种模式,由村里自愿组成理事会这种形式,按说非常合理,你自己的事自己组织人去做,自己管理,一事一议,切合实际。但真正要落实,

这种模式并不好。有些事并不是这么简单,村里的事情也很复杂,还有上面的要求与村民的想法并不一致。有的事要符合村民的意见,又要按上面的要求,有的事理事会的人承担不下来,没有这么大的能力,达不到上面的要求。

国家制定的政策到下面实施过程中发生很大的变化。制定政策的目的、初衷与现实的实施过程是完全不同的,有的甚至可以说背道而驰,根本达不到原来预期的效果。很多项目的实施都是歪曲地执行,修改地实施。比如说,到国家提倡的新农村建设的20字方针,可以说,这个提法、这个规划,都是很好的。但是到真正实施过程中却走了样。方针中把生产发展放在最前面,这个从理论、从实际现状来说都是非常好的,非常符合老百姓的意愿。但在执行上就走了调,领导们往往从自己的角度考虑,上面给了一些扶助资金,也没有,不可能用在生产发展上。国家下拨的资金基本上是用来搞道路、村子里脏、乱、差的环境整治。这与上面的政策是背道而驰的,实际工程与二十字方针不符。

新农村建设刚开始,村民的积极性都还好,但是后来就不行了。

如何调动村民的积极性,对村里的干部来说也是一个问题,有些方面我们还是想了点办法。比如当初村里在改水,安装自来水的问题上,按上面规定是国家给每户安装自来水的村民补助300块钱。但这个钱对村民来说没有多少人有兴趣,当我传出这个话后(在村里说了这个事),村民没有人拉边(没有人想改水),没有哪个村民愿意搞,村干部的工作也没有任何效果。在这个情况下,考虑到如何调动村民进行改水的积极性,我就与村委会干部商量这个事,当时乡里也有干部在场。我就提出要加大对村民改水的奖励力度,把原来的给每户改水村民300块钱奖励提高到500元。这样村民改水的积极性一下子就大大地提高了。所以,村里改水率一下子就达到了90%多,所有在家的村民都进行了自来水的改造。所以说,现在的老百姓就是硬要用东西刺激,不刺激就是不行。

现在的新农村建设中确实存在着较大的问题,最为突出的就是当前村民的积极性低。"等、靠、要"思想特别严重,国家给钱,能做多少事,村里就做多少事,要村民自己集资,难度大。甚至还有一些比这个"等、靠、要"思想更为落后,更为严重的思想,就是很多村民对建设新农村表现出"无所谓"的态度。因为"等、靠、要"多少带有一种主动性在内。"等",就带有一种愿望,如果等到了心情就高兴;"靠"是一种依靠,只要有人帮助就会配合,"要"就是主动去找门路、想办法去弄钱。三者都有主动性、能动性,多少还带有一点积极的因素。但"无所谓"思想,完全是一种被动的没有反应的消极的思想,即使国家主动帮助、支持,他们都不能调动。存在这些落后思想的村民对国家的政策没有反应,国家投资也好、给钱也好、不给也好,他们都没有反应、无所谓处于一种消极状态。国家投资帮助村里搞建设可以,路修就修,不修也不要紧,我村民照样吃饭,多少年我们都这样过来了。这些政策,新农村建设,似乎与他们没有任何关系。这种思想比等靠要的思想更符合当前大多数村民的思想实际和心理状态。我说,村民的思想、精神状态对新农村建设有着极为重要的影响,甚至可以说是关键性的因素。

搞新农村不能太注重于形式,而应当做一些扎扎实实的事情。乡里的干部主要还是为了应付上面的检查工作多些。经常的检查,搞检查只注重表面。每年的县里检查,不下于七八次。规模最大的一次是去年7月,市里刘书记带人过来检查工作,共有八辆中巴,还有小车,有200多人。他一动身,凡是所有与新农村有连带关系的人都带来,到县里还有领导陪同。还有县里各乡经常地有个几辆车,一般也有三四十人过来看。平常的检查也好、参观也好,凡是领导来了一般都问一问:搞这个新农村建设好不好? 政府支持力度大不大? 自己集资没有,集了,大概多少? 反正老百姓都是按乡干部事先交待的回答,就是说好。说个数字,都是开会的时候宣布的,都是教好了。该说什么不该说什么,考试卷答案都是先做好的。

从这种现状看,新农村建设这种模式还是不行,完全取决于国家的扶持力度,靠国家来推动,国家拿多少钱,村里就做多少事。但是,全国这么多的村庄,如果所有的村庄都由国家拿钱来搞,恐怕这个东西很难办。如果说,你把问题向这方面去考虑,我认为中国的这个新农村建设还不合时宜,因为人的思想还不够,还没有到要搞新农村的这种程度。一旦动手搞,就会出现各方面的问题,而且有的还是致命的。

访谈六

访谈对象:JX

访谈地点:JX 家

访谈时间:2009 年 1 月 14 日,上午

访谈内容:

JX,男,39 岁,小学文化。全家 5 口人,家有老母,一子、一女,儿子读小学五年级。种田兼开三轮车跑运输,老婆跟着自己出车,全家年收入 2.8 万元,在村里中上水平。家里买了冰箱,但现在不是热天,所以没有开。这次村里搞新农村建设,他承包了村里的小水泥路和村里的墙面粉刷工程。

搞新农村建设非常好,我非常赞同。

搞这个东西(新农村建设),关键是要人心齐。乡里和村委会开始并不是准备选在我们村里,准备在邻村谭良村搞,但是他们村搞不成,主要是因为他们村庄人心不齐,没有哪个人愿意为头。而我们村里人心齐,特别是开始搞的时候,村民的积极性都非常高。选我村里,主要就是我们村里的人心比较齐,搞新农村建设,说要动手就动手,大家都不讲钱的事。

2005 年开始是搞示范村,全乡只有一个村,乡里定在我们村委会,村委会干部认为我们屋下(村子)各方面的条件还可以,主要是人心齐村里可以统得了,做个什么事大家都还比较积极。初步定了村后,市财政局到我们村里来考察,有二次,开始一次是副局长来看,没有定,后来正局长来看觉得还可以就这样定下来了,最后的决定权还是市财政局。而其他村子,比如谭梁村,事前还没有动手做事,上前做事的人就要讲钱,上面没有钱不动手。而我们村里自己还出了几万块钱。说到这个事,我们村里比其他的村要好很多。

在一些工程建设上村民有意见,村民说上面说话不算数。上面规定村

里改厕率要达到100%,规格是三格式蓄粪池。当时上头要检查,实际上村里只搞几户,全村改了不到40%。为了赶任务,乡里要求村民没有做的就要抓紧做,但是也有些村民不想改,就是不动手。结果是乡里出面请人施工,包工包料,乡里统一付款,村民自己不要管事,有六七户,不到10户。这几户改厕时花费全部由乡里解决,因为包工头是乡请来的,所以他们是直接到乡里去结账。也有一部分村民是自己请人施工,像我是自己请人做的。这部分村民每户只得了500块钱的补助,开始镇长说给700元(包括改水、改厕两项),后来只给了500元,剩下的200块钱没有到位。对一些村民自己请人改厕的项目有一部分钱没有到位。镇长开始答应了,但后来没有了。镇长说这个钱泡了汤(就是上面的钱没有到位)。他说没有就没有,我们也没有办法咯。这个钱到底是乡里用了还是上面没有拨下来,哪里去了,这个我们也搞不清楚。

沼气池只有5户人建了,补了多少钱不太清楚,不知道就是不知道。我没有搞。为什么你没有搞?当时我家里没有合适的地方做,天气又热,我不好打(挖池子),再说自己在外面开车赚钱,每天的收入还好,也没有时间在家里,所以就不愿搞,这样没有建。大部村民都是自己不想建。

说到村内的道路建设问题,村中的小路,建设时规定宽1米,厚10厘米,建筑承包价格是240元/立方米计算,是我承包的。我自己买砂石料、水泥,请人来做的,做路花了9天时间,总共结算了有2万多块钱。另外,我们还承包了村子房屋的外粉刷,成本工资3元/平方米,基本上是我与村中的开全、福青三个人共同承包下来的,墙外粉刷是用胶水和涂料做的,前后花了一个多月的时间,结算了有15249元。两项共有3.6万多元,这些要自己开税票完税,税率是6.7%。这两项工程都是议标,没有进行招投标。当时就是说如果村里有人承包,要先让本村人包,如果本村人没有人承包就到外村找人来包。基本上在村理事会成员商量过,也到村民大会上进行讨论,有村民进行商议。当时村里还有其他村民谭社生也想承包,但因为承包这个路要自己先投资,这要2万多块钱做本钱,他自己没有钱投资,他是想转包给别人来做,当时我坚决不同意,但是如果是说他自己做,我就让给他做,最后他没有做。所以我就做了,因为自己做质量会好一些,如果是外村的人来承包可能质量会差些。当时也要签合同,我和村民福青作为承包方与村里签了合同,路我先搞,要经过村理事会的人员进行监督,几乎是全部的理事成员,经过他们验收后再付款。当时的钱是村理事会长,从村委会主任那里拿了钱过来,我再去结算。

村里前面一条水港的护坡是太平村的江助孙承包的,这个合同的签约是承包人同乡政府直接签订,而不是同村里签合同。因为这个钱是市财政局下拨的援助项目资金,这些钱是直接到乡财政账户上,不会直接划拨到村里。所以承包人直接同乡政府结账,村理事会和村民不过问这个经费,但对护坡的质量也有一定的监督行为。

我们村里搞到这个样子还是不错,说明我们村民还算是齐心。去年村里还增修了桥,做了栏杆,准备还要做一些事。其他周边的村民都很羡慕,看到我们村里搞了这么好的路,都说你这个村里肯定有人当大官。我说没有出大官,是我们村里自己出了几万块钱,但是屋下的人(村民)思想都还可以,都还齐心。不齐心搞新农村不管怎么搞都不成,自己不拿出几万块钱,自己不动手做事,新农村就搞不成。村里的路,填石头,基层是村民自己造的,推平后面的山做路基,都是我村村民自己动手做。村里的环村路,整个路基都是村里自己的钱做的,村里花了几万块钱。去年村里卖山庄的钱,有2万元,包括村里原来的积累共有4万多。再者是做这个村民活动中心,预算的总共花了8万多元,市财政局同意给5.8万,工程结束时到乡里结算时搞了6万。另外村民自己也花了一万多,主要是村民自己集资和捐款2万多元。以前村里还比较实在,如果村干部比较正就可以做下去,不正派就要把你搞下来。

乡里的干部在搞形式的时候是很好。在上面检查之前,经常到村里来,要大家把家里搞整洁,搞得像样点,也要添置一些家具。我家里的冰箱就是那个时候买的,那个时候天气好热,村里一共买了好几台。大检查前,乡干部分到了户,3到4个人包几户村民家,整个乡干部有30多人,有一个多星期,早上8点钟到村里来上班,晚上7点才回乡里去。还请了村民帮助做饭,钱也是乡里自己出。时间大概是 7 月 10 号前后,我记不太清楚,主要是为了应付检查。

其实,搞这个新农村建设,上头兴时(走运,意思是指县、乡干部得到好处),比方说上面拿了 20 万元,其实我村里根本就得不到那么多钱,是乡政府用了好多。他们不搞,哪里有那么多钱,如招待费咯、打狗咯、找人咯,都要花钱。那个多少就不要说啦。我在外面跑,也晓得一些。他(乡干部)一说,一点拨,我就知道是咋回事。我说有个村庄开始想搞,后来搞不成,是吧。镇长说:九喜啊,你不要乱说,给我照顾些得咯。我说你放心咯,你既然在我这里工作这么多年数,我总再不会心里说你的坏话。说实在话,就是我拆你的台,我又得不到什么好处,得不到什么享受。只要我到你的乡政府去了,看得起我(看重我,理采我),说明你尊重了我,我就行了,你是当官的,我是老百姓。

访谈七

访谈对象:KX

访谈地点:KX 家

访谈时间:2008 年 5 月 14 日,上午

访谈内容:

KX,男,60 岁,两个儿子都已经成家,两位老人独立生活。村小学退休教师,月工资收入 1800 元。2005 年因为年纪较高,开始在家休养,正赶上村里搞示范村建设,村里就要求他加入村民理事会,帮助村里做一些事。

总体上说新农村建设搞得还好。我们村里,一是路搞得好,大家都愿意,二是家庭环境条件的改善,村民的积极性也很高。

选新农村建设试点村,主要还是乡里定,首先是要有一个指标,一般都是由村里先写申请,报到乡里,乡里再送到县里去批。但是我们村里开始搞示范村的时候是村里直接定的,当时全乡也只有一个点,乡里直接定在虎

山，村委会干部考虑来考虑去，还是觉得谭树里合适，所以就定在我们这里。其他的村里没有搞到主要还是一个村里难以找到一个合适的人为头。其他村里的人心很不齐，有些个怪东西（不正派的人）。选取到我们村里这还是个好事，首先是上面给了一大笔钱，把村里的路和前面的港修了一下，这是一个很大的好事，是一辈子的事情，对子孙后代都有好处。

建设村民活动中心，村民都积极支持。我在建村民活动中心过程中做了一些事务。这个活动中心是在原祖堂前的基础上修建的，整个村里原来的老祖厅分上下两进，上堂前在几年前已经进行了修缮，但由于当时经费不足，下堂前没有整修，但实际上也是破旧不堪，房屋上的瓦基本上掉落，椽子也掉了不少，横梁大多腐烂，确实是需要进行一次修缮。前几年村民与村干部也谈论过这个事，但一时难以筹集这笔资金。这次新农村建设正好有个机会，按上面要求村里要建一个村民活动中心。经过村理事会成员和村民讨论商量，来个借题发挥，把村民活动中心与祠堂的修缮进行结合考虑，看市财政局能不能再为村里提供一些援助。自分田到户后，村里没有一个适合的活动地点，以前开会都是在一个村民的家里，本来就准备建设一个村民活动中心，但又没有一个适合的地点。如果重新选取地址也比较困难，所以就决定在村原祖堂前的地基上建设。可以说是一当两便，也符合农村里的实际情况。这个想法写成报告，送给有关领导看，市财政局和乡里的领导都认可了。

搞这个新农村开始还是愿意搞，主要是上面有一部分资金下来。如果是说上面没有资金，没有多少钱下来，村民是不是愿意搞。不过，有的村民有一种依赖心理，就是知道伸手要钱，如果要他自己投资，他们就很被动。产生这种原因，主要还是因为家庭环境的影响，有的经济条件跟不上，生活还不富裕，要自己投资搞建设恐怕很难，所以只有伸手向上面要钱，就是补少量钱，也搞不成功。因为，我只知道村民中一般的普遍的情况，至于村民每一个人的心态到底是个什么样子，只知道个大概。我们并不知道，因为每个人的情况，每个人的想法都是不一样的。

从整个新农村建设过程来看，村民都比较积极，为人都比较善良。一般说,村民也没有什么突出的心态、表现,要出工做个什么事,村民都有一种从众的心态,大家做我也做。村民的心态到底如何,农村中搞改水、改厕,像这些方面的工作还是切实可行的。村民能喝上卫生水,生活环境得到改善,这是一个好事。环境整治工作对村里来说本来是很好的,清理一些垃圾杂草,村庄环境变好了,空气也新鲜,这也是好事。有的村民有一种依赖心理,产生一种对政府,对国家投资的依赖,如果要自己投资,就不愿意搞,这等于就是伸手要钱。当然,产生这种原因,受家庭环境的影响,有的经济条件跟不上,生活还不富裕,要自己投资搞建设恐怕很难,所以只有伸手向上面要钱,就是补少量钱,也搞不成功。因为,我只知道村民中一般的普遍的情况,至于村民每一个人的心态到底是个什么样子,只知道个大概。因为每个人的情况,每个人的想法都是不一样的。

也有些村民,思想觉悟不够高的人。一旦有些事如果与个体家庭利益有关时,就可能会产生一些矛盾和冲突。在村民活动中心边上有一条沟,以前由于他家有老房子,水沟是之字形的弯,注入池塘,现在老房子已经拆了,按说可以改直走。大家认为要从村民开全的老屋地基上经过比较合适。村里同意占用他家的地基,村里调整,但这个村民思想非常落后,就是不同意把这个水沟改直。

新农村建设,作为一项集体性的公共建设活动,最为重要的是村里要有人愿意管事,要有一个坚强的领导班子,舍得吃亏。我去年整个一年都在帮村里做事,也只得了几百块钱的补助。这个还不是什么事,但重要的是,如果有人出来管理就要得罪人,村民不理解你,从心里还会猜疑你,对于村干部来说,事做了,得不到村民的理解,还要受气。所以,村里的理事长与原来为村里管事的人现在都不愿意管,出现村里无人管事的现象,对一个村里来说,事没有人管理是不行的,没有一个为头的人,村里的各项工作都没有办法做。

有些其他村的新农村建设,由于资金不足(一般都只有财政统一下拨的10万元)就只搞了一条路。如果全国普遍搞这个新农村建设,要花好多的资金。所以只能是自己搞,上面给一些资金补助。新农村建设要分期分批,不可能一下子就可以完成,就是搞了新农村的地方还有很多的事要做。由于村里外出劳动力多,村里要找人做事也比较难找。

农村房屋建设不像城市一样整齐,比较杂乱。部分村民的房子做得离村庄本部较远。而作为村庄公共建设的项目对这些离开了村庄中心的村民基本上就没有什么受益。但他们又离不开故土,作为中心的发源地的祖宗,家里的老房子都在原地。但平常的生活都离村庄较远。只是过年,或村里有一些重要活动时他们又要参与其中。存在村庄流动与村民边缘化问题。

访谈八

访谈对象:ZLZ

访谈地点:ZLZ 家

访谈时间:2009 年 1 月 16 日,上午

访谈内容:

我们有个文艺队,还成立了妇女之家,文艺队经常到乡上、到各村去表演,男的有 5 个,女的有 12 个,主要是跳民族舞,摔跤的时候也有一些表演,主要是压摔场。文艺队的队长是郝刘祥,负责招人,朱去华负责排练,他会编剧本,会吹乐器,会编舞蹈、小品。在每年二月初一前,专门有几天要进行排练。乡上有时候也会请文体局的老师来给排练。现在人心散了,年轻人都出去了,见不着,组织不起来了。还是我们这些中年人在接着弄,过几年我们就由中年队变成老年队了。我们原来经常是正月初六出门,到各处去慰问表演,就是弄点茶水费,有时候一些老板会给点钱。搞这种活动是自娱自乐,很有意思 的,可惜现在会的人不多了,跳三弦的人也不多,年轻的基本不会。穿民族服装的也很少,主要是怕麻烦。在我们村委会只有麦田村和我们村有文艺队,以前活动还是挺多的,有些地方的老百姓,尤其是年纪大点的,很喜欢看我们演的节目。

我们家现在盖农家乐还差很多账,当村长群众也有想法,有一个人还编

了个顺口溜：上边来了一样都见不着，只见着村长家的农家乐。上头来的人都来我家吃饭，检查的来我们村，也要来我们家吃。还好，欠账的少了，只是乡上还欠着一些，年底应该能还。

搞农家乐之前开过小卖部，赊赔掉。几毛钱都赊，几分钱就更不用说。有一年年底，赊账都记了两个本子，打点酒去喝也赊着。本来我们也说不赊账的，可东西递到手上，拿走了才说先赊着。卖药有时候半夜也得爬起来，卖着卖着，自己都学会配药了。

我们还成立了妇女之家，两次被评为优秀妇女之家，我还干妇女主任。国家针对妇女这块有很优惠政策：1. 贷免扶补的低息贷款，这是妇联做的；2. 组织妇女免费体检，有利于妇女的健康。但是也存在问题，体检有病的妇女，被建议在那里看病，收费很高，有的聪明一点的，就会找借口离开，再到其他医院去看。妇女干部每月有160元，村干部才80元，着一场火还要被扣50元。3. 妇女可以参与选举，政府传达事的时候，必须有妇女参加。妇女组织还要参加抓发展、抓和谐、调解夫妻矛盾，维护妇女儿童权益等工作。三八节那天，我们文艺队集体来我家搞了一场活动，男的负责煮饭，女的玩，好玩得很。有的男的一辈子洗的碗没那天洗的多。

现在的问题主要是中央政策落实得不太好，有人就说中央政策传达像陨石，落到地上就化掉。农村工作不好做。

去年烟不好卖，合同少，每家合同大概320斤。主要是因为政府要求商品化（标准化）育苗，但是我们习惯用营养袋，没有用漂盘，就因为这事，四家才给一千二百多斤合同，合同分到各户才三百多斤。四家统一有一张卡，卡在烟站手里，卖得快的，就先把合同卖掉。有些卖晚的，烟就卖得相对少。去年我们村委会，只有麦田和铁厂用了漂盘。今年也要求用漂盘，前几天副站长开会，据说如果用漂盘育苗，一家能给750多斤合同，但后来又听说合同还是保证不了。今年要求大、小拉德村并在一起育苗，一共给70个池子，每个池子补15元钱。找不到那么大的地方，而且两个村离得远，这是很麻烦的。上面说规模不够，不给合同。我们家不种烟，就搞搞农家乐，捡菌子，找蜂子，种苞谷，养猪。

访谈九

访谈对象:WYX

访谈地点:WYX 家

访谈时间:2009 年 1 月 18 日,下午

访谈内容:

我家的房子已经被鉴定为危房了,什么手续都办了,钱没拿到,被人家拿去开黑会了。都承诺,有的给8000,有的给3000,我们都办完了,一样都没见着。我家养了 60 头猪,前几年好养,但是没养,今年养又突然得病。你看我们家的房子,有好几条裂缝,轻微地震的时候,裂缝加宽了,我家的房子盖了 17 年了。我们家现在很困难,两个小娃读书,小的这个,成绩还可以;大的才拿了一次奖状。小的这个叫王丹读五年级,大的叫王凯,读初二。猪得病了,这些全是针水,4 块钱一瓶,一盒有 20 瓶。打一次要 80 元的打针费,一共要 160 元。

这种病传染得很厉害,现在几乎都有,能打好,就是药太贵。我家养 60多头,前天卖了 2 头,本来想买点饲料来催催,催没催成功,倒整了得病了。今年才起步就着。我们家的厨房一直漏雨,现在不敢用了,楼杆断了。这病最近才传到这里。我们家还养些鸡,我喜欢养殖,有土鸡,有腌鸡,有人介绍来这里买,我要在这里做几辈子人,我不会骗他们的,他们又不是买一回两回。我们现在什么手续都有,还落得这种结果。

现在有的猪已经打好了,就是成本太高了,那两头猪卖卖就够买针水,一分钱也没有落得使。兽医站去拿药也得出钱,一分钱不少,现在猪价受病猪影响才卖 9 块钱一斤,优惠政策落实到我们头上,渣渣都没有了。得这种病的猪,脚都会出血,那些以前也是能治好的,就是治不起,请人家来打针要80 块钱,现在学着自己打。从来没学过,就学着像打预防针那样打打。

我家的猪圈是把地租给别人,别人盖的,他租用了一年,现在被病猪压着价,猪价起不来。你要不降价,他们就去卖病猪,好猪这个价卖就亏了,都

医好,还这么卖,还不如病着卖。

喂的是菜叶子,一周要两百块钱,平时的饲料主要是拉宾馆的泔水,7200元一年。现在把饲料放在菜叶子上,还要加些水,不然喂不起,原来菜是2毛钱一斤,现在6毛钱一斤。卖的那几头猪刚好够买针水。

没有办法,现在只能硬着头皮整,给亲戚朋友借一些。那天畜牧局的一个姓杨的答应给一点钱,他们说他们没有资金,让我们从民政上要,民政上我们问了,最多就给一两百块钱,那就是完成任务的给点,不给点他们也不好说话。

这个办事处,就我家养的多,一、二十的倒是多数,四、五个么,大部分家都养着。我们的也不太大,大的那种是弄成小居室,我们想是想,就是没那个钱去做。

在我们九乡,最好的就是养老母猪,像九乡街上的小猪都是从外面进来的,现在刚刚起步就是这么大个跟头,根本就没有资金养老母猪。九乡养老母猪,发展前途最大。要是不得病,一天也能像人家打工那样挣60块钱,还可以带着养点鸡。现在一头猪也就最多能整20块钱。

我喜欢在家搞养殖,除了养猪也可以养点鸡,小孩回家也能有个照顾。你说我们这个是不是很恼火!现在这个年代还这么恼火,是不正常的。山他们也把着,卖也不卖,分也不分。应该有个政策框框来套着,要求各家把自然林保持到哪种程度,分下来砍光光,那是不对,生态会不平衡。有些地方分了开地,是因为那块地适应开地,大部分地方还是不适应开地;有些地方牛赶上去都站不住,难道他开山去站风!要根据条件来弄。

现在关键是选着村长是干哪行的,如果选着耕地的,他就会盘算着怎么耕地;如果选着经商的,他专门会忙着去苦钱。这些人么,屁都闻不着。当工人要有工资,做农民要有土地。

现在的人心胸宽阔的人太少了,我们用的水都被他们管着,吃水箐基本上干了,秧田箐被农家乐那几家看着。他们用闸阀控着,就是农家乐后面的那个大水池,他们把闸阀一关,我们的水都过不来。我们这离那儿远,过去开阀也麻烦。他们关了,一点水都过不来,圈也没办法冲洗,去山上挑松毛来垫,一天挑两、三转,回来喂喂猪就完了,什么事也做不了。我今年怎么那么吃亏!就看政府这块能不能帮点忙,如果政府支持,成规模地养。我对养殖业最感兴趣,因为我不识字。如果做生意什么的,我记不住,所以我对养殖业最感兴趣。经常看着它,喂猪、打针,我都愿意干。我不识字,觉得养殖业是最现实的,还有种田地。做生意一小点马虎就会吃亏。

现在这种情况,不是上头的不了解,而是上头一来,这里早已把酒席备齐了。人家早就了解好,哪个同志有哪种爱好,人家早就搭桥铺路,红地毯都铺到家门口了。像你们这样的人太少太少了。

我们的房子都是用泥敷上去的,一地震都是酥的。今年准备说养养猪把房子整好,突然又遇到这种事。

隔壁的房子盖了30000多块钱,60多块钱一个工。给人家60块钱最多给你砌100个大砖,还要尽心尽力地干。还有做沙灰的。现在是经济年代,不像以前亲戚朋友都帮着干。本来计划在这砌个新房把猪搬走,但是现在又遇到困难了,现在卖又卖不成,被病猪压价,前天卖的那个才九块,正常才十三块,我家的小猪买的时候400块钱,养到现在才1000块钱,除了这些成本,一样都没有。

小娃读书有两免一补,去年应该是250块钱,校长才给了30块,其他的都换成饭票。小娃领饭票领多了,退也退不掉,他们不认账,国家补的都拿不着,其他钱更拿不着。我家还有很多饭票。拿到街上又吃不掉,我们小娃已经转到九乡中心小学,转到那儿读五年级,这里只能读到四年级。还有小孩的医疗保险,交交一样都没有。菜饭票都一样,统一算成一块钱一张,被他们套在里面了。我们拿去退,他们说退不掉,他们说是上面补给小娃吃饭的,不是给钱。校长是马怀英,这事就是他整的,在我们这一片学生当中,家家都有,现在是钱变成了纸,这个纸拿来给学生承受一切。他们又把纸变成钱。

我们家要继续喂猪,现在一天全是围着猪转,晚上给猪打针一直要到两点左右,还要一头一头地去看是否正常,这种病传染很快,发现一个过天就能全部传开,有时候一两个小时就传开了,有时候要整到后半夜才睡觉。今年养猪我们家亏死了。原来在家养猪,闭着眼也能挣。今年把前两年挣的盖房子的钱都投进去了。

我家男的在九乡宾馆做烤鸭,一天才二十多块钱,帮他们烤烤,宰宰。没有合适的场地,要不我就自己烤,要是风景区有地方的话我自己烤,宜良烤鸭我都会烤,我是专业给他们烤鸭的(她丈夫),一个月才给700块钱,一个老大男人一个月才700块钱。

我们养猪一年的泔水钱要7200元,原来有水还好,现在没水,一天要跑好几趟去村里挑水,泔水是去九乡宾馆里面拉,价高,买高了,7200元刚好够我的工资,相当于免费给宾馆干。以后要养也不能用泔水了,要弄其他东西喂。

我要写申请看看,能不能搞小区规模养殖,听说小区规模养殖能给10万的贷款。

(我们卖烤鸭给游客吃是60块钱一只,有时候卖80、90,团购的那些点半只烤鸭要48块钱,有时候68,但是那些人么,都是高消费的,他也不在乎。)

我最喜欢养殖,火鸡、鸭子、土鸡,样样都养。我想很多办法,就是想不出来。问村上,一句话也问不出来。前段时间有一家贷3万的低利息贷款,被8家给分了。我们养五、六十头猪,一分钱也没分着。我打电话去问他们:"我们搞养殖的为什么没有?"他说:"先前没有了解。""我2月25号办了合同,你怎么会没了解,人家一样都没养,你怎么了解?"这个杂种,一下就把电话挂了。

我们家还会烤酒,烤酒的酒糟也可以喂猪,问题是没有资金。我家养的猪有3万块的信用社贷款,现在还不够,又贷了1万块。我这批猪还要充(催肥)两个月。这两个月跨过去……

我老公说了:"我媳妇是马嘶村的回族,现在过来养猪,是个叛徒"。我不识字,他喊着我去做生意,我什么都记不得,那是去乱精神。

什么是试点村,我也不知道,建什么的新农村!就像前面那人说的,我们这当官的是传统型的,有什么好事,你这些人一样都闻不着,他家那个家族就占了三分之一,你这些人再怎么团结也挤不上。他家的户数没法说,姑娘嫁出去,七连八扯的,他们都围成一圈,外面的加不进去,外面的如果要你看看山、扫扫厕所、弄点低保,那还是占关系的,不是嘛,你根本整不着。

后　记

　　本课题是我主持的国家社科基金项目,看到书稿完毕,内心无比激动,也忘却了为之付出的一切辛苦,犹如一位母亲看到刚刚分娩的宝贝。在江西省委党校工作已经有七个年头,这段时间仿佛过眼烟云,转眼即过。这段工作的经历,使我对中国社会现实有了更加深刻的认识,也使自己的研究有了更加开阔的思路。关注三农问题,不仅是个人喜好,而且是当前中国发展的现实使然。我不喜欢过多地玩弄外来理论的研究,或许是自己的理论水平太低,而更喜欢脚踏实地进行社会现实的调查研究。理论来源于实践,又指导实践。西方的理论是在西方社会现实的土壤中产生,未必能解析中国的社会现实问题,特别是面对中国千差万别,千变万化的农村社会,西方的理论更显得苍白无力。中国的农村问题有其独特的社会文化根源以及深厚的历史和现实基础,中国的农民也有其独特的话语体系和行动逻辑。所以,我坚信"没有调查就没有发言权"。

　　我和爱人卢晓慧是硕士研究生的同学,两人硕士研究生的专业都是社会学,所以,也算志同道合。这几年我们合作完成有关三农问题的多项课题。此课题也是我们再次合作的结晶。在此书出版之际,我携爱人和宝宝举家搬迁到美丽的春城昆明工作。昆明是我们一起求学,一起相爱,见证爱情的地方。这次回到这里工作,为此付出了不小的经济代价,但是我相信我们的工作也会更愉快,我们的生活会更美好,我们的合作研究也会更上一层楼。本课题的完成,要特别感谢云南民族大学的保跃平,云南大学的张虹,江西师范大学的王晓东,他们为此课题的调研付出了辛勤的劳动并提出了宝贵的意见。在此对他们和为此书出版付出辛勤劳动的编辑老师们表示衷心的感谢。

　　我的宝宝卜亦同今年九月就要上学了,我很愧疚陪她的时间太少,沟通太少。仅以此书献给我的宝宝,祝她健康、快乐、美丽、向上。

郑传贵　卢晓慧

2011.1.28